Kohlhammer

Mechthild Gründer
Magdalena Stemmer-Lück

Sexueller Missbrauch in Familie und Institutionen

Psychodynamik, Intervention und Prävention

Verlag W. Kohlhammer

Dieses Werk einschließlich aller seiner Teile ist urheberrechtlich geschützt. Jede Verwendung außerhalb der engen Grenzen des Urheberrechts ist ohne Zustimmung des Verlags unzulässig und strafbar. Das gilt insbesondere für Vervielfältigungen, Übersetzungen, Mikroverfilmungen und für die Einspeicherung und Verarbeitung in elektronischen Systemen.

Die Wiedergabe von Warenbezeichnungen, Handelsnamen und sonstigen Kennzeichen in diesem Buch berechtigt nicht zu der Annahme, dass diese von jedermann frei benutzt werden dürfen. Vielmehr kann es sich auch dann um eingetragene Warenzeichen oder sonstige geschützte Kennzeichen handeln, wenn sie nicht eigens als solche gekennzeichnet sind.

1. Auflage 2013

Alle Rechte vorbehalten
© 2013 W. Kohlhammer GmbH Stuttgart
Umschlag: Gestaltungskonzept Peter Horlacher
Gesamtherstellung:
W. Kohlhammer Druckerei GmbH + Co. KG, Stuttgart
Printed in Germany

ISBN 978-3-17-021985-4

Inhalt

Geleitwort 7
Einführung 9

1 Zum sexuellen Missbrauch allgemein 15
1.1 Definitionen 15
    1.1.1 Psychologische Definitionen 15
    1.1.2 Juristische Merkmale 17
1.2 Tabuisierung des sexuellen Missbrauchs 17
1.3 Bedeutung des sexuellen Missbrauchs in der
    Psychoanalyse 20
1.4 Dynamik der Missbrauchsbeziehung und -situation 23
1.5 Dynamik des Opfers 27
    1.5.1 Bewältigungsmechanismen und
          Verarbeitungsmöglichkeiten 27
    1.5.2 Internalisierung von Missbrauchsmustern und
          Wiederholung 33
    1.5.3 Bewältigungsmechanismen aus neurobiologischer
          Sicht 37
1.6 Folgen von sexuellem Missbrauch 40
    1.6.1 Sexueller Missbrauch als Traumatisierung 40
    1.6.2 Verhaltensauffälligkeiten und emotionale Störungen
          als Folgen im Kindes- und Jugendalter 42
    1.6.3 Spätfolgen im Erwachsenenalter 47
    1.6.4 Positive Verarbeitung des sexuellen Traumas 59
1.7 Dynamik des Täters 61
    1.7.1 Motivationen 61
    1.7.2 Tätertypen 63
    1.7.3 Klassische Strategien 65
    1.7.4 Missbrauchszyklus 68
    1.7.5 Entwicklungsgeschichte 73
    1.7.6 Psychodynamik des Täters 74
    1.7.7 Folgen für das Umfeld – Familie und andere
          Institutionen 76
1.8 Dynamik in der Institution 79
1.9 Richtlinien und gesetzliche Grundlagen zum sexuellen
    Missbrauch in Institutionen 84

1.10　Interventionen bei sexuellem Missbrauch in Institutionen 88
　　　1.10.1 Bei vagem Verdacht 89
　　　1.10.2 Bei Aussagen eines Opfers 91
　　　1.10.3 Bei beobachtetem sexuellem Missbrauch 94
　　　1.10.4 Durch die Leitung 97
　　　1.10.5 Umgang mit Öffentlichkeit 100

2　Sexueller Missbrauch in Institutionen anhand von Beispielen aus der Praxis 101

2.1　Sexueller Missbrauch eines Jungen durch eine Erzieherin im Heim – Interview des Opfers 102
2.2　Sexueller Missbrauch eines Jungen durch seinen Vater 115
2.3　Sexueller Missbrauch einer Schwester an ihrem Bruder 123
2.4　Sexueller Missbrauch eines Mädchens durch eine Erzieherin im Kindergarten 129
2.5　Sexueller Missbrauch eines Mädchens durch einen Erzieher im Heim 134
2.6　Sexueller Missbrauch einer Schülerin durch einen Lehrer 141
2.7　Sexueller Missbrauch mehrerer Jungen durch einen Priester 145
2.8　Sexueller Missbrauch eines Jungen durch einen Erzieher in der Behindertenhilfe 149
2.9　Täterperspektive: Sexueller Missbrauch eines Jugendlichen an seiner Schwester – Interview des Täters 154

3　Präventionen 167

3.1　Auswahl und Einstellung von Mitarbeitern und Mitarbeiterinnen 167
3.2　Leitlinienkatalog der Institutionen 169
3.3　Strukturen der Institution 171
3.4　Vernetzung von Institutionen am Beispiel der Clearingstelle Münster 172
3.5　Fortbildungen 176
3.6　Stärkung der Kinder und Jugendlichen 177
3.7　Präventionsprogramme in Kindergärten und Schulen 179
3.8　Aufklärung als Prävention für Eltern 180
3.9　Therapie als Prävention für jugendliche Täter 180
3.10 Angebote für Pädophile 181
3.11 Medien 182

Schlussbemerkung 183
Literatur 184

Geleitwort

Sexueller Missbrauch an Mädchen und Jungen findet nicht zufällig oder aus Versehen statt, sondern wird von Tätern und auch Täterinnen mit hoher krimineller Energie und ausgefeilten Strategien geplant und begangen. Meist existiert sexueller Missbrauch im Schatten weit verbreiteter Ahnungslosigkeit in den Familien wie in Einrichtungen, denn das strategische Vorgehen der Täter und Täterinnen können sich die meisten Eltern, aber auch viele pädagogische Fachkräfte, gar nicht vorstellen. Deshalb sind Aufklärung, Wissen, fundierte Analyse und Kommunikation zum Thema so wichtig.

Mit der Kampagne »Kein Raum für Missbrauch« habe ich einen großen Schritt in Richtung Kommunikation unternommen: Es geht um die Sensibilisierung der ganzen Gesellschaft, um Eltern, Fachkräfte und Einrichtungsleitungen, die sich auf den Weg machen sollen, Schutzkonzepte gegen sexuellen Missbrauch (weiter-) zu entwickeln und in der Praxis anzuwenden. Erwachsene sollen befähigt werden, über sexuellen Missbrauch zu sprechen und Kindern und Jugendlichen zu signalisieren, dass sie über sexuelle Gewalt Bescheid wissen und kompetente Ansprechpersonen für sie sein können.

»Wir möchten vermitteln, wie Missbrauch funktioniert«, formulieren die Autorinnen der vorliegenden Publikation das Ziel ihrer Arbeit. Sie leisten hiermit einen wichtigen Beitrag zur Analyse des Themas und vermitteln Fachkräften, denen Kinder und Jugendliche in Institutionen anvertraut sind, ein umfangreiches Wissen, das ihnen ein Verständnis der verschiedenen Missbrauchsdynamiken, die des Opfers, des Täters, aber auch die der Institution, ermöglicht. Es ist das Wissen, das es erlaubt, die eigene Wahrnehmung zu schärfen.

Ich wünsche der Veröffentlichung viele Leserinnen und Leser, die dieses wertvolle Wissen zum Schutz der ihnen anvertrauen Mädchen und Jungen nutzen können.

Johannes-Wilhelm Rörig
Unabhängiger Beauftragter für Fragen des sexuellen Kindesmissbrauchs

Einführung

Das Thema des sexuellen Missbrauchs wird in der Öffentlichkeit immer wieder heftig diskutiert in Abhängigkeit von bekannt gewordenen Skandalen und nachfolgenden Aufdeckungs- und Verarbeitungswellen. Sexueller Missbrauch ist immer Machtmissbrauch an Kindern und Jugendlichen, die auf Schutz und Fürsorge in tragfähigen Beziehungen angewiesen sind. Derartiger Machtmissbrauch rüttelt an den Grundfesten unserer Gesellschaft und gefährdet das Vertrauen in Einrichtungen, die ein sicherer Ort sein sollten. In den letzten Jahren erreichte eine neue Welle von Bekanntmachungen von sexuellem Missbrauch im Heim, im Internat, in der Schule und in der Kirche wieder die Öffentlichkeit. Die Reaktionen sind polarisierend: von radikalen Bestrafungstendenzen bis zu Bagatellisierungen im Sinne einer völligen Aufbauschung der Vorkommnisse. Das Thema löst Betroffenheit aus und wird grundsätzlich kontrovers diskutiert. Der im Kontext von sexuellem Missbrauch zentrale Schutzmechanismus der Spaltung zeigt sich auch in den öffentlichen Reaktionen.

Nach Angaben der Forschungsgesellschaft ISTSS (International Society for Traumatic Stress Studies) kann angenommen werden, »dass 20 % der Mädchen und 5 bis 10 % der Jungen während ihrer Kindheit Erfahrungen mit ungewolltem sexuellen Kontakt und sexueller Belästigung hatten« (ISTSS 2004, S. 415). Diese Annahme basiert auf einer Vielzahl von epidemiologischen Studien, in denen Erwachsene über ihre Kindheit befragt wurden. Das Ergebnis deckt sich in etwa mit einer aktuelleren großen Metaanalyse über 217 Studien zwischen 1980 und 2008, wonach die mittlere Prävalenzrate für Frauen bei 18 % und die für Männer bei 7,6 % liegt (vgl. Stoltenborgh et al. 2011). Studien zu sexuellem Missbrauch an Kindern und Jugendlichen durch Personal in Institutionen zeigen deutliche Defizite (vgl. DJI 2011, S. 42 ff.). Das Ausmaß der Studien steht entgegen gesetzt zum Ausmaß des öffentlichen Aufsehens.

Angesichts der aktuellen Vorkommnisse hat die Bundesregierung im März 2010 die Einsetzung eines nationalen Unabhängigen Beauftragten zur Aufarbeitung des sexuellen Kindesmissbrauchs beschlossen; außerdem noch die Einrichtung des Runden Tisches »Sexueller Kindesmissbrauch«. Ein Abschlussbericht liegt vor (Deutsches Jugendinstitut e.V. – DJI 2011). Die ehemalige Unabhängige Beauftragte Bergmann richtete u. a. eine Anlaufstelle ein, an die sich Betroffene und ihre Kontaktpersonen telefonisch oder schriftlich wenden können (www.beauftragte-missbrauch.de). »Die wissenschaftliche Auswertung der telefonischen Meldungen und Briefe von Betroffenen bestätigt, dass Mädchen und Jungen, junge Frauen und Männer häufig in Institutionen sexuell ausgebeutet werden. Die weiblichen Betroffenen hatten in deutlich mehr als der Hälfte der Fälle sexualisierter Gewalt in der Familie (70,8 Prozent), in nahezu jedem sechsten Fall in Institutionen (17,2 Prozent), in jedem zehnten Fall im sozialen Umfeld der Familie und in einigen wenigen Fällen durch Fremdtäter erlebt. Männliche Betroffene wurden weniger häufig als Mädchen innerhalb der Familie (32,6 Prozent), jedoch häufiger in Vereinen, auf Ferienfreizeiten, in Pfarrgemeinden und anderen Institutionen sexuell ausgebeutet (56,9)« (Bange & Enders 2012, S. 21). Die Statistiken sind alarmierend. Zu bedenken ist dabei, dass sie sich auf eine spezifische Population beziehen und die Dunkelziffer unberücksichtigt bleibt. Auf der Basis von 827 Anrufen von Betroffenen und Kontaktpersonen verteilt sich nach dem Abschlussbericht das Missbrauchsgeschehen in Institutionen wie folgt: Katholische Kirche 29 %, evangelische Kirche 11 %, Kirche ohne Spezifikation 4 %, Schule 24 %, Heim 19 %, Kliniken und Praxen 7 %, Vereine 5 % (Abschlussbericht der Unabhängigen Beauftragten zur Aufarbeitung des sexuellen Missbrauchs 2011, S. 49).

Eine zentrale Motivation für das Schreiben des vorliegenden Buches ist die Vergrößerung des Schutzes von Kindern und Jugendlichen. Dafür ist es notwendig, dass Fachleute, denen Kinder und Jugendliche anvertraut sind, sich ihrer generativen Verantwortung bewusst sind und über ein professionelles Wissen verfügen, welches die eigene Wahrnehmung erweitert. Mit Wahrnehmung ist sowohl die nach außen gerichtete Wahrnehmung als auch die Selbstwahrnehmung gemeint, denn auch Professionelle unterliegen Abwehrmechanismen. Von daher gibt es stets Differenzen zwischen den erklärten Zielen von Professionellen im Umgang mit sexuellem Missbrauch und dem tatsächlichen Verhalten. Professionelle sind immer Teil des Feldes, in dem sexueller Missbrauch erfolgt, insofern wirkt immer auch die Dynamik der Institution. Die Struktur der Institution und die Haltung der Leitung tragen entscheidend dazu bei, sexuellen Missbrauch zu ermöglichen oder zu verhindern. Um der Abwehrdynamik, insbesondere der Verleugnung nicht zu erliegen, hilft nur ein strukturiertes bedachtes Vorgehen und Unterstützung von außen.

Um die Dynamik von sexuellem Missbrauch in größeren Institutionen zu verstehen, ist es notwendig, sich zunächst mit der Dynamik in der Institution Familie zu beschäftigen. Darum lautet der Titel des Buchs »Sexueller Missbrauch in Familie und Institutionen«. In der Familie kann die Dynamik in vergrößerter Form beobachtet werden; in anderen Institutionen greifen generell dieselben Prinzipien.

Theoretische Basis des Buches ist der psychodynamisch-psychoanalytische Zugang. Da die Beziehung und Beziehungsgestaltung das Herz psychodynamischen Denkens und psychoanalytischer Theoriebildung ist, eignet sich der Zugang zum Beschreiben und Verstehen der missbrauchten Vertrauensbeziehung. Er hilft auch unbewusste Dynamiken zu verstehen, die individuell wie auch interaktionell greifen. Hier sind insbesondere die komplexen Abwehrmechanismen zu betrachten. Die bedeutsamen Zusammenhänge von Missbrauchserfahrungen in der Kindheit und Störungen in der Kindheit, Jugend und im Erwachsenenalter sind von psychodynamischen Ansätzen umfassend untersucht und beschrieben.

Anliegen/Ziele dieses Buches sind:

- Merkmale bzw. Symptome von sexuellem Missbrauch zu erkennen.
- Langfristige Folgen von sexuellem Missbrauch zu erkennen und zu verstehen. Die Folgen können sich auf ein Individuum wie auf eine Institutionskultur beziehen.
- Die Dynamik des Missbrauchs in Macht-Abhängigkeitsverhältnissen zu verstehen. Dazu gehört die interaktionelle Dynamik zwischen Opfer und Täter wie auch die des Umfeldes.
- Die Dynamik des Opfers wie die des Täters zu kennen und zu verstehen. Denn nur wenn Täterstrategien bekannt sind, können Kinder langfristig geschützt werden.
- Konkrete Interventionsschritte aufzuzeigen bei vagem Verdacht, berichtetem und beobachtetem Missbrauch.
- Präventive Maßnahmen anzuregen und mit Irrtümern aufzuräumen.
- Sensibilisierung für die schwierige rechtliche Situation. Denn die Beweislast für die Tat als auch für die Folgen der Tat liegt beim Opfer. Der Beweis ist jedoch häufig aus unterschiedlichen Gründen nicht möglich.
- Nicht nur Wissen zu vermitteln, sondern auch die Haltung von Professionellen zu verändern, damit sie aktiv Kinderschutz gewährleisten. Dieser aktive Kinderschutz erfordert Zivilcourage, manchmal auch gegen die Leitung der Institution, die nicht zu handeln erlaubt.
- Prävention, weder Schuldzuschreibung noch Exkulpation. Prävention ist letztlich nur auf einer Basis des Verstehens sinnvoll möglich.

Im vorliegenden Buch konzentrieren wir uns auf den sexuellen Missbrauch von Kindern und Jugendlichen durch überwiegend erwachsene Täter und Täterinnen. Auch Jugendliche und Kinder können sexuell übergriffig sein. Bezogen auf die Missbrauchten verwenden wir die Begriffe Opfer oder Betroffene, bezogen auf die Täter und Täterinnen benutzen wir auch die Begriffe Missbraucher und Missbraucherinnen.

Das Buch gliedert sich in drei große Kapitel. Nach einer »Einführung« wird in ▶ Kap. 1 »Zum sexuellen Missbrauch allgemein« das Phänomen des sexuellen Missbrauchs von vielen Seiten beleuchtet. Wir beginnen mit »Definitionen« (1.1) des sexuellen Missbrauchs in einem Macht-Abhängigkeitsverhältnis und stellen »Psychologische Definitionen« (1.1.1) sowie »Juristische Merkmale« (1.1.2) vor. Auf die gesellschaftliche »Tabuisierung des sexuellen Missbrauchs« als Handlungs- und Sprachtabu wird im folgenden Kapitel (1.2) eingegangen. Da der psychodynamisch/psychoanalytische Zugang zum Verstehen im vorliegenden Buch zentral ist und die Psychoanalyse einen bedeutenden Beitrag zum Verstehen dieses Phänomens einschließlich der Abwehr leistet, wird der »Bedeutung des sexuellen Missbrauchs in der Psychoanalyse« (1.3) ein eigenes Kapitel gewidmet. Da es sich beim sexuellen Missbrauch immer um ein dyadisches interaktionelles Geschehen handelt, stellen wir die »Dynamik der Missbrauchsbeziehung und -situation« (1.4) an den Anfang. Wir beschreiben Missbrauchsmuster in der traumatisierenden Situation. Um besser zu verstehen, was bei einem sexuellen Übergriff mit dem

Opfer geschieht, widmen wir uns im nächsten Kapitel der »Dynamik des Opfers« (1.5). Dabei geht um Fragen »Wie reagiert das Kind psychisch auf ein sexuelles Trauma?« Oder »Wie kann es sein, dass sich das Kind nicht genau erinnert oder widersprüchliche Angaben macht und damit unglaubwürdig erscheint?« Zur Dynamik des Opfers gehören auch die »Bewältigungsmechanismen und Verarbeitungsmöglichkeiten« (1.5.1); es geht um Schutzmechanismen wie um Ressourcen. Die typischen Schutzmechanismen greifen nicht nur individuell, sondern auch in der Familie, in einem Team oder in einer Institution. Zentral sind die Mechanismen der Dissoziation, Spaltung und Verleugnung, die sich auf allen Ebenen zeigen. Da die erfahrenen Missbrauchsmuster verinnerlicht werden und zu Wiederholungen führen, wird der Mechanismus der »Internalisierung von Missbrauchsmustern und Wiederholung« (1.5.2) besonders beleuchtet. Die verinnerlichten Missbrauchsmuster wie auch die Bewältigungsmuster können heute auch neurobiologisch untermauert werden. Da die Neurobiologie zu verstehen hilft, inwiefern bestimmte Verarbeitungsmuster wie »einprogrammiert« sind, wird in »Bewältigungsmechanismen aus neurobiologischer Sicht« (1.5.3) beschrieben, was bei einem traumatischen Geschehen psychophysiologisch, neurohormonell und neuroanatomisch im Gehirn geschieht. Da die Folgen von sexuellem Missbrauch, auch vor dem Hintergrund der neurobiologischen Prozesse, gravierend sind, wird im anschließenden Kapitel »Folgen von sexuellem Missbrauch« (1.6) darauf eingegangen. Damit wird einer Bagatellisierung entgegengewirkt. Nach der Betrachtung des »Sexuellen Missbrauchs als Traumatisierung« (1.6.1) wird hinsichtlich der Folgen zwischen den »Verhaltensauffälligkeiten und emotionalen Störungen im Kindes- und Jugendalter« (1.6.2) und den »Spätfolgen im Erwachsenenalter« (1.6.3) unterschieden. Dabei werden häufig auftretende psychische und körperliche Merkmale bzw. Symptome, die keinem spezifischen Störungs-/Krankheitsbild im Sinne einer diagnostischen Klassifikation zugeordnet werden können, sowie spezifischen Störungs-/Krankheitsbilder beschrieben. Um das Phänomen des sexuellen Missbrauchs besser zu verstehen und Kinder und Jugendliche besser schützen zu können, ist auch eine eingehende Beschäftigung mit dem Täter notwendig. Darum wird in »Dynamik des Täters« (1.7) auf die unterschiedlichen »Motivationen« von Tätern (1.7.1) sowie Tätertypen (1.7.2) eingegangen und die »Klassischen Strategien« (1.7.3) – Grooming – werden vorgestellt. Der »Misshandlungszyklus« (1.7.4) verdeutlicht die Überwindung der Hemmschwellen und die Manipulationen des Täters. Da eine große Anzahl von Tätern selbst Opfer von Misshandlung ist, wird in »Entwicklungsgeschichte« (1.7.5) und »Psychodynamik des Täters« (1.7.6) erneut auf die internalisierten Missbrauchsmuster eingegangen, dieses Mal aus der Perspektive des Täters, d.h. des Gewordenseins. Entwicklungsgeschichtlich bedeutsame Merkmale ergänzen das Bild des Täters. In der Entwicklungsgeschichte von potenziellen Tätern spielen die Eltern meistens eine bedeutsame Rolle, z.B. wenn sie die Kinder nicht hinreichend geschützt haben. Kommt es zum Missbrauch, betreffen die Folgen von sexuellem Missbrauch auch Eltern, Professionelle sowie ganze Institutionen. Darum wird den »Folgen für das Umfeld – Familie und andere Institutionen« (1.7.7) ein besonderes Kapitel gewidmet. Mit der Hinwendung zum Umfeld weitet sich der Blick mehr in Richtung »Dynamik in der Institution« (1.8). Darin wird die Macht des Feldes beschrieben und die zuvor beschriebenen Abwehr-/Schutzmechanismen werden auf Institutionen übertragen. Um sexuellem Missbrauch strukturell entgegenzuwirken, existieren Richtlinien bzw. sind viele Institutionen im Prozess der Entwicklung von Leitlinien. Soweit sie bekannt sind, werden sie in »Richtlinien und gesetzliche Grundlagen zum sexuellen Missbrauch in Institutionen« (1.9) vorgestellt, dabei geht es insbesondere um Richtlinien von öffentlichen Jugendhilfeeinrichtungen, der Kirche und Schule. »Interventionen bei sexuellem Missbrauch in Institutionen« (1.10) schließen das ▶ Kap. 1 ab. Dabei wird nach Interventionen »Bei vagem Verdacht« (1.10.1), »Bei Aussagen eines Opfers« (1.10.2), »Bei beobachtetem sexuellem Missbrauch« (1.10.3), »Durch die Leitung« (1.9.4) und »Umgang mit Öffentlichkeit« (1.10.5) differenziert.

In ▶ Kap. 2 »Sexueller Missbrauch in Institutionen anhand von Beispielen aus der Praxis« werden die vorherigen eher theoretischen Ausführungen an Fallbeispielen aus eigener Praxis verdeutlicht. Insgesamt werden neun Fallbeispiele vorgestellt und interpretiert. Aspekte der Interpretation wurden in ▶ Kap. 1 beschrieben. Interventionsschritte werden – soweit erfolgt – analysiert und/oder unter Umständen empfohlen. Wir beginnen mit der kleinsten Einheit: der Institution Familie. Dies ist sinnvoll, weil sexueller Missbrauch häufig in Familien geschieht, durch Eltern, Pflegeeltern, weitere Verwandte, Bekannte der Eltern oder Geschwister. Auch lässt sich die typische Missbrauchsdynamik mit allen Abwehrmechanismen sehr gut an der Institution Familie aufzeigen. Häufig werden Mitarbeiter und Mitarbeiterinnen von Institutionen, denen Kinder und Jugendliche anvertraut werden, wie Kindergarten oder Schule, mit Verhaltensauffälligkeiten oder Veränderungen ihrer Schutzbefohlenen konfrontiert. Sie sollten sehr sensibel sein und sollten die Verdachtsmomente bei sexuellem Missbrauch auch in der Familie gut kennen, um intervenieren zu können.

Zwei der ausgewählten Fallbeispiele beziehen sich auf das Feld Familie (2.2 und 2.3), zwei Fallbeispiele finden in der Institution Heim statt (2.1 und 2.5). Des Weiteren werden die Institutionen Kindergarten (2.4), Schule (2.6), Kirche (2.7) und Behinderteneinrichtung (2.8) betrachtet. Während es sich bei den ersten acht Fallbeispielen um Opfer handelt, geht es im letzten Fallbeispiel (2.9) um einen Täter und damit speziell um die Täterdynamik. Die ausgewählten Einrichtungen stehen am häufigsten im Fokus der Öffentlichkeit. Die Fallbeispiele sind bis auf eines in ▶ Kap. 2.1 anonymisiert.

In ▶ Kap. 3 »Präventionen« werden konkrete präventive Maßnahmen vorgestellt. Dazu gehört die »Auswahl und Einstellung von Mitarbeitern und Mitarbeiterinnen« (3.1) und die Entwicklung und Vorstellung vom »Leitlinienkatalog der Institutionen« (3.2). Auch die »Strukturen der Institution« (3.3) kann je nach Klarheit oder fehlender Klarheit täterfreundlich oder täterfeindlich sein. Eine gelungene »Vernetzung von Institutionen am Beispiel der Clearingstelle Münster« (3.4) wird als Beispiel vorgestellt. Eine entscheidende präventive Maßnahme sind kontinuierliche »Fortbildungen« (3.5) von Mitarbeitern und Leitungspersonen, damit sie für das Thema des sexuellen Missbrauchs sensibilisiert sind und lernen, selbst eigene Abwehrstrategien zu erkennen. Zur »Stärkung der Kinder und Jugendlichen« (3.6) sollten spezielle Präventionsprogramme wie »Präventionsprogramme in Kindergärten und Schulen« (3.7) in Institutionen regelmäßig durchgeführt werden. Auch die »Aufklärung als Prävention für Eltern« (3.8) kann wesentlich dazu beitragen, sexuellen Missbrauch zu verhindern. Eine der besten Präventionen ist die »Therapie als Prävention für jugendliche Täter« (3.9), wenn sich das Missbrauchsmuster noch nicht so verfestigt hat. Spezielle »Angebote für Pädophile« (3.10) in therapeutischen Einrichtungen können auch helfen, sexuellen Missbrauch zu verhindern. Auch die »Medien« (3.11) haben in diesem Kontext eine große Chance und Verantwortung. In »Schlussbemerkung« betonen wir noch einmal unser Anliegen für das Schreiben dieses Buches

Zum Sprachgebrauch: Bei den Betroffenen und den Tätern wie auch bei den Professionellen handelt es sich um beide Geschlechter. Wir haben uns bemüht dem zu entsprechen, jedoch nicht konsequent durchgehalten. Zugunsten der besseren Lesbarkeit haben wir uns häufig für die männliche Form entschieden, in der Regel sind aber beide Geschlechter gemeint und angesprochen.

1 Zum sexuellen Missbrauch allgemein

1.1 Definitionen

1.1.1 Psychologische Definitionen

Es gibt keine allgemein gültige Definition zum sexuellen Missbrauch. Allein der Begriff des »sexuellen Missbrauchs« ist strittig. Die Wortbedeutung »sexueller Missbrauch« impliziert, dass Menschen gebraucht oder missbraucht werden. Dazu merken Amann und Wipplinger an, dass Individuen keinesfalls als »Gebrauchsgegenstände« fungieren (vgl. 1998, S. 16). Aus der Praxis mit Tätern ist jedoch bekannt, dass sie angeben, die Opfer wie Gebrauchsgegenstände benutzt zu haben. Einige Autoren bevorzugen den Begriff »sexuelle Gewalt« (Amann & Wipplinger 1998, S. 16), andere die Bezeichnung »sexuelle Misshandlung« (vgl. Gründer, Kleiner & Nagel 2010). Auch »sexuelle Übergriffe« findet man im Sprachgebrauch, was allerdings auch Fälle unterhalb der Strafbarkeitsschwelle impliziert.

Bange definiert den Begriff des sexuellen Missbrauchs folgendermaßen: «Sexueller Missbrauch an Kindern ist jede sexuelle Handlung, die an oder vor einem Kind entweder gegen den Willen des Kindes vorgenommen wird oder der das Kind aufgrund körperlicher, psychischer, kognitiver oder sprachlicher Unterlegenheit nicht wissentlich zustimmen kann. Der Täter nutzt seine Macht- und Autoritätsposition aus, um eigene Bedürfnisse auf Kosten des Kindes zu befriedigen« (Bange & Degener 1996, S. 105).

In diesem Buch wird der Begriff des sexuellen Missbrauchs in Anlehnung an den heutigen allgemeinen Sprachgebrauch verwendet; er ist auch durch die klinische Arbeit geprägt und entspricht der rechtlichen Definition. Folgende Definitionsaspekte gehen in die Betrachtung des sexuellen Missbrauchs ein:

Art der sexuellen Handlung

Häufig wird dabei nach Intensitätsgraden unterschieden:

- Als *leichtere Formen des sexuellen Missbrauchs* (ohne Körperkontakt) gelten Exhibitionismus, anzügliche Bemerkungen, das Kind (gegen seinen Willen) beim Baden oder Anziehen zu beobachten.

- *Wenig intensive Missbrauchshandlungen* sind der Versuch, die Genitalien des Kindes anzufassen, der Versuch, das Kind an der Brust zu berühren und der Versuch, dem Kind sexualisierte Küsse zu geben, sowie dem Kind pornographisches Material zu zeigen.
- Als *intensiver Missbrauch* wird gewertet: das Berühren oder Vorzeigen der Genitalien, wenn das Opfer vor dem Täter masturbieren muss, der Täter vor dem Opfer masturbiert oder sich von dem Opfer masturbieren lässt oder das Opfer masturbiert.
- Der *intensivste Missbrauch* besteht in der versuchten oder vollzogenen oralen, analen oder vaginalen Vergewaltigung (vgl. Engfer 2005, S. 12).

Bei der sogenannten engen Definition wird von körperlichem Kontakt zwischen Tätern und Opfern ausgegangen. Sie wird neben der sexuellen Handlung meistens durch weitere folgende Merkmale charakterisiert:

Entwicklungstand des Opfers

Kindern fehlen aufgrund ihres Entwicklungstandes die kognitiven, emotionalen und sozialen Fähigkeiten, die gesamte Tragweite einer sexuellen Handlung zu überblicken und zu verstehen. Emotional sind sie abhängig und können sich von daher nicht selbstbehauptend zur Wehr setzen. Zu dem Aspekt des Entwicklungstands gehören auch die oft benutzten Merkmale »der Zustimmung« und »entgegen dem Willen des Opfers«. Hierzu ist Folgendes anzumerken: Selbst wenn ein Kind aus Sicht des Täters »offensichtlich zustimmt« oder »selbst Spaß daran gehabt hat«, hat es meistens keine andere Chance. Eine Zustimmung entspricht einer Unterwerfung oder Anpassung an die Wünsche des Täters und ist eine – unbewusste – Abwehrstrategie. Selbst bei etwas älteren Kindern erfolgt in der Missbrauchssituation eine Regression auf ein Entwicklungsniveau, wo keine Zustimmung angenommen werden kann.

Machtgefälle

Bei sexuellem Missbrauch liegt immer ein Machtgefälle zwischen Opfer und Täter vor. Der Täter nutzt seine Vertrauens- oder Autoritätsposition, um seine eigenen sexuellen Bedürfnisse auf Kosten der abhängigen Person zu befriedigen. Das Opfer ist in einer Abhängigkeitsbeziehung und erlebt sich von daher meistens als ohnmächtig.

Altersdifferenz

Wie beim Machtgefälle wird durch die Altersdifferenz die Asymmetrie zwischen Täter und Opfer verdeutlicht. Der Ältere ist im Allgemeinen der Mächtigere und benutzt das jüngere Opfer zur eigenen Bedürfnisbefriedigung.

Gebot der Geheimhaltung

Der Täter zwingt das Opfer zur Geheimhaltung der sexuellen Handlung mit unterschiedlichen Strategien wie Bedrohung oder Belohnung.

1.1.2 Juristische Merkmale

Zur Beschreibung des Phänomens gehören auch die juristischen Merkmale. Im Gesetz ist ein Schutzalter festgelegt. Geschützt im Sinne des Strafgesetzes werden besonders Kinder bis zum Alter von 14 Jahren. Dabei wird im § 174, Abs. 3 StGB besonders die Stellung des leiblichen oder angenommenen Kindes hervorgehoben. Jugendliche sind bis zum Alter von 18 Jahren zu schützen, wenn sie in einem Abhängigkeitsverhältnis stehen oder dem Erwachsenen zur Erziehung, Beratung, Beaufsichtigung oder Betreuung anvertraut wurden. Der Gesetzgeber unterscheidet zwischen schwerem sexuellem Missbrauch, der die Penetration beinhaltet, und minderschwerem sexuellen Missbrauch, der den Missbrauch ohne Penetration meint. Besonders hervorgehoben wird im § 179 StGB der Schutz widerstandsunfähiger Personen. Hierbei kann es sich um Personen mit geistiger und seelischer Erkrankung, mit einer Suchterkrankung oder um Personen mit einer tief greifenden Bewusstseinsstörung handeln. Die entsprechenden Gesetzestexte sind im StGB, 13, Abschnitt: Straftat gegen die sexuelle Selbstbestimmung, §§ 174 bis 184 zu finden.

1.2 Tabuisierung des sexuellen Missbrauchs

Die Handlung des sexuellen Missbrauchs sowie das Sprechen darüber unterliegen in unserer Gesellschaft weitestgehend einem Tabu. Ein Tabu ist eine kulturell geformte und meistens stillschweigend praktizierte Übereinkunft, die soziales Handeln in einer Gesellschaft reguliert, indem bestimmte Verhaltensweisen verboten oder geboten werden. Da im Umgang mit sexuellem Missbrauch gegen bzw. mit kulturell verankerten Tabuisierungstendenzen gearbeitet werden muss, ist es hilfreich, das Phänomen der Tabuisierung genauer zu beleuchten. Tabus sind nicht explizit wie Verbote; sie verlangen, dass jeder weiß, was tabu ist, ohne darüber zu sprechen. Tabus unterscheiden sich von ausdrücklichen Verboten mit festgelegten Strafen bei Nicht-Einhaltung aus dem Bereich der kodifizierten Gesetze. Gesetze sind sprachlich formulierte Verbote, während Tabus stillschweigend praktizierte, mit sozialen Strafen belegte Verbote darstellen. Sexueller Missbrauch ist nach dem Gesetz strafbar und nach gesellschaftlichen Konventionen ebenfalls verboten.

In der Forschungsliteratur zum Tabu wird unterschieden zwischen einem Handlungs- und einem Sprach- und Kommunikationstabu (vgl. Schröder: Tabu, www.kuwi.europa-uni.de, Zugriff 24.10.2012). Das Handlungstabu hat die Funktion, soziales Handeln in einer Gesellschaft zu regulieren; beim sexuellen Missbrauch handelt es sich um ein Handlungstabu. Das Sprachtabu scheint das Handlungstabu noch zu unterstützen nach dem Motto: »Was man nicht tut, darüber spricht man auch nicht«. Wird das Tabu in Form der Missbrauchshandlung verletzt und wird offen darüber gesprochen, ist das Sprechen auch ein Tabubruch und unterliegt gewissen Sanktionen. So werden Opfer, die trotz Schweigegebot sprechen sowie Angehörige der Opfer, besonders wenn sie den Opfern glauben, häufig stigmatisiert oder ausgegrenzt. Institutionen, in denen sexueller Missbrauch erfolgt ist, werden ebenfalls stigmatisiert. Eine Offenlegung des Geschehens gelingt infolgedessen oft nur gegen große Widerstände.

Bei einem Tabubruch entstehen immer Gefühle von Peinlichkeit, Scham und Schuld wie auch Abscheu und Ekel; solche Gefühle wirken ebenfalls wie »Strafen«. Freud schreibt dazu bereits 1912 bis 1913 in »Das Tabu und die Ambivalenz der Gefühlsregungen«: »Das Sonderbarste daran ist wohl, daß wer es zustande gebracht hat, ein solches Verbot zu übertreten, selbst den Charakter des Verbotenen gewonnen ... hat« (1982, S. 314).

Das Wort Tabu stammt aus dem Sprachraum Polynesiens und wurde von James Cook von seiner Südseereise 1777 nach England gebracht. Tabu ist abgeleitet von dem Wort »ta pu«, wobei unter »ta« kennzeichnen oder markieren und unter »pu« kräftig oder intensiv verstanden wird. »Das Tabu ist also das kräftig Markierte« (Wagner 1991, zit. in: Schröder: Tabu, 1, www.kuwi.europa-uni.de, Zugriff 24.10.2012). Bei einem Tabubruch wird also der als Tabu markierte Bereich überschritten. Tabubereiche betreffen z. B. die Sexualität, den Stuhlgang oder die Intimreinigung. Ein in nahezu allen Gesellschaften anzutreffendes Tabu ist das Inzesttabu.

Spätestens seit Freuds Schriften »Totem und Tabu« (1912–1913) ist der Begriff auf dem Gebiet der Geistes- und Kulturwissenschaften etabliert. Nach Freud hat die Bedeutung des Begriffs Tabu zwei entgegengesetzte Richtungen. »Es heißt uns einerseits: heilig, geweiht, andererseits: unheimlich, gefährlich, verboten, unrein« (1982, S. 311). Dies entspricht auch weitestgehend dem heutigen deutschen Sprachgebrauch; danach werden zwei Grundbedeutungen des Begriffs Tabu unterschieden: 1. die völkerkundliche Bedeutung im Sinne eines Verbotes, »bestimmte Handlungen auszuführen, besonders geheiligte Personen oder Gegenstände zu berühren, anzublicken, zu nennen, bestimmte Speisen zu genießen« sowie 2. die bildungssprachliche Bedeutung im Sinne eines ungeschriebenes Gesetzes, »das aufgrund bestimmter Anschauungen innerhalb einer Gesellschaft verbietet über bestimmte Dinge zu sprechen, bestimmte Dinge zu tun« (Duden online 2011).

Um das Geheimnis des Tabus im Kontext von sexuellem Missbrauch zu verstehen, hilft das psychodynamische Konzept der »Ambivalenz der Gefühlsregungen« (Freud 1912–1913), welches zum Menschsein gehört. Freud entwickelt, dass die Menschen zu ihren Tabuverboten eine ambivalente Einstellung haben »sie möchten im Unbewussten nichts lieber als sie übertreten, aber sie fürchten sich auch davor; sie fürchten sich gerade darum, weil sie es möchten, und die Furcht ist stärker als die Lust« (1982, S. 323). Es geht also um den grundlegenden Konflikt zwischen Begehren/Impuls/Antrieb und der Hemmung oder Kontrolle des Begehrens/Impulses/Antriebs durch ein Verbot. Offensichtlich setzt sich in dem Ambivalenzkonflikt zwischen Begehren und Verbot auch häufig das Begehren durch, denn der sexuelle Missbrauch von Kindern und Jugendlichen durch Erwachsene ist so alt wie die Menschheitsgeschichte (vgl. Heyden & Jarosch, 2010, S. 6).

Das Durchsetzen des Begehrens/Impulses passiert bei vielen innerpsychischen Konflikten, und zwar immer dann, wenn die Steuerungs- oder Kontrollfunktionen versagen oder die Verbote nicht stark genug sind. An anderer Stelle sagt Freud: »Wo ein Verbot vorliegt, muss ein Begehren dahinter sein« (1982, S. 360), mit anderen Worten ist ein Verbot nur dann notwendig, wenn es auch ein Begehren gibt. Von daher ist ein Verbot in Form eines Tabus oder moralischen Anspruchs oder sogar Gesetzes gerechtfertigt und notwendig. Der Gesetzgeber entspricht dieser Notwendigkeit.

Auch wenn sexueller Missbrauch gesetzlich verboten ist, heißt dies nicht, dass er zwangsläufig auch geahndet wird. Missbrauch geschieht immer in Macht- bzw. Abhängigkeitsbeziehungen, somit verfügt der Täter über Mittel, die Aufklärung der Straftat zu verhindern. Zu einer Aufklärung gehört jedoch fast immer das Sprechen des Opfers über den Missbrauch. Dies ist eine Voraussetzung, damit das Strafgesetz angewendet werden kann. Unterliegt das Sprechen dem Tabu, kann der sexuelle Missbrauch nicht geahndet werden.

Beim sexuellen Missbrauch wirkt nicht nur das Handlungstabu, sondern auch das Sprach- und Kommunikationstabu. Anders formuliert betrifft das Verbot nicht nur die Handlung des sexuellen Missbrauchs, sondern auch das Sprechen darüber. Dem Sprachtabu unterliegen auch die Opfer von sexuellem Missbrauch, denn ihnen fällt das Sprechen über das Erfahrene meistens sehr schwer. Natürlich ist das Nicht-Sprechen der Opfer auch durch die Strafandrohung des Täters motiviert sowie durch die Konsequenzen, die eine Veröffentlichung nach sich zieht. Dies verstärkt das gesellschaftlich tief verankerte Tabu.

Das Kommunikationstabu zieht weite Kreise, es erfasst die Betroffenen, Angehörige sowie die Professionellen. Über das Thema wird in bestimmten Wellen in der Öffentlichkeit gesprochen. Bemerkenswerterweise wird auch das Sprechen über die Folgen von sexuellem Missbrauch tabuisiert. Durch die letzten Skandale, wie z. B. in der katholischen Kirche oder in der Odenwaldschule, die in der Öffentlichkeit bekannt und diskutiert worden sind, ist das Schweigen zumindest ansatzweise gebrochen. In der Öffentlichkeit wird z. Z. von sexuellem Missbrauch an Kindern und den Folgen durchaus gesprochen. Es geschieht aber noch immer zu wenig, um die Gewalttaten zu verhindern. Der Umgang mit einem gesellschaftlich tabuisierten Phänomen wie sexuellem Missbrauch erfordert von Betroffenen sowie Professionellen enorme Anstrengungen, da jedes Mitglied einer Gesellschaft solchen kulturell geformten Tabuisierungstendenzen unterliegt. Zum tieferen Verstehen von Tabuisierungen sowie Tabubrüchen wurden bereits psychoanalytische Konzepte wie die Ambivalenzkonflikte und das Unbewusste eingeführt. Im Folgenden wird psychoanalytische Theoriebildung differenzierter ausgeführt. Der Beginn der Psychoanalyse ist mit dem Phänomen des sexuellen Missbrauchs verknüpft.

1.3 Bedeutung des sexuellen Missbrauchs in der Psychoanalyse

Die Zusammenhänge von lebensgeschichtlich traumatischen Erfahrungen und Störungen in der späteren Entwicklung wurden von psychoanalytischen Ansätzen untersucht und beschrieben. Viele Mechanismen, die im Kontext von sexuellem Missbrauch zu beobachten sind und helfen, die Dynamik des sexuellen Missbrauchs zu erklären und zu verstehen, entstammen psychoanalytischem Denken. Beispielhaft seien hier die Mechanismen der Dissoziation und Spaltung, der Introjektion und Verleugnung genannt. Ausgang der psychoanalytischen Theoriebildung war die Konfrontation Freuds mit sexuell missbrauchten Kindern, aus der er zunächst die sogenannte Verführungstheorie entwickelt hat. Entscheidend für die moderne psychoanalytische Traumatheorie ist sicher das Gedankengut von Ferenczi. Die Wandlungen, die das Phänomen des sexuellen Missbrauchs in der Psychoanalyse erfahren hat, sollen kurz skizziert werden. Deutlich wird dabei, dass die Psychoanalyse als Bewegung ähnlichen Mechanismen wie beim realen Missbrauch unterliegt, so die Verleugnung und das »implizite Kommunikationsverbot« (Krutzenbichler 2005, S. 174) sowie die Spaltung im Sinne der Unvereinbarkeit von Gegensätzen.

Mitte der neunziger Jahre des 19. Jahrhunderts war Freud häufig mit Fällen von sexuellem Missbrauch konfrontiert. Zum einen durch seine Hospitation in Paris bei Charcot, dem bedeutendsten Neurologen seiner Zeit, zum anderen durch seine Erlebnisse am gerichtsmedizinischen Institut in Paris an der Morgue, wo er selbst häufig Zeuge von Autopsien missbrauchter, speziell sexuell missbrauchter Kinder gewesen war (vgl. Masson 1986). Infolge der Informationen und Erlebnisse während seiner Studienreise sowie seiner eigenen klinischen Erfahrungen mit Patientinnen und Forschungen entwickelte Freud die Verführungstheorie, die auf der Annahme eines real erlittenen Traumas basiert. In seinem Vortrag »Zur Ätiologie der Hysterie« (1896) vor dem Wiener Verein für Psychiatrie und Neurologie postulierte Freud das real erlittene sexuelle Trauma als einen zentralen Kern der Neurose. Seine Arbeit basierte auf 18 Fällen, bei denen Freud die (konversionsneurotische) Symptomatik auf die reale Verführung von Kindern durch Erwachsene zurückführte. Damit brach Freud ein gesellschaftliches Tabu und erntete einige Ablehnung von seinen Kollegen; er wurde für den Tabubruch bestraft. Im darauf folgenden Jahr widerrief Freud die sogenannte Verführungstheorie und ersetzte sie durch die sogenannte Triebtheorie. Über die Gründe für die Aufgabe der Verführungstheorie haben sich viele Forscher Gedanken gemacht (vgl. u. a. Krüll 1979). Neben vielen individuellen Gründen spielte sicher auch der institutionelle und gesellschaftliche Druck – infolge des Tabubruchs – eine entscheidende Rolle. Mit dem Widerruf und der Verlagerung der sexuellen Gewalt in die Phantasie der Betroffenen im Rahmen der Triebtheorie und des Ödipuskomplexes war die Belastung eines potenziellen Missbrauchs von den ehrenwerten Männern, Wissenschaftlern und Familienvätern der damaligen Wiener Gesellschaft genommen worden. Somit war das Trauma- bzw.

1.3 Bedeutung des sexuellen Missbrauchs in der Psychoanalyse

Verführungsmodell vom Triebmodell abgelöst. Der Schauplatz des Geschehens war nicht mehr primär die reale interaktive Wirklichkeit, sondern die innerpsychische Bühne. Gleichwohl hat Freud das Modell eines objektiv traumatisierenden Ereignisses für die Ätiologie einer psychischen Störung nicht ganz aufgegeben. So liest man in den »Vorlesungen zur Einführung in die Psychoanalyse« (1916–17) unter »Die Wege der Symptombildung«: »Besonderes Interesse hat die Phantasie der Verführung, weil sie nur zu oft keine Phantasie, sondern reale Erinnerung ist« (1982, S. 361). Trotz seiner deutlichen Ambivalenz lässt er immerhin die Möglichkeit des realen Missbrauchs für die Ätiologie einer psychischen Störung zu. Im Mainstream der Psychoanalyse wurde die Phantasie als krankmachendes Agens betont und die Bedeutung der Realität völlig vernachlässigt.

Nicht unerwähnt sein sollte an dieser Stelle, dass Pierre Janet (1889), der wie Freud Charcots Theorie der traumatischen Genese psychischer Störungen übernommen hatte, das Konzept der dissoziativen Störung entwickelte. Janet sah als zentrale auslösende Faktoren für dissoziative Symptome real erlebte Traumen, die zu einer Störung der integrativen Funktionen des Bewusstseins führen. Obwohl die Dissoziation ein zentraler Bewältigungs- und Schutzmechanismus bei sexuellem Missbrauch ist, fand dieser Zugang zwischen 1920 und 1970 wenig Beachtung. Erst ab 1970 im Zusammenhang mit der erneuten Beschäftigung mit sexuellem Missbrauch fand das Dissoziationsmodell wieder Eingang in den Diskurs (vgl. 1.6.3).

Mit Sandor Ferenczi, einem Schüler Freuds, und seinem interaktiven Ansatz flammt das Modell des real erlittenen Traumas 36 Jahre später wieder auf. Es führt zu einem dramatischen Bruch mit Freud und seinen Weg- bzw. Zeitgenossen und gerät dann bis etwa 1950 in Vergessenheit bzw. fällt psychoanalytischer Verleugnung anheim. Gleichwohl kann Ferenczi als der Begründer der modernen psychoanalytischen Traumatheorie gesehen werden. Auf dem Kongress der Internationalen Psychoanalytischen Vereinigung 1932 hielt Ferenczi den bedeutenden, sehr umstrittenen Vortrag mit dem Titel: »Sprachverwirrung zwischen dem Erwachsenen und dem Kind. Die Sprache der Zärtlichkeit und der Leidenschaft«. Der ursprüngliche Titel des angekündigten Vortrags lautete: »Die Leidenschaften der Erwachsenen und deren Einfluß auf Charakter- und Sexualentwicklung der Kinder«. In diesem Vortrag betont Ferenczi, dass das traumatische Moment in der Pathogenese von Neurosen zu sehr vernachlässigt wurde. Ferenczi spricht im Kontext vom sexuellen Missbrauch auch von einer Sprachverwirrung zwischen Kind und Erwachsenem (vgl. 1.4). Während das Kind noch im Stadium der passiven Objektliebe oder Zärtlichkeit ist, so Ferenczi, reagiert der Erwachsene mit aktiver Leidenschaft und zwingt dadurch dem Kind mehr Liebe auf, als es sich eigentlich dem eigenen Entwicklungsniveau entsprechend wünscht. Ferenczi betont, dass aufgezwungene oder zu viel an Liebe oder Liebe anderer Art als gewünscht, genauso pathogene Folgen nach sich zieht wie die »fast immer herangezogene Liebesversagung« (1984, S. 521). Für Ferenczi liegt das Trauma im Beziehungsfeld. Dadurch kommt – neben dem Triebschicksal wie bei Freud – die Beziehung zwischen Subjekt und Objekt in das Blickfeld. Das Trauma verändert nicht nur das Triebschicksal, sondern auch die Beziehung des Subjektes zum Objekt, und zwar zu den äußeren Objekten wie zu den inneren Objekt-Repräsentanzen.

Ferenczi hat auch ein Fundament zur Psychologie der frühen Störung bzw. Entwicklungsstörung gelegt. Nach psychoanalytischer Sicht sind Frühstörungen psychische Störungen, die ihre Basis in Verletzungen/Traumen in der frühen Kindheit haben und sich im Erwachsenenalter als Persönlichkeitsstörungen, z. B. als Borderline-Persönlichkeitsstörung, zeigen (vgl. 1.6.3). Charakteristisch für Borderline-Störungen sind Spaltungsvorgänge, die Ferenczi für die traumatische Situation beschreibt, wonach sich das Kind in die »traumatische Trance« flüchtet und es ihm dadurch gelingt, »die frühere Zärtlichkeitssituation aufrecht zu erhalten« (1984, S. 519). Die von Ferenczi beschriebene »traumatische Trance« würden wir auch als Dissoziation beschreiben (vgl. 1.5.1).

»Ab der Hälfte der siebziger Jahre wird durch die praktischen Erfahrungen in der Kinderpsychiatrie, der Familientherapie, von Kinderberatungs- und Schutzorganisationen und von feministischen Gruppen die Erkenntnis über massenhaften sexuellen Missbrauch von Kindern immer evidenter und damit Kritik an der Psychoanalyse und ihrem Umgang mit diesem Thema lauter« (Krutzenbichler 2005, S. 177). Umfangreiche Literatur erscheint zu dem Thema. Shengold löst in seinen Arbeiten die Polarisierung zwischen real erlittenem und phantasiertem sexuellem Missbrauch auf. »Ich nehme an, dass in der Kindheitsentwicklung die tatsächlichen überwältigenden Erfahrungen von Verführung, Vergewaltigung und Schlägen der Eltern unterschiedliche tiefergehende, zerstörerische und pathogene Wirkungen haben, als es die Phantasien solcher Erfahrungen haben können, die zwangsläufig in der seelischen Entwicklung der sexuellen und aggressiven Impulse eines Kindes entstehen« (Shengold 1995, S. 34). Somit war die Bedeutung der traumatischen Realität wieder eingekehrt. Weiterhin entscheidend war sicherlich auch die differenzierte Beschäftigung mit den sogenannten Persönlichkeitsstörungen, insbesondere der Borderline-Persönlichkeitsstörung. Unter anderem wurde von Rohde-Dachser, Dulz und Schneider, Egle, Sachse und Reddemann ein Zusammenhang zwischen sexuellem Missbrauch in der Kindheit und Jugend und einer schweren psychischen Störung, insbesondere Borderline-Persönlichkeitsstörung und Dissoziative Identitätsstörung, angenommen.

Heute scheinen die jahrelange Verleugnung des Themas sowie die Polarisierung durch extreme Auffassungen überwunden. Die aktuelle psychoanalytische Traumatheorie ist entscheidend geprägt durch die Konzeptualisierung von Beziehungstraumen, die objektbeziehungstheoretisch gut erklärt werden können (vgl. 1.5.2). Danach entwickelt sich die psychische Struktur durch die internalisierten real erfahrenen (Objekt-)Beziehungen. Für die Ausbildung einer stabilen psychischen Struktur sind hinreichend gute Objekterfahrungen und damit verinnerlichte Objektrepräsentanzen notwendig. Bei traumatischen Erfahrungen bricht die innere Beziehung zwischen der Selbstrepräsentanz und den guten schützenden inneren Objektrepräsentanzen auseinander. Dies wird erlebt als Vertrauensriss, als ein Gefühl des Verlassenseins wie auch als zerstörerische Aggression. Ein Beziehungstrauma wird auch als Entwicklungstrauma verstanden. Häufig sind kumulative Traumatisierungen anzutreffen, z. B. wenn die primäre Bezugsperson ihre schützende und empathisch spiegelnde Funktion nicht hinreichend wahrnimmt und dann noch ein sexuelles Trauma hinzukommt.

Auch die Gegenüberstellung von Trauma und Konflikt war über viele Jahre Gegenstand kontroverser Diskussionen im psychoanalytischen Diskurs. War es doch ein Markstein in der Psychoanalyse, als Freud die Verführungstheorie, die die neurotische Störung als Folge eines real erfahrenden Traumas betrachtete, zugunsten der Konflikttheorie aufgab, in der es um unbewusste konflikthafte Dynamiken geht. Diese Dichotomisierung ist heute zugunsten integrativer Ansätze aufgegeben. Heute werden vielmehr die Verbindungen von Trauma und Konflikt diskutiert (vgl. Schlösser & Höhfeld 1998). Diese sind wiederum Funktionen der psychischen Struktur, die sich über mehr oder weniger konflikthafte Beziehungserfahrungen herausbilden bzw. intrapsychisch repräsentiert werden. Werden z. B. destruktive Erfahrungen verinnerlicht, werden sie zu destruktiven inneren Objekten, die zu liebevollen Objekten infolge guter Erfahrungen im Widerstreit stehen. Natürlich haben auch traumatisierte Menschen Grundkonflikte. Aus unserer Erfahrung spielen die Konflikte zwischen Individuation und Abhängigkeit, Selbstkonflikte und Schuldkonflikte in der innerpsychischen Dynamik nach Traumatisierung eine zentrale Rolle. Sie wurden bisher jedoch wenig konzeptualisiert. Sehr ausführlich ist hingegen der Zusammenhang zwischen Trauma und psychischer Struktur konzeptualisiert und auch empirisch belegt. Die Folgen einer Traumatisierung sind abhängig von der Schwere und der Kontinuität der Erfahrungen sowie den Bewältigungsmechanismen.

1.4 Dynamik der Missbrauchsbeziehung und -situation

Sexueller Missbrauch ist ein Beziehungstrauma. Es geht immer um ein interaktionelles dynamisches Geschehen, welches zunächst durch die dyadische Beziehung zwischen Täter und Opfer bestimmt wird, aber nicht unabhängig vom näheren Umfeld zu verstehen ist. Sexueller Missbrauch entwickelt sich in einem Umfeld, welches ihn ermöglicht. In diesem Kapitel wird primär die interaktionelle Dynamik der Missbrauchssituation beschrieben, die im Weiteren das Beziehungsmuster zwischen Opfer und Täter prägt. Die interaktionelle Dynamik zwischen Missbraucher und Opfer gilt für jede Missbrauchssituation unabhängig von der Institution, in der der Missbrauch stattfindet. In den nachfolgenden Kapiteln wird die innerpsychische Dynamik vom Opfer (1.5), einschließlich der Folgen des Missbrauchs (1.6) und die Dynamik des Täter (1.7) ausgeführt.

Vorangestellt werden die Ausführungen von Ferenczi, in denen im Grunde schon 1932 alle Facetten der Missbrauchsituation beschrieben werden. »Ein Erwachsener und ein Kind lieben sich; das Kind hat die spielerische Phantasie, mit dem Erwachsenen die Mutterrolle zu spielen. Dieses Spiel mag auch erotische Formen annehmen, bleibt aber nach wie vor auf dem Zärtlichkeitsniveau.

1 Zum sexuellen Missbrauch allgemein

Nicht so bei pathologisch veranlagten Erwachsenen, besonders wenn sie durch sonstiges Unglück oder durch den Genuss betäubender Mittel in ihrem Gleichgewicht und ihrer Selbstkontrolle gestört sind. Sie verwechseln die Spielereien der Kinder mit den Wünschen einer sexuell reifen Person oder lassen sich, ohne Rücksicht auf die Folgen, zu Sexualakten hinreißen. Tatsächliche Vergewaltigungen von Mädchen, die kaum dem Säuglingsalter entwachsen sind, ähnliche Sexualakte erwachsener Frauen mit Knaben ... gehören zur Tagesordnung« (Ferenczi 1984, S. 518). Diese Form der Interaktion nennt Ferenczi »Sprachverwirrung«; die Verwirrung bezieht sich auf die Veränderung der Beziehungsqualität.

Folgende Aspekte charakterisieren die traumatisierende Missbrauchssituation und in der Folge das Missbrauchsmuster:

- Zwischen Täter und Opfer besteht eine *vertrauensvolle Beziehung*. Durch die Handlungen des Täters wird das Opfer traumatisiert.
- Der Missbrauch beginnt mit einem *Eingangsritual*, z. B. gemeinsames Spielen, und endet mit einem *Ausgangsritual*, z. B. gemeinsames Fernsehen. Der Missbrauch selbst passiert häufig im Schweigen.
- Die eben noch vertraute spielende Person wird durch das veränderte Verhalten und Aussehen infolge der sexuellen Erregung zur fremden Person. Das Kind ist mit der nunmehr fremden Person *völlig allein* ohne sichere Basis, kann nicht entkommen und ist vor Angst wie gelähmt. Der Täter nimmt die Angst des Kindes nicht wahr und führt seine Handlungen bis zu seiner sexuellen Entspannung durch.
- Die Missbrauchssituation zeichnet sich durch ein *Macht-Abhängigkeitsgefälle* aus, welches im Kind totale Hilflosigkeit oder Ohnmacht auslöst. Ferenczi spricht von der »überwältigenden Kraft und Autorität des Erwachsenen« (Ferenczi 1984, S. 518), die das Kind stumm mache und oft seiner Sinne beraube. Machtausübung ohne Achtung des Willens und der Handlungsfreiheit des Kindes auf der Täterseite und Hilflosigkeit, Ohnmacht und Angst auf der Opferseite charakterisieren die Missbrauchssituation.
- *Sprachlosigkeit* ist typisch für die Missbrauchssituation auf allen Ebenen. Das Kind wird zur Sprachlosigkeit gezwungen und bleibt es meistens auch. Der Missbraucher ist sprachlos bis auf sein Sprechverbot. Personen aus umgebenden sozialen Gruppen – Familie und anderen Institutionen – sind ebenfalls sprachlos.
- Der Missbrauch bedeutet eine »*Degradierung des Kindes zum reinen Objekt der Bedürfnisbefriedigung* der erwachsenen Person. Diese Degradierung wiederum bedeutet eine umfassende Entwertung des Kindes als Person« (Wöller 2006, S. 27). Die Entwertung wirkt sich auf die Entwicklung des Selbstwertgefühls des Opfers aus. Es fühlt sich infolge des Missbrauchs wertlos, ohne Recht auf eigene Gefühle, Wünsche und Rechte.
- Durch den Missbrauch werden im Kind Gefühle von Angst, Abscheu, Entsetzen, Ekel und Hass ausgelöst. Diese Gefühle sind unvereinbar mit denen von Zärtlichkeit, Liebe und Abhängigkeit, die das Kind dem Täter sonst gegenüber empfindet, wenn er nicht missbraucht. Diese unterschiedlichen Gefühle sind für das Kind innerpsychisch nicht vereinbar, daher werden

unbewusst *Abwehr-/Schutzmechanismen aktiviert*, um das Trauma aushaltbar zu machen. Das Kind regrediert, spaltet oder dissoziiert (vgl. 1.5.1).
- Nach der Beendigung des Missbrauchs tut der Täter so, als sei nichts geschehen, er leugnet den sexuellen Charakter des Geschehens und gibt keine Erklärungen. Im Gegenteil, er erteilt ein *Sprechverbot unter Androhung von Strafe*. Durch das Sprechverbot wird dem Kind die Möglichkeit der Verarbeitung genommen. Das Erlebte kann psychisch nicht integriert werden und bleibt insofern abgespalten und dem Bewusstsein nicht zugänglich.
- Ein interaktiver Schutzmechanismus ist der der *Introjektion*, d. h., das Kind introjeziert Aspekte des Missbrauchers, dadurch verschwindet dieser abgespaltene misshandelnde Teil der sonst vertrauten Person aus der äußeren Realität und wird intrapsychisch. Dadurch erlebt sich das Kind genauso wie es real behandelt worden ist, als schlecht, schmutzig oder verachtenswert. Anders formuliert setzen sich einzelne Aspekte des Täters intrapsychisch fest, sie werden zu Introjekten (vgl. 1.5.1).
- Mit der Introjektion werden auch die *Wünsche des Täters* introjeziert, was eine totale Unterwerfung ermöglicht. Damit ist das Kind in der Lage, der mit der Gewalt verknüpften Disharmonie entgegenzuwirken und zum guten Kind zu werden, zu dem der Missbraucher wieder gut sein kann. Die vertraute, gute Situation ist damit »gerettet«.
- Während das Opfer Aspekte des Täters introjeziert, *externalisiert* der Täter. Er externalisiert im Allgemeinen eigene negative, unerwünschte oder bedrohliche Selbstaspekte. Konkret verlagert er sie auf das Opfer, z.B. schieben Täter häufig die Schuld für den Missbrauch dem Opfer zu, um sich damit von eigenen Schuldgefühlen zu entlasten. Auch Schamgefühle werden externalisiert, die das Kind dann per Introjektion aufnimmt und zu den eigenen macht.
- Eine weitere Möglichkeit, die gute Situation aufrechtzuerhalten oder zu retten, besteht in der *Parentifizierung*. Dieser Mechanismus beschreibt eine Rollenumkehr, dabei identifiziert sich das Kind mit der Elternrolle. Es sorgt für Elternteile, übernimmt Verantwortung und bestätigt sie. Damit können missbrauchende Elternteile – anscheinend – besänftigt werden.
- *Kognitive Verdrehungen* können dazu führen, dass das Kind seiner eigenen Wahrnehmung nicht mehr traut. »Die häufigste kognitive Verdrehung besteht darin, einem missbrauchten ... Kind einzureden, dass es für das Geschehene selbst verantwortlich sei, oder ihm zu vermitteln, es habe die sexuellen Handlungen selbst gewollt« (Wöller 2006, S. 27).
- Das Kind verinnerlicht nicht nur Aspekte des Missbrauchers, es verinnerlicht das Beziehungsmuster bis hin zur gesamten Missbrauchssituation, die durch die traumatisierende Person definiert wird. Die Internalisierung des Beziehungsmusters führt zum sogenannten *Wiederholungszwang* und wird durch die Hoffnung genährt, das »böse Objekt« möge sich in ein gutes verwandeln. Darum wird die traumatogene Situation ständig – unbewusst – wiederholt (vgl. 1.5.2).
- *Personen aus dem näheren Umfeld nehmen die Traumatisierung nicht wahr.* Sie leugnen, weigern sich, dem Kind zu glauben, oder bestreiten es sogar. Dadurch fühlt sich das Kind emotional allein gelassen und dem Täter umso mehr ausgeliefert; kognitiv erhöht sich noch die Verwirrung. Zentrale

Ich-Funktionen wie die Wahrnehmung, die Erinnerung oder Symbolisierung werden dadurch beeinträchtigt. »Das Kind verliert den Sinnzusammenhang, den Begriff von einer geordneten Welt menschlichen Zusammenlebens; es gibt keine Versprachlichung, keinen zwischenmenschlichen Kontext« (Kirschner 1994, zit. in Hirsch 2004, S. 54).
- Die Traumatisierung durch anhaltenden sexuellen Missbrauch wir auch als »*Seelenmord*« beschrieben (Shengold 1995). Das Kind erlebt Hilflosigkeit, Verwirrung und Wut, erfährt Degradierung, introjeziert Scham und Schuld etc. Diese unerträgliche Intensität, die auch eine Überstimulation bedeutet, ist für die kindliche Psyche zu viel. Es muss sie verringern oder vermeiden und in der Folge verleugnet und spaltet es. Dadurch wird die Psyche »getötet«.

Sexueller Missbrauch bedeutet immer ein Trauma für das Opfer. Unter Trauma (griechisch: Wunde) versteht man eine Verletzung, eine Wunde, die sowohl körperlich als auch psychisch bedingt sein kann. Beim sexuellen Missbrauch handelt es sich überwiegend um ein körperliches (bis auf die Formen ohne Körperkontakt) und immer um ein psychisches Trauma. Ein Opfer beschreibt dies folgendermaßen: »Es ist so, als ob du mit einer offenen Wunde rumläufst, und keiner sieht es«. Bei einer psychischen Traumatisierung erfolgt eine psychische Erschütterung, bei der die Bewältigungsmechanismen des Opfers nicht ausreichen. Beim sexuellen Missbrauch handelt es sich um ein personales Trauma, da es zwischen Personen passiert. Personale Traumen sind grundsätzlich schwerwiegender als apersonale Traumen wie z. B. bei Unfällen oder Naturkatastrophen.

Der Grad der Traumatisierung ist von einer Vielzahl von Einflüssen abhängig.

Art der Traumatisierung: Bezogen auf das Trauma selbst ist die Art der Traumatisierung wichtig. Je intensiver die sexuellen Handlungen bezogen auf Körperkontakt und Gewaltanwendung sind (vgl. 1.1), desto größer ist die Traumatisierung.

Auftretenshäufigkeit (Einmaliges oder andauerndes Auftreten): Handelt es sich um einmalige oder kumulative Traumatisierungen in der vulnerablen Entwicklungsphase der frühen und späteren Kindheit wird von Entwicklungstraumata gesprochen. Je länger der Missbrauch andauert, desto schwerwiegender ist die Traumatisierung.

Alter: Grundsätzlich gilt, dass je früher in der Entwicklung eines Kindes das Trauma stattfindet, desto gravierender sind die Folgen. Die Psyche eines kleinen Kindes ist noch nicht hinreichend strukturiert, um derartige Erschütterungen psychisch bewältigen zu können.

Enge der Beziehung: Je enger die personale Beziehung ist, desto schwerwiegender ist die Traumatisierung. Die Forschung zeigt, dass bei erlebtem Inzest die gravierendsten Störungen entstehen. Z. B. findet sich ein Inzest in der Biographie von Borderline-Persönlichkeitsstörungen bei der Hälfte bis zu drei Viertel aller stationären weiblichen Erkrankten in Amerika, Australien und Westeuropa (Stone 2001, S. 7).

Fehlende Realitätsanerkennung: Nicht nur das Missbrauchsgeschehen selbst, sondern auch die vom Täter verunmöglichte Realitätsanerkennung und Klärung wirken traumatisch.

Verarbeitungsmöglichkeiten: Gibt es Möglichkeiten zur Bearbeitung des Traumas, kann der Grad der Traumatisierung abgemildert werden. Die Verarbeitung hängt von inneren und äußeren Ressourcen ab. Zu den inneren Ressourcen gehören die strukturellen psychischen Funktionen sowie die erfolgreiche Verarbeitung früherer negativer Erfahrungen, auf die zurückgegriffen werden kann. Zu den äußeren Ressourcen gehören in erster Linie stabile schützende Beziehungen; sie sind entscheidend für eine gelingende Verarbeitung des Traumas.

Anerkennen des Missbrauchs: Zentral ist weiterhin, dass dem Kind bei einer Öffnung des erlebten Missbrauchs geglaubt wird. Einige Opfer berichten, dass das Nicht-Anerkennen oder Nicht-Glauben des Missbrauchs von der Hauptbezugsperson, z. B. der Mutter, für das Kind ein noch größeres Trauma bedeutet als das Trauma des Missbrauchs selbst.

Zusammengefasst: kann formuliert werden: Je jünger das Kind ist und je andauernder und schwerwiegender der Missbrauch, je enger die Missbrauchsbeziehung ist bei fehlenden schützenden und unterstützenden Bezugspersonen, je weniger dem Kind geglaubt wird und je weniger Verarbeitungsmöglichkeiten es hat, desto schwerwiegender sind die Folgen.

1.5 Dynamik des Opfers

1.5.1 Bewältigungsmechanismen und Verarbeitungsmöglichkeiten

Das Trauma, der sexuelle Übergriff, löst im Kind oder Jugendlichen einen psychischen Prozess aus, der dem psychischen Überleben gilt. Die bedrohliche Situation, die mit Gefühlen von Hilflosigkeit, Kontrollverlust, schutzloser Preisgabe und Todesangst einhergeht, übersteigt die psychischen Bewältigungsmechanismen und bewirkt so eine (dauerhafte) Erschütterung des Selbst- und Weltverständnisses. In diesem Kapitel geht es darum zu verstehen, wie das Kind die Traumatisierung aktuell bewältigen und verarbeiten kann, um psychisch zu überleben. Bei der Bewältigung und Verarbeitung helfen Abwehrmechanismen. Dies sind – allgemein formuliert – Schutzfunktionen, über die alle Menschen verfügen und die dabei helfen, sich vor unerträglichen Gefühlen zu schützen und sich in einer psychischen Balance zu halten. Im psychodynamischen Denken dienen die Abwehrmechanismen auch immer der Abwehr von Angst. Schutzmechanismen werden in der traumatischen Situation aktiviert und bleiben meistens als eingravierte Muster bestehen. Sie können innerpsychische und interpersonelle Auswirkungen haben. In der ursprünglichen traumatischen Situation sind sie sinnvoll und dienen dem Überleben, im späteren Leben sind sie jedoch häufig dysfunktional.

Abwehrmechanismen gehören in psychoanalytischen Konzepten zu den Ich-Funktionen. Das System von Funktionen, das der Anpassung an die Umwelt und damit der Selbsterhaltung dient, wird Ich genannt, welches ein Konstrukt darstellt. Die sogenannte Ich-Psychologie ist eine Richtung innerhalb der Psychoanalyse, die am stärksten interaktionell an der Realbeziehung und der Umwelt orientiert ist. Sie hilft zu verstehen, was innerpsychisch beim Opfer in der traumatisierenden Situation geschieht.

Unter Ich-psychologischen Gesichtspunkten überrollt das traumatische Ereignis die funktionalen Ich-Grenzen und überwältigt oder paralysiert quasi das Ich. Anders formuliert wird durch die von außen andrängenden Reize von Gewalt der Reizschutz gebrochen. Die Durchbrechung des Reizschutzes ist schon bei Freud ein wesentliches Merkmal des Traumas. Ein zentraler Schutzmechanismus, der in der traumatisierenden Situation einsetzt und für viele Traumen gilt (z. B. auch bei Folter oder Vergewaltigung), ist der der *Regression*. Unter Regression wird die Rückkehr auf frühere psychische Entwicklungsstufen verstanden. Der Mechanismus setzt ein, wenn die gegenwärtige Situation nicht mehr zu ertragen ist. Die von außen kommenden Reize von Gewalt lösen Gefühle wie Entsetzen, Ohnmacht und Wut aus, die wiederum als innerpsychische Reize ebenfalls auf das Ich eindrängen. Die Bedrohung ist also stets eine doppelte, von äußeren Ereignissen und inneren unerträglichen Gefühlen. Diese negativen Gefühle sind unvereinbar mit den positiven Gefühlen von Zuneigung und Schutzwünschen, die das Kind sonst dem Missbraucher oder der Missbraucherin gegenüber empfindet. Durch diese unerträglichen und unvereinbaren Gefühle, die das Trauma auslöst, ist das Ich zur Regression gezwungen. Als weiterer, das innere Chaos fördernder Faktor, kommt die enorme *Angst* hinzu, die sich aus den äußeren wie inneren Reizen speist und ebenfalls das Ich zu überfluten droht. Im Zuge der Regression regrediert der gesamte psychische Apparat mit allen Ich-Funktionen, z. B. sind auch die Wahrnehmungsfunktionen betroffen. Die Angst wird durch die Regression archaischer und existenziell bedrohlicher. Das Phänomen der Regression greift nur, wenn die psychische Struktur schon einigermaßen entwickelt ist. Bei sehr frühen Traumatisierungen kann es keine Regression geben, da das Kind in der frühen Kindheit noch auf einer frühen Entwicklungsstufe ist. Mit der Regression sind die reiferen Schutzfunktionen, die der Bewältigung des Traumas gelten, außer Kraft gesetzt.

Objektbeziehungstheoretisch betrachtet ist die Gewalt, die in der traumatischen Situation vom Aggressor ausgeht, unvereinbar mit der Zärtlichkeit, Liebe, dem Schutz und der Autorität, die sonst vom ihm ausgehen. Auf den Missbraucher oder die Missbraucherin (das Objekt) bezogen formuliert sind die negativen und positiven Bilder vom Objekt für das Kind unvereinbar, unerträglich und damit labilisierend. Dies beschleunigt die Regression ebenfalls. Im Zuge der Regression erfolgt auch eine Regression der Objektbeziehungen auf frühe Muster, in denen das Kind noch hilflos und vom allmächtigen, Schutz gebenden Objekt abhängig ist. Das Besondere ist hier, dass es sich bei der Regression nicht nur um einen intrapsychischen Prozess handelt, sondern sie bestimmt gleichzeitig das Beziehungsgeschehen in der aktuellen traumatischen Situation.

Eine weitere Dimension, durch die das traumatisierte Ich ebenfalls bedroht wird, ist der plötzliche Abbruch aller narzisstischen Besetzungszufuhren (vgl.

Ehlert & Lorke 1988, S. 506). Das Kind wird zum bloßen Objekt degradiert, mit dem der Angreifer nach Belieben verfährt; damit hört es auf als Subjekt zu existieren. Dadurch dass alle Ich-Funktionen von narzisstischer Besetzung entleert werden, ist das Ich der wesentlichen Grundlage seines Funktionierens beraubt.

Da die psychische Existenz bedroht ist, werden weitere Abwehrmechanismen aktiviert, insbesondere der der *Introjektion*. Mit der Introjektion werden einzelne Aspekte der äußeren Realität, hier des Aggressors, in sich aufgenommen und zu Introjekten. Das Opfer erlebt dadurch die zum Täter gehörenden Aspekte von Gewalt, Vernichtung, Aggression wie auch Schuld in sich und spürt nicht mehr die ursprünglichen Gefühle von Ohnmacht, Kontrollverlust und Angst. Das Kind »hat nun das Gefühl, die Bedrohung selbst ausgelöst zu haben. Damit vollzieht sich eine Umdeutung der Situation« (Steinhage 2002, S. 472). Es spürt nicht mehr die Ohnmacht, das Ausgeliefert-Sein, die Angst, sondern wird zum aktiv Handelnden statt zum passiv Erlebenden. Mit der Introjektion kann die verlorene Macht wiedergewonnen werden, denn in der realen Missbrauchssituation ist der Aggressor der absolut Mächtige.

Mit der Introjektion von Täteraspekten geht es auch um die Introjektion von Schuld- und Schamgefühlen. Dies zeigt sich in der Praxis so, dass die Betroffenen paradoxe Schamgefühle entwickeln und sich für die Tat schuldig fühlen. Sie haben einen ausgeprägten Selbsthass und tendieren unter Umständen zu sadomasochistischen Arrangements. Dieser Mechanismus ist für den Verstehenszusammenhang des sexuellen Missbrauchs sehr bedeutsam. Denn die stets vorhandenen Scham- und Schuldgefühle bei sexuell Missbrauchten sind nicht Folge der eigenen Triebhaftigkeit und Verführungskünste, sondern entstammen häufig den Schuld- und Schamgefühlen des erwachsenen Aggressors, die introjiziert wurden. Oft übernehmen Opfer auch die Ansichten des Täters wie: »Du bist selbst schuld, bist nichts wert, verdienst es nicht anders, bist ein Nichts, hast es ja so gewollt, wolltest es doch auch, hat dir doch Spaß gemacht« etc.

Ferenczi betont bereits 1933, dass das Opfer jede Wunschregung zu erraten und zu befolgen sucht. »Durch die Identifizierung, sagen wir die *Introjektion* des Angreifers, verschwindet dieser als äußere Realität und wird intrapsychisch« (1984, S. 519, Hervorhebung durch die Verfasserinnen). Dadurch kann die Illusion von guten äußeren Objekten aufrechterhalten werden. Gleichzeitig wird durch die Introjektion der aggressiven Täteraspekte, einschließlich der absoluten Kontrolle und Entwertung des Opfers die äußere Realität in eine innere verwandelt. Somit beginnt der Aggressor als Täterintrojekt im Inneren zu leben. Die Folgen sind oft Selbstbestrafung und Selbstverachtung bis hin zum Selbsthass und zur Autoaggression. Anders formuliert sind Täterintrojekte Täter-loyale Anteile, die auch der Abwehr von schrecklichen Gefühlen wie Ohnmacht, Angst und Ekel und dem Erhalt der Bindung (zum Täter) dienen.

Peichl beschreibt sehr detailliert wie über die Verinnerlichung interpersoneller Erfahrung ein Täterintrojekt entsteht. »Das Opfer nimmt wahr: ›Der Täter beschuldigt mich, böse und verkommen zu sein‹ (das Objekt, Ergänzung der Verfasserin) …; daraufhin wird in meinem Selbstbild erzeugt: ›Ich unterdrücke meine Wut aus Angst vor Strafe‹ (das Selbst, Ergänzung der Verfasserin) … Nach wiederholten Durchläufen durch diese traumatische Interaktion (episodische Repräsentanzen aus Selbst-Objekt-Affekt-Einheiten) bildet sich ein Introjekt mit Übernahme der Tätersicht in das eigene Selbstverständnis: ›Ich beschuldige mich selbst, schlecht zu sein‹. Aus der Interpretation des Täterverhaltens in Bezug auf mich, wird eine Aussage über mich selbst« (2007, S. 230).

Die Objektbeziehungstheoretiker haben das Verständnis der Internalisierung von Täterintrojekten noch weiter ausdifferenziert und sehen es immer als ein Beziehungsgeschehen, welches internalisiert wird, als innere Repräsentanzen lebendig ist und das aktuelle Verhalten prägt. In der klinischen Arbeit ist oft ein Oszillieren zwischen Täter- und Opfer-Verhaltensweisen zu beobachten, wobei das Muster von Täter-Opfer, Macht-Ohnmacht erhalten bleibt. Jeder Traumatisierte hat somit immer Anteile des Täters wie auch Anteile des Opfers in sich. Subjektiv fällt es oft schwer zu trennen, ob die Gefühle oder Gedanken von der Opfer- oder Täterseite kommen.

Der Begriff der *Identifikation mit dem Aggressor* wird nicht scharf von dem Begriff der Introjektion getrennt. Die Introjektion stellt im Rahmen der psychoanalytischen Theoriebildung eher eine Vorstufe der Identifikation dar. Die Introjektion erfolgt in der menschlichen Entwicklung früher und ist von daher totaler. Unter der Identifikation mit dem Aggressor wird speziell die Identifikation mit aggressiven machtvollen Täteraspekten verstanden, womit eine Wendung vom Passiven ins Aktive geschieht. Die Position von Machtlosigkeit verwandelt sich innerpsychisch in eine von Macht und Unverletzbarkeit.

Ein weiterer Schutz- bzw. Abwehrmechanismus, der in der traumatischen Situation aktiv ist, um die Situation überleben zu können, ist der der *Spaltung*. Das Phänomen und der Begriff der Spaltung werden in der Praxis und in der Literatur häufig nicht unterschieden von der Dissoziation. Hier wird eine Differenzierung versucht. Zunächst wird der Mechanismus der Spaltung beschrieben und im Weiteren der weitergehende Mechanismus der Dissoziation.

Bei der *Spaltung* werden unverträgliche, extrem entgegengesetzte Objekt- und Selbstbilder sowie unvereinbare Gefühle getrennt gehalten. Bezogen auf das Gegenüber, das *Objekt*, werden die negativen, Gewalt antuenden Aspekte von den guten, zärtlichen und schützenden Aspekten getrennt gehalten. Dadurch kann das Kind die frühere Zärtlichkeitssituation aufrechterhalten, die Welt, das Objekt, ist wieder gut. Bezogen auf das *Selbst* werden die Bilder vom guten und liebenswerten Selbst getrennt gehalten von negativen Selbstbildern wie beschmutzt oder beschädigt zu sein. Gespalten werden in der traumatischen Situation auch die dazugehörigen positiven Gefühle von Liebe und Bindung einerseits und die negativen Gefühle von Hass und Ohnmacht, da sie überwältigend und somit nicht aushaltbar sind. Allgemein formuliert besteht der Sinn der Spaltung darin, dass die guten Aspekte und positiven Gefühle durch die negativen nicht gefährdet oder gar zerstört werden.

In der traumatischen Situation kann es auch zu einer *Dissoziation* kommen. Bei der Dissoziation werden die normalerweise integrativen Funktionen des Denkens, Wahrnehmens und Erinnerns dissoziert, d.h. getrennt oder unterbrochen, wodurch unterschiedliche Bewusstseinszustände entstehen können. Die Dissoziation kann bis zum völligen Verlust der integrativen Funktionen des Bewusstseins führen. Bei der Dissoziation geht es also um eine Veränderung im Bewusstsein, wobei es sich um einen komplexen psychophysiologischen Prozess handelt (vgl. Wöller 2006, S. 117). Als Auslöser für Dissoziationen werden schon im 19. Jahrhundert Traumen betrachtet (vgl. Janet 1889 und 1.3).

Bei der Dissoziation werden überwältigende Gefühle von Angst, Entsetzen, Abscheu, Ohnmacht und Hilflosigkeit quasi »abgeschaltet«. Dies entspricht einer Notmaßnahme, die auch als »Numbing« oder »closing off« beschrieben wird. Die Dissoziation betrifft auch das Körperselbst. In der traumatischen Situation verlässt das Opfer »seinen Körper, es legt ihn ab wie ein ›Kleidungsstück‹, ein Ding-Objekt, als das es ja auch benutzt wurde« (Hirsch 2004, S. 51). Das Phänomen des »Abschaltens« des Körperselbst wird als ein Lebendig-tot-Sein betrachtet. Es taucht als chronifiziertes Symptom bei der posttraumatischen Belastungsstörung und anderen dissoziativen Störungen wieder auf und dient der Bewältigung des Traumas. Bei der posttraumatischen Dissoziation wird das traumatische Erlebnis von der bewussten Erinnerung abgespalten oder isoliert und im Unbewussten gehalten. Mit der Dissoziation wird das traumatische Erleben vom nicht traumatischen dauerhaft getrennt gehalten. Das traumatische Erleben wird zum abgekapselten Traumaintrojekt und kann eingesetzt werden, um Angsterlebnisse und Bilder von Gewalt zu binden. Sinn der Dissoziation »ist die Schaffung einer inneren Wirklichkeit, durch die das emotionale Überleben in der Traumasituation gewährleistet ist, das Ziel der Dissoziation ist die Traumabewältigung« (Peichl 2007, S. 14).

Die Dissoziation als Schutzmechanismus bei sehr schweren und anhaltenden Psychotraumatisierungen insbesondere in der Kindheit kann so weit gehen, dass die Psyche unbewusst in unterschiedliche Persönlichkeitsanteile, sogenannte *Ego-States* aufgeteilt (= dissoziiert) wird. Nach neueren Forschungen entfalten die Ego-States eigene dauerhafte Empfindungs- und Verhaltensmuster. Wegen ihrer Bedeutung wird die Ego-State-Theorie kurz vorgestellt. Wir beziehen uns primär auf Peichl (2007), der den ursprünglich von Watkins und Watkins (2003) entwickelten Ego-State-Ansatz mit Aspekten der Objektbeziehungstheorie nach Kernberg, der Selbst-Entwicklung nach Stern, den Bindungstheorien und der Neurobiologie verknüpft und so die Inhalte der Ego-State-Theorie neu bestimmt. Er plädiert dafür, den Ansatz besser Self-State-Theorie zu nennen, dem wir beipflichten. Die Grundidee dabei ist, dass sich das Ich oder das Selbst eines Menschen nicht nur aus einem konsistenten, identitätsstiftenden Zustand aufbaut, sondern aus verschiedenen Teilen, Rollen, Ich-Zuständen (Ego-States), Selbstanteilen zusammensetzt. Die Vielzahl der unterschiedlichen inneren Zustände wird innerpsychisch repräsentiert durch ein Selbst-Objekt-System, welches die »Gesamtheit des Individuums, seiner Beziehungen zur äußeren Welt, zu seinem eigenen Körper, zu seiner inneren Welt und den beobachtbaren Regulations- und Steuerungsprozessen« (Peichl 2007, S. 8) einschließt. Objektbeziehungstheoretisch können die Ego-States als Repräsentanzen von Objektbeziehungen verstanden werden. Diese inneren Repräsentanzen können im Sinne Sterns auch als episodische Repräsentanzen betrachtet werden. Dann sind die Ego-State- oder Self-State-Manifestationen prototypische episodische Repräsentanzen, die eine hohe Organisationspotenz besitzen. Im Erleben werden sie hervorgerufen, wobei entweder der Objektaspekt (z.B. ein abwertendes Täterintrojekt) oder der Subjektaspekt (z.B. das hilflos verlassene Kind) im Vordergrund steht. Zentral ist dabei, dass unterschiedliche Verhaltens- und Erlebenssysteme auch im späteren Leben immer wieder aktiviert werden; auf der einen Seite Bindung, auf der anderen Seite Panik und Flucht, die nicht integrierbar sind und sich dann als dissoziierte Ego-States manifestieren. Durch die Integration der Objektbeziehungs-, Bindungs- und Selbstentwicklungs-Ansätze, insbesondere durch die Einbeziehung der Ergebnisse der Hirnforschung, lässt sich die innere und äußere Wirklichkeit traumatisierter Menschen noch besser beschreiben und verstehen.

Ein weiterer zentraler Abwehrmechanismus im Kontext des sexuellen Missbrauchs ist der der *Verleugnung*. Bei der Verleugnung wird ein äußerer Realitätsaspekt verleugnet, also kein innerpsychischer Konflikt oder unerträgliche Gefühle wie z.B. bei der Verdrängung. Die Verleugnung schützt die Betroffenen vor dem psychischen Schmerz des Missbrauchs, indem sie sich suggerieren, dass das, was sie erlebt haben, in Wirklichkeit gar nicht passiert ist. Die psychische Funktion der Verleugnung wirkt wie eine Vernebelung der Tatsache des sexuellen Missbrauchs. Die Verleugnung nimmt in der Regel zwei Formen an: totale Verleugnung und Verleugnung durch Bagatellisierung. Um totale Verleugnung handelt es sich, wenn die Betroffenen trotz überwältigender Indizien und faktischer Erinnerung an den sexuellen Missbrauch diesen weiterhin verleugnen. Bei der Verleugnung durch Verharmlosung werden das Ausmaß des Missbrauchs bzw. die Folgen, die der Missbrauch für das eigene gegenwärtige Leben hat, heruntergespielt.

Auch die *Somatisierung* ist ein Bewältigungsmechanismus. Es handelt sich dabei um einen komplexen Abwehrvorgang, »in dessen Ergebnis organisch nicht erklärbare körperliche Beschwerden erlebt und ausgedrückt werden« (Hessel & Geyer 2005, S. 370). Häufig anzutreffende Somatisierungen bei sexuell missbrauchten Kindern und Jugendlichen sind Schmerzen oder Magen-Darmbeschwerden. Die Somatisierung als Bewältigungsmechanismus ist zu unterscheiden von der Somatisierungsstörung (vgl. 1.6.3), die als Spätfolge im Erwachsenenalter auftreten kann.

Auch die *Sexualisierung* kann unter dem Aspekt der Bewältigung wie auch als Folgeerscheinung gesehen werden. Unter dem Aspekt der Bewältigung wird Sexualität in der Beziehungsgestaltung funktionalisiert, z.B. um Nähewünsche zu leben, Bindung einzugehen oder die Beziehung zu kontrollieren, um sich nie wieder ohnmächtig ausgeliefert zu erleben. Mit der Sexualisierung werden also andere als sexuelle Impulse abgewehrt, von daher führt die Sexualisierung nie zu einer wirklichen Befriedigung.

Die genannten zentralen Abwehrmechanismen – Regression, Introjektion, Spaltung, Dissoziation, Ego-States-Aufteilung, Somatisierung und Sexualisierung –, die der innerpsychischen Bewältigung dienen, wirken oft zusammen. Dadurch, dass sie gleichzeitig wirksam sind, ist eher gewährleistet, dass das Trauma psychisch überlebt werden kann.

Besonders die Mechanismen der Spaltung und Verleugnung greifen nicht nur beim Individuum, sondern auch in der Familie, in einem Team oder einer Gruppe.

Auch die Gesellschaft verleugnet den sexuellen Missbrauch bzw. ist gespalten zwischen Gruppen, die ihn verleugnen, und solchen, die ihn wahrnehmen und sich bewusst damit auseinandersetzen.

1.5.2 Internalisierung von Missbrauchsmustern und Wiederholung

Wie bei der Dynamik der Missbrauchssituation und dem Mechanismus der Introjektion bereits erwähnt, internalisiert das Opfer die spezifische Beziehungsdynamik sowie die gesamte Missbrauchssituation. Grundsätzlich werden Beziehungserfahrungen, insbesondere solche mit den bedeutsamen Bezugspersonen der frühen Kindheit und Jugend, verinnerlicht und innerpsychisch als Objektbeziehungen abgebildet. Der theoretische Zugang, der sich mit der Internalisierung von frühen Objektbeziehungen, mit der inneren Welt von Objektbeziehungen und mit der Wiederholung von früh verinnerlichten Objektbeziehungen beschäftigt, ist die Objektbeziehungstheorie (vgl. Kernberg 1981). Da der Ansatz für das Verstehen der Missbrauchsdynamik sehr brauchbar ist, wird er kurz vorgestellt (▶ **Abb. 1.1**, S. 34) (vgl. Stemmer-Lück 2009, S. 56 ff.): Die alltäglichen Interaktionen zwischen Kind und Bezugspersonen führen zu inneren Erlebnisniederschlägen, die in der Objektbeziehungstheorie Repräsentanzen genannt werden. Erlebnisniederschläge bezogen auf das Objekt, die Bezugspersonen, werden in der Objektbeziehungstheorie *Objektrepräsentanz (OR)* genannt. Es handelt sich um die innere Abbildung oder das innere Bild eines äußeren Objektes. Das innere Bild mag dem realen äußeren entsprechen, meistens kommt es jedoch zu Modifizierungen der inneren Bilder durch Phantasien, Idealisierungen oder andere unbewusste Kräfte wie z. B. heftige Liebes- oder auch Hassgefühle. Es gibt auch Erlebnisniederschläge bezogen auf sich selbst, d. h., wie man sich selbst oder am Objekt gespiegelt wahrnimmt. Wenn man den »Glanz im Auge der Mutter« wahrnimmt, fühlt man sich sicher besser, als wenn im Auge der Bezugsperson Ekel oder Ablehnung zu spüren ist. Die Vorstellung von sich selbst wird *Selbstrepräsentanz (SR)* genannt. Es handelt sich um die innere Abbildung seiner selbst, die inneren Selbstbilder, die mehr oder weniger realistisch sind oder auch verzerrt, d. h. modifiziert durch innerpsychische unbewusste Vorgänge und Gefühle. Objektrepräsentanz und Subjektrepräsentanz sind Aspekte der innerlich abgebildeten Interaktionen, die im Verlaufe der Entwicklung durch interpersonales Geschehen geformt wurden; sie werden Objektbeziehungen genannt. Um den Aspekt der intrapsychischen Dimension zu betonen, wird auch von *internalisierten Objektbeziehungen* gesprochen. Der Mensch internalisiert also nicht nur ein Bild von dem anderen, dem Objekt, sondern die Interaktionen zwischen sich und den signifikanten Bezugspersonen. Mit anderen Worten liegt der Vorstellung der Internalisierung von Objektbeziehungen folgende Annahme zugrunde: Alle Interaktionen, die zwischen dem Kind und der bedeutsamen Bezugsperson stattfinden, werden internalisiert, und zwar in Form der Beziehung zwischen dem Selbst und dem anderen, dem Objekt. So werden auch die Missbrauchsbeziehungen zwischen dem Opfer und dem Missbraucher oder/und der Missbraucherin internalisiert.

1 Zum sexuellen Missbrauch allgemein

Internalisierte Objektbeziehungen sind affektgetönte Vorstellungen, Erlebnisniederschläge von Interaktionen, die modifiziert innerpsychisch repräsentiert sind. Internalisiert werden traumatische Aspekte des Aggressors wie auch sorgende, zärtliche Aspekte, denn häufig erfolgen die Traumatisierungen in der eigenen Familie oder Ersatzfamilie. Da die widersprüchlichen Aspekte nicht zu einem Bild integriert werden können, werden sie mit Hilfe der Spaltung – wie auf S. 30 in 1.51 ausgeführt – getrennt gehalten. Dies erklärt auch die starke Bindung an den Missbraucher trotz der erlittenen Gewalterfahrungen. Um die guten Aspekte zu verstärken, werden sie idealisiert, und um die schlechten auszulöschen, identifiziert sich das Opfer mit ihnen.

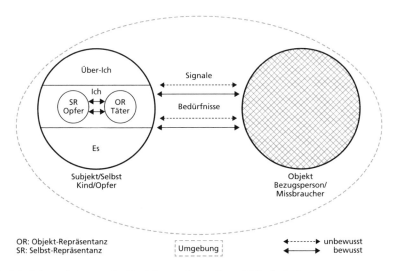

Abb. 1.1: Internalisierung der Beziehungsdynamik und Wiederholung

Die verinnerlichten Objektbeziehungsmuster, einschließlich der *Missbrauchsmuster* prägen das Beziehungsverhalten und führen zum sogenannten *Wiederholungszwang*. D. h., dass wegen der inneren Präsenz der traumatischen Objektbeziehungen die traumatogene Situation ständig – unbewusst – wiederholt wird. Die Wiederholung des Missbrauchsmusters wird auch durch die Hoffnung genährt, dass »schlechte/böse Objekt« möge sich in ein gutes verwandeln. Sie kann auch als eine Externalisierung der negativen Aspekte verstanden werden; das »Böse« ist dann wieder draußen angesiedelt. Von daher ist ein auffälliges Merkmal von Traumatisierten die Wiederholung traumatischer Erfahrungen, d. h., es werden immer wieder Situationen geschaffen, die zur Retraumatisierung oder zur Reviktimisierung führen. Dies ist durch zahlreiche Untersuchungen empirisch belegt. »Eine überwältigende Fülle von Befunden belegt, dass Misshandlung und Missbrauch in der Kindheit das Risiko von Misshandlungen im Erwachsenenalter erhöht, namentlich das Risiko sexueller Übergriffe … Personen mit sexuellem Missbrauch in der Kindheit haben eine signifikant höhere

Wahrscheinlichkeit, als Erwachsene Opfer von Vergewaltigungen zu werden und sie gelangen häufiger zur Prostitution. Die Tendenz zur Reviktimisierung betrifft ebenso traumatisierte Männer ... Auffallend ist weiterhin die hohe Stabilität gewaltsamer Beziehungen im Erwachsenenalter« (Wöller 2005, S. 84). Das von Gewalterfahrungen und Missbrauch geprägte Beziehungsmuster wird dadurch noch mehr stabilisiert. Auf die Gefahr der Retraumatisierung hat Freud bereits 1938 hinwiesen, wenn er schreibt: »Ein Mädchen, das in früher Kindheit Objekt einer sexuellen Verführung wurde, kann ihr späteres Sexualleben darauf einrichten, immer wieder solche Angriffe zu provozieren« (Krutzenbichler 2005, S. 179).

In der Wiederholung können sowohl Aspekte der Subjektrepräsentanz als auch Aspekte der Objektrepräsentanz auf die aktuelle Beziehungsperson externalisiert bzw. übertragen werden. Dieses Phänomen wird im Kontext der Traumatisierung auch als Täter-Opfer-Umkehr beschrieben. D.h., entweder unterwirft sich das Opfer der Gewalt und der Verachtung eines Täters und bleibt so Opfer oder es externalisiert die Opferaspekte, bleibt mit den Täteraspekten identifiziert und wird selbst zum Täter. So kann erklärt werden, wie Opfer zu Tätern werden und wie Gewalt bestimmende Beziehungsmuster an nachfolgende Generationen weitergegeben werden (vgl. 1.7.6).

Das Phänomen der Traumawiederholung und Reviktimisierung wird objektbeziehungstheoretisch durch die Tendenz zur Wiederholung als Folge der Internalisierung von Missbrauchsmustern verstanden und erklärt. Weitere psychodynamische Konzepte unterstützen dies durch ergänzende Aspekte. Nach Stern (1992) ist die präverbale Form der Repräsentanzen in den generalisierten Interaktionsrepräsentanzen (RIGs) gespeichert. Danach kann in der Wiederholung das frühe Trauma in einer präsymbolischen Sprache kommuniziert bzw. gezeigt werden. Da sogenannte Reinszenierungen auch der Affektregulation dienen, können sie als ein interaktives Signal einer bedrohlichen Situation verstanden werden. In der Wiederholung zeigt der Betroffene den Zustand der inneren Not an, der innerpsychisch mit den zur Verfügung stehenden Mechanismen nicht adäquat bewältigt werden kann. Dies ist bedeutsam, wenn sexueller Missbrauch in der vorsprachlichen Phase erfahren wird. Er kann sprachlich nicht erinnert und ausgedrückt werden, sondern nur in wiederholten Interaktionen.

Die Hinwendung zu gewaltbereiten Partnern und die große Stabilität von Gewaltbeziehungen werden auch auf die Auswirkungen sogenannter »traumatischer« Bindungen zurückgeführt. Werden bei einem Menschen mit traumatischen Bindungserfahrungen im Alltag traumatische Affekte wiederbelebt, handelt es sich dabei immer auch um Verlassenheitsängste. Diese Ängste bedingen eine starke Anlehnung und Bindung an jede scheinbar Schutz gebende Person, selbst dann, wenn sie gewalttätig ist. Das starke Erregungsniveau während des Wiederbelebens beeinträchtigt die rationale Situationseinschätzung. Hinzu kommt, dass der Traumatisierte aufgrund des Vertrauensbruchs der frühen Bindungsperson vertrauenswürdige und vertrauensunwürdige Personen nicht unterscheiden kann. Somit dominieren die vertrauten Missbrauchs-Beziehungs-Muster.

Zum besseren Verstehen der Wiederholung der Missbrauchsdynamik hilft auch der Mechanismus der *Projektiven Identifikation*. Dieser Mechanismus entfaltet sich immer innerhalb einer Interaktion, dabei wird das Gegenüber so beeinflusst, dass es sich in seinem Verhalten dem angleicht, was von ihm erwartet wird. Hierbei handelt es sich um eine Kombination von innerpsychischen und innerpersonalen Vorgängen. Die Projektive Identifikation ist ein Konzept, welches den innerpsychischen Bereich mit dem Bereich der äußeren Realität verbindet. Folgende Aspekte gilt es zu unterscheiden:

- Projektion eines unerwünschten Selbstaspektes in eine andere Person.
- Via konkreter interpersonaler Interaktion wird Druck auf die andere Person ausgeübt, so zu fühlen und zu handeln, wie es der Projektion entspricht. Mit anderen Worten: Durch eine subtile Einflussnahme wird die andere Person dazu gebracht, sich mit den projizierten Inhalten und Gefühlen zu identifizieren oder zumindest teilweise zu identifizieren.
- Ob sich die andere Person den in sie hineinprojizierten Phantasien und Gefühlen entsprechend verhält oder sie verarbeitet, hängt von vielen Faktoren ab. Im Kontext der Traumawiederholung verhält sich der andere der Projektion und Identifikation entsprechend.

Was projiziert wird, sind Objektbeziehungen mit der Interaktion von Subjekt- und Objektrepräsentanzen und den dazugehörigen Affekten und Phantasien. Dazu ein Beispiel aus einer Missbrauchsinteraktion: Eine Person hat in Folge zahlreicher eigener Missbrauchserfahrungen die innere Repräsentanz ausgebildet: »Sexuelle Gewalt (OR) und Stillhalten (SR) gehören zusammen«. Stillhalten ist eine Überlebensstrategie und dient der Reduktion des physischen und psychischen Schmerzes. In einer neuen aktuellen Situation projiziert die betroffene traumatisierte Person den unangenehmen Aspekt des Gewaltantuns (OR) auf das Gegenüber und setzt es in subtiler Weise so unter Druck, dass sich das Gegenüber auch tatsächlich der Projektion entsprechend gewalttätig verhält. Es kommt zu projektiven Identifizierungen in Folge realer Interaktionen, die vom projizierenden Subjekt ausgehen. Odgen sagt, der Projizierende übt Druck auf den Empfänger der Projektion aus, »damit dieser sich in Übereinstimmung mit der projektiven Phantasie erlebt und verhält. Es ist kein eingebildeter Druck. Es ist ein realer Druck, der mittels einer Vielfalt von Interaktionen zwischen dem Projizierenden und dem Empfänger ausgeübt wird. Projektive Identifikation kann es nicht geben, wo keine Interaktion zwischen Projizierendem und Empfänger besteht« (1988, S. 4). Dieser Mechanismus kann vom Opfer wie vom Täter ausgehen. Das Opfer projiziert die internalisierten negativen ungeliebten Täteraspekte auf den nächsten potenziellen Täter, womit dieser sich dann identifiziert und entsprechend verhält. Ein Täter, der selbst Misshandlungserfahrungen gemacht hat, projiziert die ungeliebten Opferaspekte von Ohnmacht und Hilflosigkeit auf das potenzielle Opfer, womit dieses sich identifiziert. So werden Missbrauchssituationen immer wieder hergestellt. Es gilt noch zu betonen, dass auch dieser Mechanismus unbewusst erfolgt. Um Missbrauchsmuster aufzulösen bzw. andere Interaktionsmuster aufzubauen, sind traumatherapeutische Interventionen notwendig.

1.5.3 Bewältigungsmechanismen aus neurobiologischer Sicht

Die bisher beschriebenen psychischen Mechanismen entsprechen neurobiologischen Vorgängen. Neurobiologische Modelle haben den Blick auf das traumatische Geschehen und die Bewältigung des Traumas entscheidend verändert. Es gibt eine Fülle von psychophysiologischen, neurohormonellen, neuroanatomischen und immunologischen Reaktionen, mit denen der Organismus versucht, einer Traumatisierung zu begegnen. Im Folgenden wird dargestellt, was im Gehirn bei wiederkehrenden traumatisierenden Erlebnissen, die dauerhaften Stress bedeuten, passiert. Die neurobiologischen Vorgänge untermauern die psychischen Mechanismen und verdeutlichen die schwerwiegenden Folgen eines sexuellen Traumas. Allgemein formuliert werden in einer traumatischen Situation die Hirnareale überfordert. Eine bedrohliche Situation wird zuerst automatisch in der Amygdala festgestellt. Die Amygdala ist Teil des Limbischen Systems und ist wesentlich beteiligt an der Entstehung von Emotionen, insbesondere der Angst. Die Amygdala filtert ständig sämtliche Sinneseindrücke, die ein Mensch wahrnimmt: fremde Gesichter, Geräusche, Gerüche oder Gegenstände. Wird etwas als gefährlich erkannt, schlägt die Amygdala Alarm. Die Aufmerksamkeit wird dann sofort auf die potenzielle Gefahrenquelle gelenkt, um Schaden abzuwenden. Der Alarm »Angst« bewirkt die Ausschüttung von Hormonen wie Adrenalin, Serotonin und Glukokortikoiden, die den Körper in Alarmbereitschaft versetzen und Kampf- oder Fluchttendenzen auslösen. Normalerweise – in einer kurzfristigen Stress-Situation – werden die Gefühlsinduktionen (z.B. Angst als Alarmzeichen) über den Hippocampus und den Thalamus in die sogenannte Insel gemeldet. In der Insel werden Gefühle (vor)bewusst und nicht differenziert wahrgenommen. So wird z.B. Angst eher diffus als Irritation empfunden. Die Leitung erfolgt über elektrische Impulse, die über Leitungsbahnen von der Amygdala und der Gesamtsensorik an die Insel »gefeuert« werden. In der Insel entsteht ein charakteristisches Erregungsmuster. Von der Insel erfolgt die Weiterleitung an das Frontalhirn, wo die Gefühle normalerweise bewusst erlebt und reflektiert/mentalisiert werden können.

Neben der Weiterleitung von Informationen zur Insel hat der Hippocampus noch eine zweite Funktion, nämlich Informationen zum Gedächtnisspeicher zu senden. Der Hippocampus wird auch »Pforte des Gedächtnisses« genannt und die Amygdala »Mischpult der Gefühle« (Hülshoff 2006, S. 35). Bezogen auf die Gedächtnisspeicher wird zwischen explizitem und implizitem Gedächtnis unterschieden. Das explizite Gedächtnis ist im Großhirn angesiedelt; es wird auch Wissensgedächtnis oder deklaratives Gedächtnis genannt und speichert Tatsachen und Ereignisse, die grundsätzlich bewusst wiedergegeben werden können. Das implizite Gedächtnis liegt tiefer und wirkt archaischer; es wirkt sich auf das Erleben und Verhalten von Menschen aus, ohne dabei ins Bewusstsein zu treten.

Die gehirnanatomischen und -funktionellen Erkenntnisse über zwei Systeme des Gedächtnisses haben auch zu fruchtbaren psychoanalytischen

Neukonzeptualisierungen von Konzepten des Bewussten-Unbewussten geführt (vgl. Mertens 2007). Das Unbewusste wird in zwei Funktionssysteme oder Schichten unterteilt, die normalerweise nicht getrennt voneinander sind. Das Unbewusste, welches die grundsätzlich deklarierbaren, also sprachlich vermittelbaren Erfahrungen speichert, wird dem expliziten Gedächtnis zugeordnet und Gegenwarts-Unbewusstes genannt. Das Unbewusste, das die präverbalen, nicht deklarierbaren, in der frühen Kindheit gemachten Erfahrungen speichert, wird dem impliziten Gedächtnis zugeordnet und Vergangenheits-Unbewusstes genannt.

Im Gegenwarts-Unbewussten (deklarativen/expliziten Gedächtnis) werden alle Formen von Abwehrmechanismen wie auch alle Arten von adaptiven und kompensatorischen Mechanismen angesiedelt. Es entspricht am ehesten dem klassischen psychoanalytischen Konzept des Unbewussten und enthält danach verdrängte, unerträglich gewordene konflikthafte Gefühle, Bedürfnisse, Impulse, Phantasien, die zu quälend waren und deren Realisierung die Umwelt oder das Gewissen nicht erlaubt oder ermöglicht haben und darum ins Unbewusste verdrängt worden sind. Sie sind jedoch immer auch mit den frühen Beziehungserfahrungen verknüpft, die im Vergangenheits-Unbewussten (nicht deklarativen/impliziten Gedächtnis) gespeichert sind.

Das explizite oder deklarative Gedächtnis steht dem Menschen erst mit der Ausreifung des Hippocampus, des Temporallappens und der präfrontalen Regionen zur Verfügung (1. bis 3. Lebensjahr), also mit dem Erreichen der Symbolisierungsfähigkeit. »Unterbau dieser symbolisierungsfähigen Gedächtnisleistungen ist das nicht-deklarative Gedächtnis, das sich nicht auf Symbole, sondern auf Handlungen und Erleben jenseits der Sprachfähigkeit bezieht. Als implizit-unbewusst Erlerntes bestimmt es auch nach dem Erwerb der symbolisch-bewussten Gedächtnis- und Verarbeitungssysteme weiterhin unser Verhalten und Erleben« (Schüßler 2005, S. 53). »Traumatische Erfahrungen werden vor allem im impliziten/nicht deklarativen Gedächtnis gespeichert« (Reile, www.psy-reile.de, Zugriff am 31.01.2012); das explizite Gedächtnis speichert nur Fragmente. Um dies zu verstehen, wird der Blick wieder auf die Stressbewältigung gerichtet und auf die Funktionen des Hippocampus.

Die »normalen« Reaktionen, die der Stressbewältigung dienen, können erheblich gestört und in der Folge »dysfunktional« werden, wenn das Trauma zu heftig ist oder zu lange andauert. Wenn der Stress übermächtig wird, verliert der Hippocampus seine Differenzierungsfähigkeit in der Weitervermittlung. Die Verbindungen zwischen Amygdala und Hippocampus werden unterbrochen, dadurch werden viele Informationen erst gar nicht an das explizite Gedächtnis weitergeleitet. Wenn die Leitung zum expliziten Gedächtnis blockiert ist, werden die Reaktionen auf Alarmsignale fast ausschließlich vom impliziten Gedächtnis gesteuert. Auch können Gedächtnisinhalte bezogen auf frühere bewusstseinsfähige (explizite) Erfahrungen nicht mehr aktiviert werden. Dies ist ein biologischer Automatismus, der durch die Stresshormone ausgelöst wird. Der Verstand ist dann fast abgeschaltet. Verstandesentscheidungen sind von daher in traumatisierenden Situationen nicht mehr möglich. Die Steuerung wird von den impliziten Schaltkreisen übernommen. Dies erklärt, dass Betroffene über den erfahrenen Missbrauch häufig berichten, dass sie ihr eigenes Verhalten nicht verstehen, da sie sich entgegen ihrem Willen verhalten haben. Anders formuliert wird in Stresssituationen die funktionelle Verbindung zwischen verschiedenen Hirnarealen unterbrochen, sie werden dissoziiert. Bei der *Dissoziation* funktionieren die Verbindungen zwischen den Arealen nicht mehr; sie agieren teilweise unabhängig voneinander, d. h. nicht integriert.

Infolge der Dissoziation des Gehirns können sich Traumatisierte oft nicht an die traumatisierende Situation erinnern (vgl. dissoziative Amnesie in 1.6.3). Durch die Dissoziation des Neocortex vom Informationsfluss aus der Amygdala können keine sinngebenden Bewertungen im expliziten Gedächtnis gespeichert werden, auch kann auf keine sinngebenden Bewertungen von früheren Erfahrungen zurückgegriffen werden. »Charakteristisch für die dissoziative Amnesie ist, dass bewertete und sinnvolle Informationen im Großhirn kaum bis gar nicht vorhanden sind, und auch noch so starkes Nachdenken auf Verstandesebene nicht zu Tage fördern kann. Wer von dissoziativer Amnesie betroffen ist, weiß oft nicht von der Existenz des Traumas; Informationen in den impliziten Gedächtnissen werden dann wieder abgerufen (Flashbacks), wenn der Betroffene mit traumarelevanten Reizen z. B. durch einen Auslöser (Trigger) in Berührung kommt« (Reile, www.¬ psy-reile.de, Zugriff am 31.01.2012).

Durch die Unterbrechung der Hirnareale wird vor allem die Reaktionszeit beschleunigt. Normalerweise braucht der Neocortex einige Sekunden für die Bewertung einer Situation. Durch die Dissoziation ist dies nicht möglich, d. h., Angriff oder Flucht werden sehr viel schneller durchgeführt »ohne Verstand«. Es geht dann nur noch um »Leben oder Tod«. Dieses Reaktionsmuster wird im impliziten Gedächtnis gespeichert wie eingraviert und kann nach lang anhaltenden Traumen fatale Folgen haben. Forschungen zeigen, dass der Hippocampus bei schwer Traumatisierten kleiner ist als bei Nicht-Traumatisierten und einige Verbindungen zu anderen Hirnarealen irreversibel unterbrochen (dissoziiert) sind.

Erwähnt werden sollte auch noch, dass bei schweren Traumatisierungen die beiden Hirnhälften dissoziiert, d. h. teilweise entkoppelt werden können. Die linke Hemisphäre, die überwiegend analytisch, sequenziell und mit Symbolen (Sprache) arbeitet, ist von der rechten Hemisphäre, die überwiegend ganzheitlich nicht sprachlich arbeitet, (teilweise) getrennt. Dies drückt sich aus in der häufig beobachteten fehlenden Symbolisierungsmöglichkeit der erlebten Traumatisierungen. Werden die beiden Hirnhälften nicht wieder integriert, z. B. durch eine Traumatherapie, bleibt eine sprachliche Verarbeitung der traumatischen Erfahrungen für immer unmöglich.

Peichl (2007) konzipiert auf der Basis von neurobiologischen Forschungsergebnissen ein Verlaufsmodell des *Beziehungstraumas*. Als Antwort auf fortgesetzte Traumatisierungen in der frühen Kindheit beschreibt er zwei Reaktionsmuster, die der Anpassung dienen: die Übererregung und die Dissoziation (vgl. Peichl 2007, S. 43 ff.). Da es sich beim sexuellen Missbrauch um ein Beziehungstrauma handelt, wird das Modell in Anlehnung an Peichl auf die sexuelle Missbrauchssituation bezogen. Häufig beginnt der Missbrauch mit einem Spiel, was für das Kind plötzlich befremdliche Formen annimmt. Nach einer anfänglichen Beunruhigung reagiert das Kind mit Alarmbereitschaft (Amygdala), was mit einer unmittelbaren Aktivierung des sympathischen, autonomen Nervensystems einhergeht. Die Aktivierung zeigt sich in einer »Steigerung der Herzfrequenz, des Blutdrucks, der Atmung, aber auch des Muskeltonus; insgesamt erfolgt eine Aufmerksamkeitssteigerung und eine Zunahme der Hypervigilanz« (Peichl 2007, S. 43 f.). Der Zustand der Angst wird von einem sympathogenen Übererregungszustand begleitet. In dieser Phase ist die Aufmerksamkeit des Kindes nach außen gerichtet und es aktiviert Abwehrstrategien. Der natürliche Abwehrmechanismus in einer bedrohlichen Situation ist Kampf oder Flucht. Dies sind neurobiologisch fundierte Überlebensstrategien, um eine traumatische Situation zu bewältigen.

Wenn sich Kinder der Missbrauchssituation nicht durch Kampf und Flucht entziehen können und keine potenziellen Helfer in der Umgebung sind, wird die Bewältigung »durch Aktivität mittels Handlungsmotorik (Flucht oder Kampf) ... auf Passivität bei Motorikhemmung (Erstarrung) umgeschaltet« (Peichl 2007, S. 45). Die Erstarrung in der Missbrauchssituation wird häufig von Betroffenen beschrieben, sie entspricht der Unterwerfung. Gelingt es nicht, die bedrohliche Situation durch Unterwerfung zu entschärfen, richtet sich die Aufmerksamkeit des Kindes nunmehr auf die Innenwelt, es dissoziiert. Die Dissoziation ist quasi die letzte Abwehrstrategie, die – wie oben ausgeführt – der Traumabewältigung dient. Sie ist in der Missbrauchssituation funktional, später jedoch dysfunktional wie andere Abwehrformen auch. Die Folgen des Missbrauchs sind häufig schwerwiegend.

1.6 Folgen von sexuellem Missbrauch

1.6.1 Sexueller Missbrauch als Traumatisierung

Bisher wurden die Psychodynamik des Opfers – die Bewältigungs- und Verarbeitungsmechanismen, einschließlich der neurobiologischen Korrelate – sowie die interaktive Dynamik zwischen Opfer und Täter ausgeführt. Im Weiteren geht es um die Folgen von sexuellem Missbrauch. Sexueller Missbrauch in der Kindheit und Jugend ist ein Trauma, welches den Körper verletzt und die Psyche erschüttert. Sexueller Missbrauch führt (fast) immer zu psychischen und/oder somatischen Störungen. Im Grunde können alle möglichen psychischen und körperlichen Störungen Folge von sexuellem Missbrauch sein. Traumen verhindern die Organisation stabiler psychischer Strukturen in der Kindheit und sie zerstören psychische Strukturen selbst im Erwachsenenalter.

Unter Trauma (griechisch: Wunde) versteht man eine Verletzung, eine Wunde, die sowohl körperlich als auch psychisch bedingt sein kann. Bei einer psychischen Traumatisierung handelt es sich um eine psychische Erschütterung, die durch äußere Gewalteinflüsse, eine bedrohliche Situation verursacht wird, aus der

1.6 Folgen von sexuellem Missbrauch

eine Person weder fliehen noch gegen sie ankämpfen kann und die sich negativ auf die weitere Entwicklung auswirkt. Die bedrohliche Situation übersteigt die Bewältigungsmechanismen des Betroffenen, was mit Gefühlen von Hilflosigkeit, Kontrollverlust, schutzloser Preisgabe und überwältigender Angst einhergeht und so eine (dauerhafte) Erschütterung des Selbst- und Weltverständnisses bewirkt. Genau dies wird für das Erleben des sexuellen Missbrauchs beschrieben.

Beim sexuellen Missbrauch kann es sich um ein Entwicklungstrauma oder ein Verfolgungstrauma handeln (vgl. Peichl 2004). Entwicklungstraumen geschehen im Laufe der Entwicklung vom Kleinkindalter bis zur Jugend; sie ziehen sich über einen längeren Zeitraum hin und werden kaum wahrgenommen. Entwicklungstraumen führen im Allgemeinen zu spezifischen strukturellen Störungen, die sich z.B. als Persönlichkeitsstörungen zeigen. Die Verfolgungstraumen, z.B. eine Vergewaltigung, können im Rahmen einer akuten Belastungsreaktion relativ rasch verarbeitet werden, sie können aber auch selbst bei recht stabilen psychischen Strukturen zu schweren psychischen Folgeschäden mit Symptomen führen, die im Allgemeinen als Posttraumatische Belastungsstörung (PTBS) beschrieben werden. Besonders schwerwiegend sind die Störungen, wenn ein Verfolgungstrauma auf bereits bestehende Entwicklungstraumata trifft; wenn Menschen, die infolge von frühen traumatischen Beziehungserfahrungen bereits psychisch strukturell gestört sind und in späteren Entwicklungsphasen wiederholt Traumen erleiden. Die unzureichend entwickelten strukturellen Funktionen werden durch die Traumen zusätzlich und immer wieder geschwächt, was die Betroffenen für Wiederholungen sehr anfällig macht (vgl. 1.5.2). In der Praxis begegnet man im Kontext von sexuellem Missbrauch häufig Personen mit solchen additiven (Entwicklungs- und Verfolgungs-)Traumen.

Die Frage, ob ein sexuelles Ereignis traumatisierend wirkt, hängt von einer Reihe von Faktoren ab. Geschieht der Missbrauch durch eine Bezugs- oder Identifikationsfigur, lässt die Traumatisierung kaum Spielraum für eine spontane psychische Verarbeitung. Sind die Eltern die Missbraucher, wird die Psyche des Opfers besonders erschüttert und geschädigt. Die typischen Beziehungsmuster von Traumatisierten sind gekennzeichnet durch ein ausgeprägtes Misstrauen und sozialen Rückzug, aus der Angst vor erneuter Traumatisierung, aber auch durch eine enorme Bindungssehnsucht und die Tendenz zur Wiederholung der Traumatisierung, den Wiederholungszwang. Das Alter bzw. der kognitive, emotionale und soziale Entwicklungsstand des Kindes bei Beginn des Missbrauchs ist ebenfalls bedeutsam für die Folgen. »Das Kind interpretiert die Situation sowohl bewusst als auch unbewusst, und diese Interpretation ist der Dreh- und Angelpunkt der Bewältigung: Sie bestimmt Auswahl und Einsatz von Bewältigungsstrategien und auch ob eine Belastung zu Symptomen führt, die über lange Zeiträume andauern können« (Riedesser, Schulte-Markwort & Walter 2003, S.13). Je jünger das Kind ist, desto unausgereifter sind die Bewältigungsmechanismen und desto gravierender sind später die Symptome. Je früher die Traumatisierungen in der Lebensgeschichte erfolgen, umso tiefgreifender sind in der Regel die Folgen. Denn zur Bewältigung von Traumaerlebnissen sind Stabilität und Differenziertheit der Persönlichkeitsstruktur und der Affekte, Selbstvertrauen und Vertrauen in eine konstante Umwelt notwendig, die wiederum erst im Laufe des Heranwachsens als Folge einer stabilen und positiv erlebten Bindung an die Bezugspersonen erworben werden können.

Die Bewältigungsmechanismen gehören zur psychischen Struktur. Die psychische Struktur ist umso vulnerabler, je jünger das Kind ist. Neben der stabilen bzw. vulnerablen Struktur spielen die inneren und äußeren Ressourcen eine zentrale Rolle bei der psychischen Verarbeitung eines Traumas. Zu den inneren Ressourcen gehören die strukturellen Funktionen, die eine erfolgreiche Verarbeitung früherer negativer Erfahrungen ermöglicht haben und auf die zurückgegriffen werden kann. Zu den äußeren Ressourcen gehören in erster Linie stabile vertrauensvolle Beziehungen. Die können sich entwickeln, wenn erwachsene Bezugspersonen die kindlichen Bedürfnisse nach Eigenständigkeit sowie Schutz und Fürsorge respektieren und befriedigen. Auch der Grad der Gewaltanwendung, die Häufigkeit der Wiederholungen und die Dauer des erfahrenen sexuellen Missbrauchs bestimmen die Folgen. Handelt es sich um einen intensiven sexuellen Missbrauch (vgl. 1.1), bei dem die körperlichen und psychischen Grenzen überschritten werden, und erfolgt er regelmäßig über einen längeren Zeitraum, sind die Folgen schwerwiegend.

Die Folgen von sexuellem Missbrauch bei den Opfern können unmittelbar nach der Tat auftreten, innerhalb der ersten beiden Jahre nach Beginn des sexuellen Missbrauchs deutlich werden und/oder sich als Langzeitfolgen in der Adoleszenz bis ins Erwachsenenalter zeigen.

Im Folgenden werden in 1.6.2 Verhaltensauffälligkeiten und emotionale Störungen im Kindes- und Jugendalter unmittelbar nach dem Missbrauch oder in den ersten Jahren danach beschrieben. Daran anschließend werden in 1.6.3 Spätfolgen im Erwachsenenalter vorgestellt.

1.6.2 Verhaltensauffälligkeiten und emotionale Störungen als Folgen im Kindes- und Jugendalter

Bezogen auf die Folgeerscheinungen gibt es keine eindeutigen Symptome. Jedes Kind zeigt seiner Persönlichkeit und seinem Alter entsprechend individuelle Reaktionen. Grundsätzlich kann davon ausgegangen werden, dass – wie oben ausgeführt – die Störungen umso gravierender sind, je jünger das Kind und je andauernder und schwerwiegender der Missbrauch, je enger die Missbrauchsbeziehung (wie beim innerfamiliären Missbrauch) ist, bei fehlenden schützenden und unterstützenden Bezugspersonen, je weniger dem Kind geglaubt wird und je weniger Verarbeitungsmöglichkeiten es hat. Zu den Verarbeitungs- und Bewältigungsmöglichkeiten gehören der »Umgang mit belastenden Gefühlen, das vom Kind und seinem Umfeld erreichte Verständnis des Geschehens, das Vorhandensein weiterer Belastungen sowie den Grad emotionaler Sicherheit und Unterstützung in wichtigen Beziehungen nach bekannt gewordener sexueller Gewalt« (Deutsches Jugendinstitut – DJI [Hrsg.] 2011, S. 261).

Die Reaktionen auf sexuellen Missbrauch sind individuell unterschiedlich in Abhängigkeit vom Lebensalter und der Resilienz der Kinder und Jugendlichen.

Im Folgenden wird eine Übersicht gegeben über häufig auftretende Auffälligkeiten nach sexuellem Missbrauch:

Somatische Folgen

Nicht jeder sexuelle Missbrauch hinterlässt physische Verletzungen. Das britische »Royal College of Physicians« geht in einer Expertise davon aus, dass sich bei zwei Drittel der Kinder, die mit Verdacht auf sexuellen Missbrauch vorgestellt werden, keine körperlichen Befunde erheben lassen (vgl. Bange & Deegener 1996, S. 81). Wenn keine physischen Anzeichen zu erkennen sind, darf das aber auf keinen Fall als Beweis dafür gelten, dass kein sexueller Missbrauch stattgefunden hat. Folgende physische Verletzungen, Anzeichen oder Symptome können als Anhaltspunkte für sexuellen Missbrauch gewertet werden.

- Körperverletzungen: Verletzungen wie Striemen, blaue Flecke, Blutergüsse an der Innenseite der Oberschenkel oder anderen erogenen Zonen. Blutergüsse an den Innseiten der Oberschenkel werden von missbrauchenden Elternteilen z. B. damit erklärt, dass das Kind beim Einkaufen im Einkaufswagen gesessen und sich beim Aussteigen verletzt habe, indem die Seitenwand des Wagens zwischen die Beine geriet. Selbst bei Blutergüssen im Genitalbereich wird diese Art Erklärung oft verwendet. Rechtsmediziner erkennen jedoch bei nachfolgenden Untersuchungen sehr schnell den wahren Hintergrund.
- Verletzungen im genitalen, analen und oralen Bereich wie Scheiden- oder Analrisse: Ein 7-jähriger Junge wurde wegen Schmerzen im Analbereich in die Klinik eingewiesen. Bei der Untersuchung wurden alte wie neue Fissuren im Analbereich unter Hinzuziehung der Rechtsmedizin diagnostiziert. Orale Verletzungen zeigen sich als Symptome von Geschlechtskrankheiten.
- Häufige Entzündungen im Genitalbereich, Pilzinfektionen, Hautrötungen: Ein 5-jähriges Mädchen hatte Ausfluss. Das Untersuchungsergebnis zeigte eine Pilzinfektion nach sexuellem Missbrauch.
- Geschlechtskrankheiten: Gonorrhoe wurde bei einem 5-jährigen Mädchen diagnostiziert. Nach intensiver Untersuchung und Gesprächen mit dem Kind wurde ein sexueller Missbrauch aufgedeckt.
- Schwangerschaften während der Adoleszenz: Die Praxis zeigt, dass ein großer Teil schwangerer Jugendlichen sexuell missbraucht wurde. Schwangerschaften bei Jugendlichen werden oft ohne Nennung des Kindesvaters angegeben. Häufig handelt sich um einen mysteriösen Fremden, den sie angeblich nur einmal bei einer Veranstaltung getroffen haben. Jugendliche, die durch sexuellen Missbrauch schwanger werden, gehen auch sexuelle Verbindungen mit Jugendlichen ein und erklären dann den Freund zum Vater des Kindes.

Psychosomatische Folgen

Die Somatisierung kann sowohl als Folgeerscheinung als auch als psychischer Bewältigungsmechanismus betrachtet werden.

- Schlafstörungen: Schlafstörungen treten besonders dann auf, wenn das Schlafzimmer der Ort des Missbrauchs ist. Einem Jungen, der Ein- und Durchschlafstörungen hatte, wurde nachts eine Lampe ins Zimmer gestellt. Es ging ihm zunächst etwas besser, wahrscheinlich weil er bei Licht der ständig erwarteten Gefahr besser begegnen konnte. Das Problem löste sich aber erst vollständig, als er über den Missbrauch sprechen konnte.
- Chronische Schmerzen: Häufig werden von Betroffenen anhaltende Schmerzen im Unterbauch und Genitalbereich beschrieben ohne klaren körperlichen Befund sowie Kopf- und Rückenschmerzen.
- Hautkrankheiten wie Allergien, Ekzeme oder Neurodermitis: Häufig zeigen Kinder nach oralem Missbrauch Reaktionen im inneren und am äußeren Mundbereich.
- Essstörungen: Bei Essstörungen nach sexuellem Missbrauch berichten Betroffene, sich unattraktiv zu machen mit dem Ziel der Verhinderung von fortgesetztem Missbrauch. Auch wenn sie feststellen, dass dies nicht zum gewünschten Ziel führt, halten sie an der Essstörung fest, da andere unbewusste Facetten zur Bewältigung des Traumas zugrunde liegen.
- Einnässen und Einkoten: Kinder, vor allem Jungen, die nach sexuellem Missbrauch einkoten, berichten, dass sie die Hoffnung hatten, bei ihrem starken Körpergeruch in Zukunft nicht mehr Missbrauchsopfer zu werden. Andere wiederum schildern, dass sie nach analer Penetration weiterhin das dauerhafte Gefühl hatten, der Penis stecke noch in ihnen und sie müssten ihn rausdrücken.

Emotionale Reaktionen

- Ängste: Angst wird oft zum grundlegenden Lebensgefühl. Bewusst erlebt werden Ängste vor der Veröffentlichung des Geheimnisses, vor dem Zerfall der Familie, den Reaktionen der Umwelt oder dem Verlust von Liebe. Die Ängste können sich auch zu psychischen Störungen entwickeln, sie können unspezifisch sein oder sich auf ein konkretes Objekt oder eine Situation beziehen wie bei phobischen Ängsten.
- Zwangssymptome: Besonders häufig anzutreffen ist exzessives Waschen als Ausdruck des Abwaschens von (psychischem) Schmutz und Schuld.
- Depressive Reaktionen: Zu den depressiven Reaktionen gehört ein Sinken des Selbstvertrauens und Selbstwertgefühls wie auch ein Verlust von Vertrauen. Ein ängstliches Anklammerungsverhalten kann auch als eine depressive schutzsuchende Reaktion verstanden werden. Auch Scham- und Schuldgefühle gehören zur depressiven Reaktion.
- Scham- und Schuldgefühle: Opfer von sexuellem Missbrauch berichten oft über große Schuldgefühle. Schuld, sich nicht gewehrt, sexuelle Gefühle gehabt, nichts erzählt und den sexuellen Missbrauch immer wieder »zugelassen« zu haben etc.
- Albträume und Flashbacks: Albträume sind im Allgemeinen sehr konkret und betreffen überwiegend die sexuelle Bedrohung. Flashbacks können in

Form von Erinnerungsblitzen auftreten, häufig auch in Form von emotionalen Erinnerungen ohne bildhafte Erinnerungen auf. Eine typische Form von Flashbacks ist das Wiedererleben von Gerüchen, die mit dem Missbrauch in Verbindung stehen: So hat das Opfer beispielsweise wieder das Gefühl, den stinkenden Atem des Missbrauchers zu riechen. Bei körperlichen Flashbacks reagiert der Körper z. B. mit Erstarren, Zittern oder dem Gefühl der Lähmung wie in der Missbrauchssituation.
- Ärger, Wut, Feindseligkeit: Wutreaktionen nach sexuellem Missbrauch werden häufig auf andere verschoben, z. B. auf jüngere und schwächere Personen. Die Aggressionen können sich gegen Autoritätspersonen richten oder auch gegen jüngere Kinder in Form von sexuellem Missbrauch. Jugendliche Missbraucher begründen ihr Tun häufig damit, dass sie durch den Missbrauch von der Ohnmachtsposition in die Machtposition zu gelangen (vgl. 1.5.1, 1.5.2).
- Autoaggressives Verhalten/Selbstverletzungen: Autoaggressives Verhalten dient der Beziehungsregulierung und ist Ausdruck von Wut, Frustration und Vergeltung; es hat auch Appellfunktion. Manche Kinder und Jugendliche fügen sich nach sexuellem Missbrauch leichte wie auch tiefe Wunden zu. Bei Jungen beobachtet man sogenannte Mutproben in Form von Brandzeichen, die sie sich z. B. mit heißen Geldstücken auf den Handrücken einbrennen. Übereinstimmend berichten alle, durch die Selbstverletzung entweder den inneren Schmerz zu unterdrücken oder/und sich selbst wieder zu spüren.
- Suizidalität: Wiederkehrende Suizidgedanken und -versuche. Als Suizidversuch ist häufig ein Aufschneiden der Pulsadern zu beobachten.
- Verwirrung, Misstrauen und Bindungsstörungen: Kinder und Jugendliche können häufig nach sexuellem Missbrauch kein vertrauensvolles Verhältnis mehr zu Erwachsenen aufbauen. Typische Bindungsstörungen können auftreten, wenn der Missbrauch bereits im Kleinkindalter erfolgt ist.

Auffälliges Sozialverhalten

- Plötzlicher schulischer Leistungsabfall oder Leistungsanstieg: Wenn die Betonung auf plötzlichem Leistungsabfall liegt, wird von den Betroffenen erklärt, dass der Missbrauch ihr ganzes Denken beansprucht hat. Ihr Kopf sei voll mit dem Thema des Missbrauchs gewesen und sie hätten sich nicht auf die Schule konzentrieren können. Zudem mussten sie, wenn der Missbrauch zu Hause passierte, nachts versuchen, die Situation zu kontrollieren, und waren dann am Tag müde. Bei plötzlichem Leistungsanstieg berichten Betroffene u. a., dass sie nicht mehr an das Geschehene denken wollten und sich bewusst auf die Schule konzentriert haben.
- Häufiges Schule-Schwänzen: Manche Kinder stehen nach sexuellem Missbrauch unter so starker Spannung, dass sie das lange ruhige Sitzen in der Schule nicht aushalten können und es zu vermeiden suchen.
- Fortlaufen, Streunen: Kinder, vor allem Jungen, laufen nach sexuellem Missbrauch fort oder beginnen zu streunen. Sie sind dabei auf der Suche nach einer neuen »Familie«, die sie häufig in einer Gang finden. Hier machen sie dann

die Erfahrung, dass sie unter bestimmten Bedingungen, die ihnen auch nicht zuträglich sind, »geschützt« werden. Kinder, die fortlaufen, wollen sich der für sie unerträglichen Situation entziehen und ihre Anwesenheit in der Familie oder anderen Institutionen und damit gleichzeitig auch die Gefahrensituationen auf ein Minimum reduzieren.

- Delinquentes Verhalten: Wenn Kinder fortlaufen und sich einer Gang anschließen, besteht auch die Gefahr, ein delinquentes Verhalten auszubilden, welches zunächst eine Überlebensstrategie darstellt.
- Probleme, Grenzen einzuhalten; distanzloses oder soziales Rückzugsverhalten: In Folge der erfahrenen Grenzüberschreitung fällt Kindern und Jugendlichen eine adäquate Nähe-Distanz-Regulierung schwer. So suchen sie z. B. wahllos Kontakte zu anderen Personen
- Deutliches Maß an Ungehorsam: Häufig ist ein Streiten mit Autoritätspersonen oder auch ein Tyrannisieren von Jüngeren zu beobachten.
- Tendenz zu Verhaltensextremen: z. B. verstärkter Konflikt zwischen Unterwerfung (unter den Missbrauch) und Abgrenzungsbestrebungen; die Abgrenzung erfolgt häufig durch schwere Wutausbrüche.
- Aggressives Verhalten: z.B. Grausamkeit gegenüber anderen Menschen oder Tieren, erhebliche Destruktivität gegenüber Gegenständen, mutwilliges Zerstören und Zündeln.
- Verhaltensstörungen: z. B. Lügen, Stehlen, manipulatives Verhalten anderen gegenüber, Ausbeuten sowie fehlende adäquate Beziehungen zu Gleichaltrigen.
- Vermeiden von körperlicher und emotionaler Nähe: Selbst bei einem zufälligen Berühren der Schulter zucken Betroffene häufig zusammen im Sinne einer Alarmbereitschaft.
- Übernahme der Rolle als Opfer: In sozialen Interaktionen zeigen betroffene Kinder und Jugendliche eine höhere Tendenz, die Opferrolle zu übernehmen.
- Übermäßiger Suchtmittelgebrauch: Der Gebrauch von Suchtmitteln aller Art wird von Betroffenen damit erklärt, dass sie sich mit der Missbrauchssituation nicht länger befassen und sich lieber »wegbeamen« wollen. Allerdings wird auch beschrieben, dass das Verlangen nach Betäubungsmitteln immer stärker wird.

Auffälliges Sexualverhalten

Stark sexualisiertes Verhalten und Sexualisierung von Beziehungen. Sexualisiertes Verhalten kann als Folgeerscheinung wie auch als Bewältigungsmuster betrachtet werden.

- Zahlreiche Studien belegen, dass auffälliges sexuelles Verhalten bei Kindern und Jugendlichen ein Hinweis für sexuellen Missbrauch ist. »Dies kann sich zeigen an vermehrten genitalen Aktivitäten wie z. B. Simulation eines Geschlechtsverkehrs und Einführung von Gegenständen in Vagina oder Anus, exzessiver Masturbation, einer stark sexualisierten Kontaktaufnahme zu Erwachsenen oder ungehemmten sexuellen Aktivitäten mit Gleichaltrigen«

(Strauß, Heim & Mette-Zillessen 2005, S. 387). Dies kann sich z. B. auch in sexuellem Missbrauch von Jüngeren zeigen.
- Intensives, auch offenes Masturbieren: Sexuelle Kindesmissbraucher, die eine eigene sexuelle Misshandlungsgeschichte haben, berichten teilweise, dass sie als Kind durch öffentliches Masturbieren auf ihre Missbrauchssituation aufmerksam machen wollten. Dies gab ihnen einen sexuellen Kick. Ein Junge, der im Kinderheim lebte, stellte sich ans offene Fenster und machte durchs Masturbieren auf sich aufmerksam. Dass die anderen Kinder ihn beobachteten, war der Kick. Ein anderer Junge suchte Kaufhäuser auf und masturbierte bei halbgeöffneter Kabine vor den Augen der Verkäuferin. Ein weiterer Jugendlicher schlich sich in die Damentoilette und masturbierte, wenn jemand die Toilette aufsuchte. Der Schritt vom Exhibitionismus bis zum Kindesmissbrauch war für einige nicht groß.
- Altersinadäquates sexuelles Spielen: Z. B. werden Doktorspiele unter Druck und Geheimhaltung durchgeführt. Oder die Kinder spielen Geschlechtsverkehr nach, obwohl sie vom Alter her noch keine Erfahrungen haben können.
- Extreme Neugier an Sexualität: Z. B. fragen sehr kleine Kinder, ob Kinder Babys bekommen können, und wollen genau wissen, wie sie zustande kommen.
- Sexuell provozierendes, verführerisches Verhalten: Z. B. zog sich ein kleines Mädchen öffentlich aus, spreizte die Beine und fragte jeden Vorübergehenden: »Willst du auch mal meine Scheide sehen?«
- Prostitution, promiskuöses Verhalten: Sexuelle Erlebnisse werden gesucht, da dies die Form der Zuwendung ist, die sie erfahren haben.
- Das auffällige Sexualverhalten bei Jungen zeichnet sich besonders durch exzessives Masturbieren und eine stark sexualisierte Sprache aus.

1.6.3 Spätfolgen im Erwachsenenalter

Die Folgen von sexuellem Missbrauch im Kindes- und Jugendalter können sich auch erst im Erwachsenenalter als Spätfolgen zeigen. Es gibt kein typisches Syndrom im Sinne eines Krankheitsbildes nach sexuellen Missbrauchserfahrungen in der Kindheit. Für die Ausbildung spezifischer psychischer Störungen/Krankheitsbilder kommen noch andere traumatische Kindheitserfahrungen dazu. Sexueller Missbrauch ist ein Trauma, welches meistens nicht isoliert erfahren wird. Forschungsergebnisse zeigen, dass sexueller Missbrauch »häufig nicht als isoliertes Phänomen, sondern in Kombination mit körperlicher Misshandlung …, seelischer Misshandlung und Vernachlässigung vorkommt« (Richter-Appelt 2003, S. 59). Auch spielen andere, insbesondere innerfamiliäre wie auch soziodemographische Faktoren eine wesentliche Rolle dabei, ob nach erfahrenem sexuellem Missbrauch in der Kindheit im Erwachsenenalter psychische Störungen auftauchen oder nicht. Es gibt auch Betroffene, die trotz sexueller Missbrauchserfahrungen im Erwachsenenalter aufgrund protektiver Faktoren keine Symptomatik zeigen. Deren Bewältigungsmechanismen und Ressourcen sind offensichtlich ausreichend.

Im Folgenden wird unterschieden zwischen Störungen bzw. Symptomen, die keinem spezifischen Störungs-/Krankheitsbild im Sinne einer diagnostischen Klassifikation zugeordnet werden können und spezifischen Störungs-/Krankheitsbildern wie Borderline-Persönlichkeitsstörung, Posttraumatische Belastungsstörung etc. Die Störungen/Symptome oder Störungs-/Krankheitsbilder treten häufig bei Menschen auf, bei denen sexueller Missbrauch in der Entwicklungsgeschichte vorliegt.

Störungen/Symptome im Erwachsenenalter nach sexuellem Missbrauch in der Kindheit

- *Selbstverletzendes Verhalten*

Selbstverletzendes Verhalten ist kein eigenständiges Störungsbild, es kann bei unterschiedlichen psychischen Krankheitsbildern auftreten, insbesondere bei der Borderline-Persönlichkeitsstörung, der Posttraumatischen Belastungsstörung, der Dissoziativen Identitätsstörung, der Essstörung, bei Sucht und Depression. Häufig genannte Formen der Selbstverletzung sind das Aufschneiden, Aufkratzen oder Ritzen der Haut an den Armen und Beinen mit spitzen Gegenständen wie Rasierklingen, Messern, Scheren oder Scherben; eine Häufung der Narben ist am nicht dominanten (Unter-)Arm zu finden. Es können auch beide Arme von Narben übersät sein wie auch Bauch, Beine, Brust, Genitalien oder das Gesicht. Charakteristisch für den Akt der Selbstverletzung ist ein Spannungsbogen, auf dessen Gipfel die Gewebeschädigung durchgeführt wird. Meist gehen belastende zwischenmenschliche Erfahrungen dem selbstverletzenden Verhalten voraus. Die Selbstverletzung hat innerpsychische wie auch interaktionelle Funktionen, die den Betroffenen meistens nicht bewusst sind. Zu den innerpsychischen Funktionen gehören: sich selbst zu spüren, sich der eigenen Körpergrenzen zu vergewissern, den seelischen Schmerz mit dem Körperschmerz zu übertönen, die Spannung zu reduzieren, das Bemühen etwas unter Kontrolle zu bekommen, sich vor Aggressionen gegen das Gegenüber zu schützen, sich selbst zu bestrafen und die innere Leere auszufüllen. Das selbstverletzende Verhalten dient auch der Beziehungsregulierung und ist Ausdruck von Wut, Frustration und Vergeltung, es kann der Aufrechterhaltung des Familiensystems dienen, hat Appellfunktion und führt zur Einnahme der Krankenrolle. Forschungsergebnisse zeigen, dass bei psychischen Störungen mit Selbstschädigungen eine Häufung von sexuellen und körperlichen Missbrauchserfahrungen sowie emotionaler Deprivation und von Verlusterlebnissen in der Vorgeschichte berichtet wird (vgl. Eckhardt-Henn 2005, S. 431 ff.).

- *Suizidalität und Suizid*

Suizidalität beschreibt den psychischen Zustand, in dem Gedanken, Phantasien, Impulse und Handlungen anhaltend oder wiederkehrend darauf ausgerichtet sind, gezielt den eigenen Tod absichtlich und bewusst herbeizuführen.

Eine Suizidhandlung erfolgt erst dann, wenn das Selbstwertgefühl nicht mehr anders zu schützen ist, sie ist eine inadäquate Konfliktlösung. Der Konflikt besteht darin, einer als katastrophal phantasierten Situation hilflos ausgeliefert zu sein und der Abwehr dieser katastrophalen Situation durch die Phantasievorstellungen der Gefahr aktiv zuvorkommen. Es geht darum, dem Gefühl der totalen Hilflosigkeit, des Ausgeliefertseins zu entkommen; dadurch wird die Illusion von Selbstbestimmung gewahrt. Der sexuelle Missbrauch wird vom Opfer meistens als unerträglich oder katastrophal wahrgenommen. Der Selbstmord stellt dann den Ausweg dar, um aus der hilflosen Passivität in die Aktivität zu gelangen. Fergusson (2000) hat bei sexuell Missbrauchten ein erhöhtes Selbstmordrisiko gefunden (http://www.aufrecht.net/utu/schaedlich¬keit.html, Zugriff am 10.10.2012).

- *Dissoziative Störungen*

Bei den dissoziativen Störungen geht es um eine Störung des Bewusstseins. »Die Dissoziation wird als ein komplexer psychophysiologischer Prozess bezeichnet, bei dem es zu einer teilweisen oder völligen Desintegration psychischer Funktionen wie der Erinnerung an die Vergangenheit, des Identitätsbewusstseins, der unmittelbaren Empfindungen, der Wahrnehmung des Selbst und der Umgebung kommt« (Eckhardt-Henn & Hoffmann 2005, S. 393). Die Dissoziation ist ein zentraler Schutzmechanismus (vgl. 1.5.1), der in der traumatisierenden Situation mit überwältigendem Stress und intensiver Angst aktiviert wird und der Bewältigung dient. Der Zusammenhang zwischen schweren traumatischen Erlebnissen und der Ausbildung dissoziativer Störungen wurde in umfangreichen Forschungsstudien nachgewiesen (vgl. Eckhardt-Henn & Hoffmann 2005, S. 399 ff.). Sie zeigen, dass ein hoher Prozentsatz (75 bis 95 %) der Betroffenen in ihrer Kindheit fortgesetzt sexuellem und körperlichem Missbrauch ausgesetzt waren. Je schwerer der sexuelle Missbrauch war und je jünger die Betroffenen bei Beginn des Missbrauchs waren, desto gravierender waren die dissoziativen Symptome (vgl. Eckhardt-Henn & Hoffmann 2005, S. 399 ff.).
Folgende dissoziative Störungen werden unterschieden:

- *Dissoziative Amnesie*: Darunter wird die Unfähigkeit verstanden, sich an wichtige Ereignisse und Informationen zur eigenen Person zu erinnern. Die Amnesie bezieht sich meistens auf traumatische oder sehr belastende Lebenssituationen und kann das Alltagsleben der Betroffenen sehr beeinträchtigen. Die Amnesie kann sich beziehen auf alle Ereignisse eines bestimmten Zeitraums (generalisiert), zeitlich umschriebene Ereignisse (lokalisiert), ausgewählte Ereignisse innerhalb eines bestimmten Zeitraums (selektiv), bestimmte Kategorien von Erinnerungen (systematisch) sowie bestimmte Teilaspekte eines Ereignisses.
- *Dissoziative Fugue*: Darunter wird das unerwartete Weggehen von der gewohnten Umgebung (Zuhause, Arbeitsplatz) verstanden. Die Reise ist äußerlich normal organisiert, die Selbstversorgung bleibt weitgehend erhalten. Es besteht eine teilweise oder vollständige Amnesie für die gesamte Vergangenheit

oder Teile davon, besonders für traumatische Ereignisse. Die Dauer kann einige Stunden bis hin zu mehreren Monaten betragen.
- *Dissoziativer Stupor*: Reaktionslosigkeit und Bewegungsstarre ohne Anhalt auf eine körperliche Ursache. Betroffene sitzen lange Zeit bewegungslos und sprechen kaum oder gar nicht. Sie reagieren nicht auf Reize aus der Umgebung oder auf Schmerzreize. Dies ähnelt der Bewegungslosigkeit in der Missbrauchssituation.
- *Depersonalisationsstörungen*: Ständiges oder wiederkehrendes Gefühl, von den eigenen psychischen Prozessen oder vom eigenen Körper getrennt (= dissoziiert) zu sein, wobei die Realitätsprüfung erhalten bleibt. Das eigene Selbst wird als verändert wahrgenommen, das Handeln abgespalten und automatenhaft. Der eigene Körper oder Körperteile werden als nicht zum Körperselbst gehörig erlebt. Die Sinneswahrnehmungen können ebenso gestört sein wie die Körpergefühle.
- *Dissoziative Identitätsstörung:* Dabei handelt es sich um eine dissoziative Störung, bei der Wahrnehmung, Erinnerung und das Erleben der Identität betroffen sind. Sie gilt als die schwerste Form der Dissoziation. Die Betroffenen bilden mehrere getrennte Persönlichkeitszustände, die abwechselnd die Kontrolle über das Verhalten übernehmen. Das Handeln der jeweils »anderen« Personen wird entweder nicht – oder nur schemenhaft – erinnert oder als das Handeln einer fremden Person erlebt. Die unterschiedlichen »Personen« könnten dem Zweck dienen, sich an widersprüchliche Umwelt- und Überlebensbedingungen anzupassen. Häufig finden sich Persönlichkeitszustände mit bestimmten Aufgaben, etwa Schutzpersonen, Kontrollpersonen und Personen, welche die täglich anfallende Routine erledigen. Die dissoziierte Persönlichkeit kann Dinge ausleben, die eigentlich tabuisiert oder verdrängt sind. Sie kann in Bezug auf Herkunft, Alter, Geschlecht, sexuelle Orientierung etc. das Gegenteil des ursprünglichen Persönlichkeitszustands darstellen.

Vorläufer der Dissoziativen Identitätsstörung war die Multiple Persönlichkeitsstörung. Der Begriff wurde bereits in den 20er Jahren zur Zeit Freuds verwendet und hatte eine Blüte in den 80er Jahren erlebt. Von dem Begriff wurde Abstand genommen, weil es sich nicht um verschiedene Persönlichkeiten, sondern um Persönlichkeitszustände (Ego-States, vgl. 1.5.1) handelt. Heute wird von komplexen dissoziativen Störungen gesprochen.

- *Multiple Ängste*

Zu den Ängsten gehören körperliche Symptome wie »Herzklopfen, Herzrasen, Schwindel, Benommenheit, Schwitzen sowie Druck- und Engegefühle in der Brust. Daneben treten üblicherweise kognitive Symptome auf, die die mögliche Bedeutung dieser körperlichen Erfahrungen betreffen, z.B. ›Angst zu sterben‹, ›Angst verrückt zu werden‹ oder ›Angst die Kontrolle zu verlieren‹« (Joraschky, Arnold & Petrowski 2005, S. 268). Die Ängste können sich bis zu Panikattacken steigern. Tritt außer den Ängsten auch Vermeidungsverhalten auf, entwickeln sich Phobien wie z. B. die Phobie vor Geschlechtsverkehr.

- *Sexuelle Störungen*

Bezüglich sexueller Störungen wird unterschieden zwischen sexuellen Funktionsstörungen, Störungen und Auffälligkeiten des Sexualverhaltens und Störungen der Sexualpräferenz (vgl. Strauß, Heim & Mette-Zillessen 2005). Zu den *Funktionsstörungen* gehören u. a. sexuelle Aversion aus Abscheu oder Ekel bis hin zur Panik vor sexuellem Kontakt. Zahlreiche Studien zeigen, »dass Missbrauchsopfer weniger häufig einen Orgasmus erleben, weniger sexuell angesprochen werden und weniger sexuelle Befriedigung erfahren. Sexuelle Handlungen sollen sie selten erregen und sie sollen vermehrt über Dyspareunie (schmerzhafter Geschlechtsverkehr) und Vaginismus (psychisch bedingter Scheidenkrampf) leiden« (Jackson et al. 1990, zit. in Richter-Appelt 2003, S. 65).

Neben dem Vermeiden von sexuellem Kontakt gibt es auch das Gegenteil, das gesteigerte sexuelle Verlangen. Da das sexuell missbrauchte Kind gelernt hat, über Sexualität Zuwendung zu erfahren, wird Sexualität im Erwachsenenalter auch in diesem Sinne funktionalisiert. Der Wunsch nach Zuwendung, Nähe und Geborgenheit wird über sexuelle Handlungen zu erleben versucht, was jedoch nicht gelingen kann und häufig eine gesteigerte Sexualität nach sich zieht mit der Sehnsucht verknüpft, dass dies endlich gelingen möge.

Promiskuität als *Auffälligkeit im Sexualverhalten* ist empirisch belegt. »Sexuell missbrauchte Frauen haben früher Geschlechtsverkehr und mehr Sexualpartner in kürzeren Beziehungen ... Bei Männern gilt ein ›zwanghaftes Sexualverhalten‹ als die am häufigsten auftretende Folge eines sexuellen Missbrauchs ... dazu gehören häufige sexuelle Aktivitäten, eine große Anzahl von Sexualpartnern sowie häufiges Masturbieren unter Verwendung von Pornographie« (Strauß, Heim & Mette-Zillesen 2005, S. 388). Das zwanghafte sexuelle Verhalten kann sich bis zur Sexsucht steigern. Die Betroffenen, Männer wie Frauen, suchen Liebe und Nähe in sexuellen Beziehungen, die jedoch stets enttäuschend sind. Daher wird das Verhalten suchtartig gesteigert, um endlich die ersehnte Befriedigung zu erlangen, was jedoch nie geschieht.

Auch der Zusammenhang zwischen Prostitution und sexuellem Missbrauch ist empirisch belegt (Strauß et al. 2005, S. 388). Die Verbindung von Sexualität und Geld kann entstehen, wenn Kinder für sexuelle Kontakte eine Gegenleistung erhielten. Damit haben sie gelernt Sexualität zu funktionalisieren.

Bezüglich der *Sexualpräferenz* scheint es bemerkenswerte Auffälligkeiten zu geben. So findet sich bei homosexuellen Männern und Frauen sexueller Missbrauch mit 21 bis 46 % deutlich häufiger als in der Normalbevölkerung. »Auffällig ist sowohl bei Männern als auch bei Frauen die Häufigkeit eines gleichgeschlechtlichen Missbrauchs. So ergab eine Untersuchung, dass 46 % homosexueller Männer (7 % heterosexueller Männer) und 22 % lesbischer Frauen (1 % heterosexueller Frauen) von Personen des gleichen Geschlechts missbraucht wurden« (Strauß et al. 2005, S. 389). Einig sind sich alle Forscher darin, dass ein gleichgeschlechtlicher sexueller Missbrauch jedoch nicht als Ursache für eine sexuelle Orientierung betrachtet werden kann. Eventuell sind Kinder und Jugendliche mit homosexuellen Neigungen für sexuelle Grenzverletzungen anfälliger.

- *Somatische Störungen*

Folgen von sexuellem Missbrauch können sich auch in körperlichen Störungen zeigen. »Wer früh im Leben schwer misshandelt oder sexuell missbraucht wurde, ist als Erwachsener anfälliger für chronische anhaltende Schmerzstörungen, Erkrankungen der Herzkranzgefäße und Diabetes Typ-2« (http://www.zeit.de/¬ wissen/gesundheit/2011-03/missbrauch-opfer-krankheiten, Zugriff 10.10.2012). In einer Studie von Wurtele et al. (1990, zit. nach Egle & Nickel 2005, S. 331) an 135 chronischen Schmerzpatienten berichten 28 % über sexuelle Missbrauchserfahrungen. Die Schmerzen können sehr unterschiedlich sein; berichtet werden häufig chronische Unterleibsschmerzen sowie Kopfschmerzen und Migräne.

Die somatischen Folgen von in der Kindheit erfahrenem sexuellem Missbrauch können bei Frauen auch zu körperlichen und psychischen Schwierigkeiten in der Schwangerschaft und bei der Geburt führen (vgl. http://www.aerzteblatt.de/¬ archiv/36056, Zugriff 10.10.2012).

- *Gestörtes Köpererleben*

Aus der klinischen und therapeutischen Arbeit mit sexuell Missbrauchten ist bekannt, dass Betroffene ihren eigenen Körper ablehnen. Er ist für sie etwas Schlechtes, vor dem sie sich ekeln. Auch werden häufig Wahrnehmungsstörungen bezogen auf Schmerz, Hunger, sexuelle Wünsche und Ermüdung beobachtet. Das körperbezogene Schamgefühl verhindert auch die Ausbildung eines intakten Körperbildes als Teil eines integrierten Selbstbildes (vgl. Richter-Appelt 2003).

- *Gestörtes Selbstwertgefühl*

Das Selbstbild und Selbstwertgefühl wird durch erfahrenen sexuellen Missbrauch erheblich gestört. Finkelhor und Browne (1985, zit. nach Joraschky & Pöhlmann 2005, S. 199) nennen vier traumatische Wirkungen von sexuellem Missbrauch auf das Selbstwertgefühl. Durch die traumatische Sexualisierung internalisiert das Kind ein Beziehungsmuster, das zur Verwirrung führt und sich im Selbstkonzept niederschlägt. Der Betrug oder Verrat durch die vertraute Person führt zu einem Gefühl von Wertlosigkeit. Betrug oder Verrat wird durch den Täter, aber auch durch die verleugnenden Beziehungspersonen erlebt. Gefühle von Machtlosigkeit, die die sexuelle Missbrauchssituation bestimmen, prägen nachhaltig das Selbsterleben. »Stigmatisierung bedeutet, dass die negativen Bedeutungsanteile des sexuellen Missbrauchs zu Bestandteilen eines Selbstkonzeptes werden, die z. B. Selbstbeschuldigungen auslösen« (Joraschky & Pöhlmann 2005, S. 199).

Auch das Gefühl der Scham spielt eine große Rolle bei der Regulierung des Selbstwertgefühls. Die Scham schützt normalerweise die Integrität des Selbst, d.h. auch unser Intimstes und Persönlichstes. Wird der Schutz durch Grenzüberschreitungen wie ein sexueller Übergriff gebrochen, ist die Verletzung des Selbst fundamental. Nach Wurmser ist die Scham »der narzißtische Affekt par excellence« (1987, S. 169) und damit Ausdruck einer Verletzung des Selbst wie beim sexuellen Missbrauch. Dies kann auch eine typische narzisstische

Kompensation nach sich ziehen, die der Selbstvergrößerung dient. Subjektiv erlebt wird dieses dann bei den Betroffenen als Schwankung im Selbsterleben zwischen Großartigkeit und Minderwertigkeit. Die Stimmungsschwankungen im Selbsterleben zeigen sich auch im Wechsel von starker Erregung und Wut sowie ängstlicher Anhänglichkeit und Abhängigkeit. Derartige Schwankungen destabilisieren das Selbst und damit das Selbstwertgefühl.

- *Beziehungsstörungen*

Die Nähe-Distanz-Regulierung ist in Erwachsenenbeziehungen infolge der Missbrauchserfahrungen gestört. Obwohl es ein großes Bedürfnis nach Nähe gibt, bedeutet Nähe eine Gefahr und kann Auslöser für z. B. Angst, Panik, Flashbacks sein. Zur Vermeidung solcher Auslöser wird die Distanz überwertig gelebt. Das Urmisstrauen bleibt ein basales Lebensgefühl und behindert den Aufbau von Vertrauen in einer Partnerschaft. Auch sozialer Rückzug kann die Folge sein. Das Problem der Nähe-Distanz kann sich auch so zeigen, dass manche Betroffene auch im Erwachsenenalter noch unfähig sind Grenzen zu setzen, da ihre eigenen traumatisch überschritten wurden und sich dies psychisch eingraviert hat. Die innerpsychisch repräsentierten Missbrauchserfahrungen können auch zur Wiederholung einer manipulierenden sexualisierten Beziehungsgestaltung führen im Sinne der Täter-Opfer-Umkehr. Auch ist die Wahrnehmung des Partners oft gestört durch die Bewältigungsmechanismen der Introjektion, Dissoziation, Spaltung etc.

- *Retraumatisierung*

Wie in 1.5.2 ausgeführt birgt die Erfahrung von sexuellem Missbrauch die Gefahr der Retraumatisierung oder Reviktimisierung. Durch die innere Präsenz der traumatischen Objektbeziehungen wird die traumatogene Situation unbewusst wiederholt im Sinne des Wiederholungszwangs. Dies ist in zahlreichen empirischen Untersuchungen sowie klinischen Erfahrungen belegt und zeigt sich häufig in den Beziehungsmustern im Erwachsenenalter.

Störungsbilder bei Erwachsenen im Kontext von sexuellem Missbrauch in der Kindheit

Die Störungsbilder in Folge von sexuellem Missbrauch in der Kindheit sind vielfältig (vgl. Übersicht bei Egle 2005). Hier werden einige ausgewählte Störungsbilder beschrieben. Die ausgewählten psychischen Störungen sind nicht spezifisch für das Trauma des sexuellen Missbrauchs, gleichwohl kommt es in der Vorgeschichte der Betroffenen häufig vor. Auch sind psychische Mechanismen, die im Kontext mit erlebtem sexuellem Missbrauch entstehen, bei bestimmten psychischen Störungen beobachtbar. Mechanismen wie Erstarrung statt Kampf-Flucht bei der Posttraumatischen Belastungsstörung (PTBS), Spaltung vor dem Hintergrund gravierender Beziehungsstörungen bei Borderline-Persönlichkeitsstörungen, Dissoziation als Bewältigungsmechanismus in der Missbrauchssituation bei den Dissoziativen Störungen (vgl. oben).

Bei folgenden psychischen Störungs-/Krankheitsbildern ist sexueller Missbrauch häufig in der Vorgeschichte der Betroffenen anzutreffen.

- *Posttraumatische Belastungsstörung – PTSD*

Die Posttraumatische Belastungsstörung ist nach der Weltgesundheitsorganisation eine »verzögerte oder protrahierte Reaktion auf ein belastendes Ereignis oder eine Situation außergewöhnlicher Bedrohung oder katastrophenartigen Ausmaßes (kurz oder langanhaltend), die ... tiefe Verzweiflung« (Dilling, Mombour & Schmidt 2005, S. 169) hervorruft. Hier geht es um die verzögerte Reaktion auf ein sexuelles Trauma in der Kindheit. Häufig wird dies erst im Erwachsenenalter erinnert. Entscheidend bei dieser Störung ist die Anerkennung, dass die Ursache des Traumas entscheidend für die Ausbildung einer psychischen Störung ist.

Auslöser für die Manifestierung der Symptomatik können externe und interne Reize sein. Externe Reize sind entweder die traumatische Situation selbst oder Ähnlichkeiten mit der ursprünglichen traumatischen Situation, z. B. ein Film, in dem die Beziehungsdynamik der traumatischen Situation ähnlich ist. Interne Reize sind Empfindungen, die an ähnliche Empfindungen wie in der traumatischen Situation »erinnern«, die oft durch äußere Reize »getriggert« werden. Erinnerungen an die traumatische Situation werden also durch äußere und innere Reize ausgelöst.

Aufgrund epidemiologischer Studien kann angenommen werden, dass die Wahrscheinlichkeit einer Posttraumatischen Belastungsstörung nach erlebtem sexuellen Missbrauch in der Kindheit deutlich erhöht ist. »In einer Übersicht von Wenniger (1997) wurden die Prävalenzangaben zur Häufigkeit sexueller Traumatisierung mit großer Schwankungsbreite zwischen 5 % und 62 % angegeben, was auch auf die unterschiedliche Strenge der Definitions- und Alterskriterien zurückzuführen ist ... Bei einer Untersuchung klinischer Stichproben fanden sich für das Vorliegen sexueller Traumatisierungen im Kindesalter, aber auch für den Faktor körperlicher Misshandlung während der Kindheit im Vergleich zur Allgemeinbevölkerung deutlich höhere Punktprävalenzraten« (Flatten 2005, S. 310 f.). Dies weist darauf hin, dass zum sexuellen Missbrauch oft ein Misshandlungsmilieu gehört.

Symptome/Merkmale, die häufig bei der PTBS vorkommen, können nur als »Verdachtsmomente« betrachtet werden (Sachsse 2004, S. 109). Folgende Verdachtsmomente treten häufig auf und können ein möglicher Hinweis auf einen sexuellen Missbrauch sein:

- *Intrusives Wiedererleben, Flashback*: Traumabezogene Erinnerungen und Intrusionen zeigen sich in wiederholtem aufdrängendem Erleben des Traumas in Form von Flashbacks (plötzliches Erinnern), in immer wiederkehrenden intensiven traumabezogenen Vorstellungen und Emotionen sowie in Alpträumen. Beim intrusiven Erleben ist sich die betroffene Person bewusst, dass sie sich erinnert, während sich bei den Flashbacks Realität und Erinnerung so vermischen, dass es manchmal unmöglich ist, beides auseinanderzuhalten.

– *Vermeidung*: Eine aktive Vermeidung von Situationen, die die Erinnerung an das Trauma wachrufen könnten, was auch mit Absonderung und sozialem Rückzug einhergehen kann. Vermeidung bewusster Erinnerungen an das Trauma, was unterstützt wird durch eine emotionale Selbstbetäubung. Bei der psychogenen Amnesie werden Aspekte des traumatischen Ereignisses, ganze Zeitabschnitte oder auch das Erlebnis als solches »vergessen«. Dabei handelt es sich um ein dissoziatives Phänomen (seelisches Absperren).
– *Vegetative Übererregtheit (Hyperarousal)*: Der Zustand übermäßiger Erregtheit zeigt sich in Form von Schlafstörungen, einer allgemeinen Reizbarkeit, Konzentrationsstörungen, die zu Lern- und Arbeitsstörungen führen können, einer vermehrten Wachheit (Vigilanz) sowie einer erhöhten Schreckhaftigkeit.
– *Dissoziation*: Während des traumatischen Erlebens ist die Dissoziation (vgl. oben und 1.5.1) ein zentraler Schutzmechanismus, kehrt sie immer wieder, erhält sie Symptomcharakter. Sie taucht auf in Form von Derealisation, dabei wird die Umgebung fremd, wie durch Nebel und wie in Trance wahrgenommen, und Depersonalisation, dabei werden der eigene Körper und die eigenen Gefühle wie fremd empfunden. Auch Amnesien (Erinnerungslücken) gehören zur dissoziativen Symptomatik. Klinisch erlebt wird die Dissoziation häufig in der Form, dass die betroffene Person im Gespräch wegdämmert, was in der Gegenübertragung ebenfalls als Vor-sich-hin-Dösen spürbar wird. Im Extrem führen die voll dissoziierten Selbstzustände zu einer Dissoziativen Identitätsstörung (vgl. Gast 2004).
– *Traumawiederholung*: Traumawiederholungen gehören zu den wichtigsten Reaktionen auf schwere Traumatisierung, die der Anpassung dienen. Sie zeigen sich in den wiederholten Intrusionen und Reinszenierungen. Sie werden so lange fortgesetzt »bis in Prozessen abwechselnder Annäherung und Vermeidung eine ... Meisterung des ursprünglichen überwältigenden Stressereignisses gelingt. Die Meisterung setzt voraus, dass die Personen ihre Erlebnisse neu erleben und die intensiven Emotionen abreagieren. Wird dieser Stress-Reaktions-Zyklus nicht erfolgreich vollendet, neigen Personen dazu, Wiederholungen des traumatischen Ereignisses in verkleideter Form in Szene zu setzen« (Wöller 2005, S. 84), oft als lebenslange Traumwiederholungen (vgl. 1.5.2).

Hinzu kommen oft noch Symptome von Angst, emotionaler Einengung, Teilnahmslosigkeit, bedrückter Stimmung, körperlichen Beschwerden, Somatisierungsstörungen, Alkohol- oder Tablettenmissbrauch im Sinne eines Selbstbehandlungsversuchs und Probleme in der Partnerschaft. Die Symptomatik zeigt im Allgemeinen einen wechselhaften Verlauf. Bei einigen Betroffenen nimmt die Posttraumatische Belastungsstörung einen chronischen Verlauf und geht dann in eine andauernde Persönlichkeitsveränderung nach Extrembelastungen über.

- *Persönlichkeitsstörungen – Borderline-Persönlichkeitsstörung*

Persönlichkeitsstörungen allgemein sind immer interpersonelle Störungen; es sind nicht primär die individuellen Beeinträchtigungen, die diese Störung kennzeichnen, sondern die Schwierigkeiten in den zwischenmenschlichen Beziehungen.

1 Zum sexuellen Missbrauch allgemein

Die Störung beginnt oder wird meistens erkennbar in der Adoleszenz oder im frühen Erwachsenenalter. Persönlichkeitsstörungen sind immer Entwicklungsstörungen; es gibt keine typische Symptomatik. Persönlichkeitsstörungen lassen sich am ehesten charakterisieren durch bestimmte Eigenarten, die recht anhaltend sind. Des Weiteren ist für die Beurteilung einer Persönlichkeitsstörung immer die psychische Struktur ausschlaggebend, die sich im Verlaufe der psychischen Entwicklung ausdifferenziert. Zahlreiche Studien belegen, dass Personen mit einer Persönlichkeitsstörung im Vergleich zu solchen ohne diese Störung sehr viel häufiger von negativen Kindheitserfahrungen wie sexuellem Missbrauch oder Misshandlung berichten (vgl. Johnson et al. 2005, S. 445 ff.). Da sexueller Missbrauch in der Kindheit insbesondere bei Erwachsenen mit einer Borderline-Persönlichkeitsstörung vorliegt, wird sie exemplarisch für Persönlichkeitsstörungen beschrieben.

Der Begriff der Borderline-Persönlichkeitsstörung kennzeichnet eine Entwicklungsstörung in der Ausbildung einer Persönlichkeit, die im Grenzgebiet – Borderline – zwischen neurotischen und psychotischen Störungen liegt. Nicht die auftretenden Symptome sind maßgebend für die Diagnostik, sondern die Störung der Persönlichkeitsstruktur, die sich in dem typischen Abwehrmodus der Spaltung zeigt.

In sehr vielen Studien wurde die Rolle früher Traumen in der Ätiologie von Borderline-Persönlichkeitsgestörten untersucht (vgl. Dulz & Jensen 2001). Sehr häufig fand man in der Kindheit Kindesmisshandlung, physische Gewalttätigkeit und sexuellen Missbrauch. 70 % der Frauen und 45 % der Männer mit Borderline-Persönlichkeitsstörung gaben sexuellen Missbrauch in der Kindheit an. Auch liegt schwerer sexueller Missbrauch in der Gruppe der Borderline-Gestörten häufiger vor als bei Gruppen mit anderen Persönlichkeitsstörungen (vgl. Paris 2001, S. 160 ff.), wobei die Schwere des sexuellen Missbrauchs definiert wird über die Nähe des Täters und die Art des sexuellen Missbrauchs. So kommt transgenerationaler Inzest bei Borderline-Strukturierten signifikant häufiger vor als bei anderen Persönlichkeitsstörungen. Ein Inzest in der Biographie findet sich bei der Hälfte bis zu drei Viertel aller stationären weiblichen Borderline-Persönlichkeitsstörungen in Amerika, Australien und Westeuropa (Stone 2001, 7).

Das Erscheinungsbild ist sehr vielschichtig und schillernd und für das Gegenüber oft verwirrend. Menschen mit Borderline-Persönlichkeitsstörung zeigen eine ausgeprägte emotionale Instabilität in den interpersonalen Beziehungen, im Selbstbild und in den Affekten und sind von starker Impulsivität geprägt. Die Betroffenen zeigen starke Stimmungsschwankungen und durchleben schwere Depressions-, Angst- und Erregungszustände, die Stunden bis Tage anhalten, aber auch sehr rasch wechseln können. Sie neigen zu Wutanfällen und Anwandlungen von Feindseligkeit und stecken somit zugleich immer in einem Konflikt zwischen ihrer Umwelt und dem Ausdruck ihrer emotionalen Bedürfnisse. Wenn sie ihre Wut nach außen richten, kann dies zu tätlicher Aggression und Gewalttätigkeit führen. Oft richten sie ihre Wut auch gegen sich selbst, was sich dann in autodestruktiven Handlungen zeigen kann. Die Handlungen werden impulsiv ausgeführt und können beträchtliche körperliche Schädigungen zur Folge haben. Ihre selbstzerstörerischen Handlungen reichen von Alkohol- und Drogenmissbrauch bis zu Fressanfällen, Delinquenz, gefährlichen sexuellen Kontakten, Kauforgien, riskantem Fahren, Aderlässen und anderen Formen der Selbstbeschädigung; Suiziddrohungen und -handlungen kommen ebenfalls häufig vor. Da sie sehr selbstunsicher sind und nicht wissen, wer sie sind und was sie fühlen, suchen sie die Bestätigung von Selbstempfindungen durch körperliche Empfindungen. Infolge ihres instabilen und verzerrten Selbstgefühls versuchen Menschen mit Borderline-Persönlichkeitsstörung oft, sich mit anderen zu identifizieren. Doch ist ihr Sozialverhalten häufig genauso verwirrt und impulsiv wie ihr Selbstbild und ihr Affekt. Sie gehen intensive, konfliktträchtige Beziehungen ein, in denen ihre Gefühle oft nicht erwidert werden. Da sie zwischen Überidealisierung und Entwertung der anderen Person hin- und her schwanken und gleichzeitig fürchten, verlassen zu werden (zu Recht oder nicht), haben sie Schwierigkeiten, eine angemessene interpersonale Distanz zu wahren.

Es gibt keine für die Borderline-Persönlichkeitsstörung charakteristischen Symptome; sie sind sehr vielfältig und unterliegen einer ständigen Fluktuation. Rohde-Dachser (2004, S. 32 ff.) hat die Beschreibungen von Borderline-Störungen von Kernberg und anderen psychoanalytisch denkenden Wissenschaftlern systematisiert und zusammengefasst; sie dienen einer Orientierung, sind jedoch nur »Verdachtsmomente«.

- chronische, frei flottierende Angst,
- multiple Phobien,
- Zwangssymptome, die sekundär ich-synton geworden sind,
- multiple, ausdifferenzierte oder bizarre Konversionssymptome,
- dissoziative Reaktionen wie Amnesien mit Bewusstseinsstörungen, Dämmerzustände, auch chronische Depersonalisations- und schwere Derealisationserlebnisse,
- depressive Zustände, in denen es weniger um Schuldgefühle, sondern mehr um Gefühle von Wut geht, die aus Verlassenheit oder dem Zusammenbruch von idealisierten Selbstvorstellungen entstanden sind,
- suizidale Handlungen, die aus einer immensen Wut heraus entstanden sind,
- polymorph-perverse Sexualität,
- episodischer Verlust der Impulskontrolle; es können aggressive, sexuelle Durchbrüche auftreten, aber auch orale, so beim Alkohol oder Drogenabusus,
- Impulsdurchbrüche zeigen sich auch in autoaggressiven Handlungen sowie Selbstverletzungen.

Des Weiteren (nicht von Rohde Dachser erwähnt):

- Größenphantasien und ausgeprägte Selbstbezogenheit wie bei narzisstischen Störungen,
- Gefühle der Leere und Sinnlosigkeit (vgl. Kutter 1989, S. 172).

Um eine endgültige Diagnose »Borderline-Persönlichkeitsstörung« zu stellen, muss die psychische Struktur genauer betrachtet werden, die über die psychischen Funktionen definiert wird. Für die Borderline-Struktur ist der Abwehrmechanismus der Spaltung charakteristisch (vgl. 1.5.1). Die Spaltung ist ein

Schutzmechanismus, der die Funktion hat zu vermeiden, dass unverträgliche, extrem entgegengesetzte Inhalte, Bilder und unverträgliche Gefühle zusammentreffen. Diese unverträglichen Inhalte und Gefühle beziehen sich auf die Selbst- und die Objektrepräsentanzen. Dadurch wird vermieden, dass z.B. Aspekte einer guten, versorgenden, wärmenden Bezugsperson mit ihren bösen, kalten, abweisenden Aspekten in Berührung kommen. Der Sinn ist der, dass die guten Aspekte durch die negativen nicht gefährdet oder gar zerstört werden. Es geht um das Getrennthalten von Bildern, aber auch um das Getrennthalten von eigenen Gefühlen. So werden Liebe und Hass voneinander getrennt gehalten, damit der Hass oder die Aggression nicht die Liebe zerstört, sofern die Liebe, die guten Gefühle und guten Objekte noch nicht hinreichend ausgeprägt bzw. vorhanden sind. Des Weiteren geht es auch um das Getrennthalten von Gefühlen und Bildern eigener Vollkommenheit und Großartigkeit von solchen von Leere und Sinnlosigkeit. Die gespaltenen psychischen Bereiche sind nicht ins Unbewusste verdrängt wie bei den neurotischen Störungen, sondern prinzipiell bewusst. Die Spaltung bewirkt, dass zu einem gegebenen Zeitpunkt immer nur ein Teil bewusst ist, während der andere unbewusst ist. Zu einem anderen Zeitpunkt ist der andere Teil im Bewusstsein voll präsent. Das Charakteristische der Borderline-Persönlichkeit ist dabei, das die Zustände von Grandiosität und hilfloser Leere, von Liebe und Hass etc. rasch wechseln können. Der Preis für eine erfolgreiche Spaltung ist die beschriebene Ausbildung kontrastierender Persönlichkeitsbereiche, ohne dass der Betroffene ein Konfliktbewusstsein mit einer empfundenen Ambivalenz gegenüber seinen eigenen Einstellungen oder den äußeren Objekten hätte. Die Spaltung schwächt auch andere psychische Funktionen, was dazu führt, dass sich der Betroffene nicht adäquat auf sich verändernde Interaktionen einstellen kann (Lohmer 2001, S.77). In der Praxis macht sich der Spaltungsmechanismus so bemerkbar, dass in den Beziehungen der Betroffenen eine durchgehend strenge Aufteilung in gute und böse Objekte bzw. Menschen anzutreffen ist, ohne dass Zwischentöne zugelassen werden. Es gibt nur den guten oder den schlechten Betreuer, den verständnisvollen oder den verständnislosen Partner. Noch folgenschwerer und für das Gegenüber schwer zu ertragen ist die Tatsache, ganz abrupt von der positiven Kategorie in die negative Kategorie verschoben zu werden; dieses passiert oft innerhalb von wenigen Minuten. Man erlebt also beim Borderline-Strukturierten, dass sich die Gefühle in Beziehungen sehr abrupt ändern. Aber nicht nur die Objekte, sondern auch das Selbstbild ist erheblichen Schwankungen unterworfen. Mal fühlt er sich gut und in Ordnung und dann wieder wie der »letzte Dreck«. Dass dieses eher labilisiert als stabilisiert, ist leicht vorstellbar. Um dem entgegenzuwirken, benötigt der Borderline-Strukturierte noch weitere Abwehrmechanismen.

Der Mechanismus der *Idealisierung* unterstützt die Spaltung. Die Idealisierung von Personen dient eindeutig der Abwehr von Aggressionen. Aggressionen werden mit Hilfe der Objektspaltung auf andere Personen verschoben, damit das idealisierte Objekt unbelastet bleibt, was natürlich nur bis zu einem bestimmten Grad möglich ist. Als idealisiertes Objekt muss man stets das Gegenteil der Idealisierung, nämlich die Entwertung und die Aggressionen erwarten bzw. damit rechnen, dass man von der »idealen« in die »verachtete« Kategorie verschoben wird.

Weiterhin sind mit der Spaltung die Abwehrmechanismen der *Projektion* und der *Projektiven Identifikation* gekoppelt. Bei der Projektion werden die gefährlichen, bösen, nicht akzeptierten Selbstanteile auf das Objekt, das Gegenüber, projiziert. Dadurch entstehen gefährliche Objekte, Aggressoren, die bekämpft werden müssen. Eine Person mit einer Borderline-Struktur, die einem anderen z. B. aggressive Impulse unterstellt, die sie auf ihn projiziert hat, wird diesen ständig direkt und agierend bekämpfen müssen, um vor sich und aller Welt die Unterstellung zu beweisen. Auch Partner oder Professionelle können zu solch bösen Objekten werden, die dann bekämpft und abgewertet werden. Im Unterschied zur Projektion werden in der Projektiven Identifikation Erlebens- und Verhaltensweisen der anderen Person tatsächlich verändert (vgl. 1.5.2); die andere Person identifiziert sich mit den in sie projizierten Gefühlen und Bildern. Über das Prinzip der Projektion versucht der Betroffene das, was er bei sich selbst nicht wahrhaben kann (infolge der Spaltung), im anderen unterzubringen und mit »sicherem Abstand« zu kontrollieren. Projiziert werden nicht nur die negativen, aggressiven Aspekte, sondern auch gesunde Aspekte wie die Fähigkeit zur Sorge oder die Realitätseinschätzung. Dadurch werden sie vor den eigenen destruktiven Selbst-Aspekten geschützt. Die Mechanismen der Spaltung und der Projektiven Identifikation treten immer zusammen auf.

Auch wenn es viele Ähnlichkeiten zwischen der Borderline-Persönlichkeitsstörung und der Posttraumatischen Belastungsstörung gibt, sind sie nach dem derzeitigen Wissenstand jedoch nicht gleichzusetzen. Außer den aufgeführten psychischen Störungen sollten noch die Depressiven Störungen, Essstörungen und Suchtstörungen erwähnt werden als häufige Folgeerscheinung nach sexuellem Missbrauch in der Kindheit (vgl. Egle, Hoffman & Joraschky 2005).

Die Forschungen zu den Folgen von sexuellem Missbrauch in der Kindheit beziehen sich hauptsächlich auf Missbrauch und Misshandlung innerhalb des familiären Systems. Forschung zu den sexuellen Folgen des sexuellen Missbrauchs außerhalb familiärer Institutionen, insbesondere in pädagogischen Kontexten, steht erst am Anfang (vgl. Deutsches Jugendinstitut – DJI [Hrsg.] 2011, S. 260 ff.). Aus der Praxiserfahrung und aus den wenigen empirischen Befunden muss angenommen werden, dass Folgetraumatisierungen und Retraumatisierungen auch aus »misslingenden Interaktionen zwischen Betroffenen und dem Hilfesystem resultieren können« (DJI [Hrsg.] 2011, S. 261 f.). Der Zugang zu Hilfesystemen und die Kompetenz der Professionellen, den Zugang zu finden und zu entscheiden, wer wann welche Hilfe benötigt, ist deutlich verbesserungswürdig.

1.6.4 Positive Verarbeitung des Traumas

Sexuelle Traumen in der Kindheit und Jugend sind meistens schädigend für die weitere Entwicklung. Frauen wie Männer fühlen sich in ihrem weiteren Leben beeinträchtigt mit größtenteils ähnlichen, oben beschriebenen Folgeerscheinungen. Es muss jedoch nicht immer zu (schweren) psychischen Störungen kommen. So fanden sich in einer Hamburger Studie zum sexuellen

Missbrauch bei Frauen protektive Faktoren, die die Betroffenen offensichtlich vor der Ausbildung einer Symptomatik schützen. Dazu gehören, dass es sich nicht um schwerwiegende Missbrauchserfahrungen in der Kindheit handelt, nicht gleichzeitig körperliche Misshandlungen vorliegen und familiäre protektive Faktoren hinzukommen. Frauen ohne Symptomatik »kamen aus Familien mit wenigen Konflikten, einer guten Partnerbeziehung der Eltern (bzw. maßgeblicher Erziehungspersonen) und einer guten Beziehung zwischen den Eltern und dem Kind. Die Mütter waren protektiv und nicht depressiv« (Richter-Appelt 2003, S. 63).

Protektive Faktoren wie auch Risikofaktoren sind zentrale Konzepte der Resilienzforschung, die eng mit der Traumaforschung verknüpft ist. Unter Resilienz wird die Widerstandsfähigkeit eines Menschen verstanden, die schwer Traumatisierte befähigt, das Trauma nicht nur zu überleben, »sondern sich dabei auch noch ein relatives Maß an seelischer Gesundheit und Stabilität zu erhalten … ohne dass schwere seelische oder körperliche Folgen zurückbleiben« (Zander 2011, S. 9). Werner, eine Pionierin der Resilienzforschung, fand heraus, dass es schützende Faktoren gibt, die die Reaktionen eines Menschen auf schädigende Ereignisse verbessern, schädigende Einflüsse abmildern und Kompensationen ermöglichen. Als schützende und risikomildernde Bedingungen greifen personale und soziale Ressourcen, die unterteilt werden in schützende Faktoren im Kind, in der Familie und im weiteren Umfeld (vgl. Werner 2011). Diese schützenden Faktoren auf drei Ebenen beeinflussen sich gegenseitig und haben einen kumulativen Effekt wie die Risikofaktoren. Sind Schutzfaktoren gegeben, erhöht sich die Widerstandsfähigkeit eines Menschen und mit erhöhter Widerstandsfähigkeit können Traumen wie sexueller Missbrauch besser bewältigt und verarbeitet werden.

Bezüglich der nachträglichen konstruktiven bzw. destruktiven Verarbeitung zeigen sich deutliche geschlechtsspezifische Unterschiede; dabei sind nach Gahleitner drei Ebenen bedeutsam: die Ebene des gesellschaftlichen Umfeldes, der Auswirkungen der erfahrenen Gewalt und der Bewältigungsstrategien (vgl. 2008, S. 49 ff.). Zum gesellschaftlichen Umfeld gehören u. a. die generellen Verleugnungsstrategien sowie der Widerstand, den Betroffenen Glauben zu schenken. Wenn einem Missbrauch nachgegangen wird, wird nach allgemeinem gesellschaftlichem Verständnis Frauen eher der Opferstatus zugeschrieben als Männern. Dem gesellschaftlichen Rollenverständnis entsprechend, empfinden Jungen einen Missbrauch auch meistens nicht als solchen, sondern erleben sich als Verführer, der alles im Griff hat. Bezüglich der Auswirkungen beschreiben Frauen die Auseinandersetzung mit dem sexuellen Missbrauch als lebenslangen Prozess, während »Männer eher davon ausgehen, dass das Schlimmste überstanden ist« (Gahleitner 2008, S. 50). Generell tendieren Frauen eher zu einer internalen und Männer eher zur einer externalen Verarbeitung. Das zeigt sich so, dass Frauen eher zur Autoaggression und Reviktimisierung, während Männer eher zur Aggression und Täterhaltung im Sinne der Opfer-Täter-Umkehr neigen. Ein entscheidender Wendepunkte zur konstruktiven Verarbeitung des erlittenen Traumas scheint bei Männern ein »Zuwachs an Durchlässigkeit für Gefühle und die Entwicklung emotionaler Schwingungsfähigkeit zu sein« und bei Frauen eher ein Zuwachs an »Fähigkeiten wie Kampfgeist und Rachegefühle, jedoch auch problemlösende Strategien und Abgrenzungsmöglichkeiten« (Gahleitner 2008, S. 56).

Zum Umgang von Frauen mit sexuellem Trauma berichtet Rennefeld (2012)[1] auf der Basis von qualitativen Interviews mit in der Kindheit traumatisierten Frauen von der Bedeutung von Zufluchtsorten. Dies ist ein Begriff aus der Traumatherapie, wobei es sich um Orte handelt, die sich die Frauen als Kind in ihrer Not geschaffen haben und die helfen, das Trauma zu bewältigen. Zu den Zufluchtsorten können gehören: Malen, Sport, Schule, Orte, in denen sie Anerkennung und Wertschätzung erfahren haben als partielle Kompensation für die erfahrene Erniedrigung und Missachtung. Weitere Zufluchtsorte können sein: der Kontakt mit der Natur, mit Tieren oder mit Menschen, die sie liebevoll behandeln. Manche ziehen sich auch in Bücher zurück, in denen sie sich mit Opfern identifizieren können. Zentral ist die entschiedene aktive Auseinandersetzung mit dem Trauma. Dazu gehören die Überwindung der inneren und äußeren Sprachlosigkeit, die Rekonstruktion des Traumas und das Verstehen der Zusammenhänge, das Erwerben kognitiver Strategien, um alte Denkmuster wie »Ich bin schuld« und Verhaltensmuster wie die wiederholte Übernahme des Opferstatus zu verändern. Auch spirituelle Quellen sind hilfreich bei der Suche nach dem Sinn der eigenen Existenz.

Des Weiteren ist für eine positive Verarbeitung des Traumas noch die Möglichkeit der Nutzung von Hilfsangeboten zentral, dazu gehören niederschwellige Beratung, soziale Dienste oder Kinderschutzzentren. Bezogen auf das Beziehungsgefüge wird die konstruktive Verarbeitung gefördert durch mindestens eine stabile emotionale Beziehung, ein positives Netzwerk wie erweiterte Familie, Freundeskreis oder Schule. Wichtig ist dabei eine offene unterstützende Atmosphäre. Dies entspricht den schützenden Faktoren im weiteren Umfeld für die Entwicklung von Widerstandsfähigkeit.

Auch wenn solche positiven Ressourcen die Verarbeitung fördern, stellt sie eine enorme u. U. lebenslange Aufgabe und Herausforderung dar, die vielfältiger professioneller Hilfe bedarf. Es gilt das Trauma zu akzeptieren und ins Leben zu integrieren.

1.7 Dynamik des Täters

1.7.1 Motivationen

Sexueller Kindesmissbrauch wird von Tätern gut vorbereitet. Ihre Wünsche nach Sexualität mit Kindern und/oder Jugendlichen stehen im Mittelpunkt ihres Denkens. Dabei kann es vor der Tat zu unterschiedlich langen Vorbereitungszeiten

---

[1] persönliche Mitteilung; http://www.frauenberatung-beckum.de

kommen. Sie manipulieren die potenziellen Opfer, um sie zu binden. Sie manipulieren auch die Personen, die das Kind schützen könnten, damit diese dem Kinde nicht glauben, falls es reden sollte. Kindesmissbrauch passiert selten spontan. Die Umsetzung der sexuellen Wünsche dauert nach Angaben von Missbrauchern in der Regel zwischen drei Wochen und drei Jahren. Dabei spielen sowohl innere als auch äußere Faktoren eine Rolle.

Um sexuellen Missbrauch zu begehen, müssen nach Finkelhor (1984) vier Faktoren als Voraussetzungen erfüllt sein:

- Der potenzielle Täter muss motiviert sein, ein Kind sexuell zu missbrauchen. Dabei können unterschiedliche Hintergründe eine Rolle spielen, wie z. B. mangelndes Selbstbewusstsein oder sexuelle Erregung gegenüber Kindern.
- Bevor es zur Tat kommen kann, muss der potenzielle Täter die inneren Hemmschwellen gegen das Ausagieren überwinden. Dabei können soziale Tabus wie z. B. das Inzesttabu eine entscheidende Rolle spielen.
- Er muss äußere Hemmfaktoren bewältigen. Das kann bedeuten, dass er nach Gelegenheiten suchen muss, um mit dem Kind allein zu sein und die schützenden Personen so zu manipulieren, dass sie ihm das Kind anvertrauen. Aber auch die Angst vor strafrechtlicher Verfolgung muss er überwinden.
- Der potenzielle Täter muss den Widerstand des Kindes schwächen und brechen. Das kann vor allem durch eine enge vertrauensvolle Beziehung zu den Kindern geschehen oder durch Gewalt. Die Schwächung des Widerstands des potenziellen Opfers kann auch z. B. durch bereits früher erfahrenen sexuellen Missbrauch durch einen anderen Täter geschehen sein (vgl. Deegener 1995, S. 223 ff.).

Den Wunsch nach Sex mit einem Kind in die Tat umzusetzen bedeutet für den potenziellen Täter vor allem die Überwindung der eigenen inneren Hemmschwellen. Damit befindet er sich in einem Konflikt zwischen sexuellen Wünschen und Ängsten, wobei sich die Ängste auf die eigenen Normvorstellungen wie auf juristische Konsequenzen beziehen können. Es kommt häufig zur verzerrten Einschätzung der Gefahr der Aufdeckung, in dem er davon ausgeht, das potenzielle Opfer und sein Umfeld so manipulieren zu können, dass ihm nach dem Missbrauch sicher nichts passieren wird. So wird der Wunsch zu missbrauchen zunehmend dominanter. Er malt sich unterschiedliche Szenarien mit potenziellen Opfern aus und überlegt sich im Vorfeld, womit er das Kind am besten zum Schweigen verpflichten könnte. Der potenzielle Täter befindet sich in einem Dilemma. Gibt er seinen Wünschen nach, wird er in Angst leben, entdeckt zu werden. Gibt er den Wünschen nicht nach, wird er mit seinen unbefriedigten Phantasien leben müssen.

Täter, die beim sexuellen Missbrauch *nicht sexuell erregt* sind, wollen in erster Linie, ähnlich wie Vergewaltiger, ihr Bedürfnis nach *Erniedrigung* einer anderen Person befriedigen. Die Praxis zeigt Beispiele, bei denen dieser Hintergrund eine entscheidende Rolle spielte. Täter berichten davon, dass sie als Kinder oder Jugendliche wiederholt versucht haben, die Aufmerksamkeit der Eltern auf sich zu lenken und von dem bevorzugten Geschwisterkind abzulenken, indem sie entweder positive oder auch negative Aufmerksamkeit einforderten. Sie haben für sich erfahren, dass die Versuche vergeblich waren, und missbrauchten genau dieses aus ihrer Sicht vorgezogene Geschwisterkind. Sie berichten, nicht sexuell erregt gewesen zu sein, sondern nur dem Geschwisterkind und vor allem den Eltern Leid zufügen und sich an ihnen rächen zu wollen. Dadurch wurde auch ihr Bedürfnis nach Erniedrigung befriedigt. Durch den wiederholten Missbrauch entwickelte sich bei ihnen allerdings später doch der Wunsch nach Sex mit dem Opfer. Sie bezeichnen den wiederholten Drang zu missbrauchen als Suchtverhalten.

Daneben gibt es Täter, die von Kindern *sexuell erregt* werden, die Kinder ausschließlich als Sexualobjekte sehen und ausschließlich zur eigenen *sexuellen Befriedigung* missbrauchen. Sie haben häufig keine Alternative zur sexuellen Befriedigung. Sie berichten, dass sie zwar, um nicht in Verdacht zu geraten, offiziell eine Freundin hatten, aber kein Interesse an sexuellen Aktivitäten mit ihr. Sie müssen sich zum Sex mit der Freundin zwingen und haben dabei stets Bilder von Kindern vor Augen. Auch diese Täter sprechen von einem Suchtkreislauf, aus dem sie nicht allein herausfinden. Einige betonen, dass sie »froh« sind, dass endlich alles herausgekommen ist.

Wieder andere berichten, dass sie aufgrund eigener Misshandlungs- und Missbrauchserfahrungen den Wunsch haben, Kinder sexuell zu missbrauchen. Sie berichten von schwerwiegenden frühkindlichen sexuellen Erlebnissen, die sie motivierten, lieber »auf der anderen Seite« stehen zu wollen. Offensichtlich identifizieren sie sich mit Aspekten des Aggressors.

Andere stimulieren sich in kleinen Schritten selbst. Häufig beginnt diese Form bereits im Jugendalter. Sie exhibieren sich, nehmen über Telefonsex Kontakte mit Kindern auf oder benutzen das Internet zur Kontaktaufnahme. Sie beschreiben, dass sie sich über einen längeren Zeitraum auf diese Weise den sexuellen Kick geholt haben, es ihnen aber später nicht mehr genügte. Sie suchen nach weiteren Verstärkern für ihre sexuellen Phantasien und missbrauchen schließlich Kinder.

1.7.2 Tätertypen

In der Forschungsliteratur zum sexuellen Missbrauch werden folgende Tätertypen unterschieden:

Der *regressive Täter* zeichnet sich nach Groth (1982, zit. in Deegener 1995, S. 194) dadurch aus, dass er eher keine an die kindlichen Körperschemen fixierten sexuellen Interessen und Neigungen zeigt. In krisenhaften Lebensphasen und insbesondere auch unter Alkoholeinfluss wird dieser Tätertyp dann aber auch sexuell übergriffig, vorwiegend jedoch orientiert an bereits pubertierenden, mit sekundären Geschlechtsmerkmalen ausgestatteten Opfern. Diese Tätergruppe zeigt sich in der Pubertät als sehr krisenanfällig. Versagensängste, nicht attraktiv für Mädchen zu sein und körperlich nicht mithalten zu können, stehen im Vordergrund.

Überwiegend sind sie als Erwachsene in Familien im Vater-Tochter-Abhängigkeitsverhältnis zu finden. Sie beklagen, keine gute sexuelle Beziehung mit ihren Partnerinnen zu leben. Sie wenden sich ihren Töchtern zu, um von ihnen Trost und Nähe zu bekommen. Tatsächlich beginnen sie häufig auch damit, dass sie sich bei den Töchtern über die Mutter beklagen und von diesen getröstet werden wollen, und funktionieren sie auf subtile Weise zum Partnerersatz um. Sie begründen ihr Verhalten nach außen häufig mit der körperlichen Attraktivität des Opfers und dessen Verfügbarkeit und haben einen sehr hohen moralischen Anspruch zum Thema »Fremdgehen« (vgl. Deegener 1995, S. 194 ff.). Z. B. empörte sich ein Täter, der zwei seiner pubertierenden Töchter sexuell missbraucht hatte, als ihm vorgehalten wurde, er hätte besser zu einer Prostituierten gehen sollen. Der Vorschlag stimmte nicht mit seinen Moralvorstellungen überein und kam einem Ehebruch gleich.

Der *fixierte pädosexuelle Täter* fühlt sich ausschließlich von vorpubertären Kindern sexuell angezogen mit dem Ziel, sie zu missbrauchen. Er genießt die Gesellschaft von Kindern und passt sein Verhalten dem Kind an. Er nimmt sich Zeit, um Beziehungen zu Kindern aufzubauen, fotografiert gerne Kinder, ist verführerisch in seinem Auftreten, fällt auf durch sein scheinbar selbstaufopferndes Verhalten und missbraucht in der Regel eine große Anzahl von Kindern. Er hat keine altersadäquaten Beziehungen und lebt meistens allein. Er kann auch Beziehungen zu Gleichaltrigen haben, um außenwirksam zu zeigen, dass er eine normale Sexualität lebt. Auch sucht er sich gezielt Partnerinnen mit Kindern, um legal Zugang zu den Kindern zu bekommen, um diese dann zu missbrauchen. Man findet diesen Tätertyp auch in Institutionen, die speziell mit Kindern arbeiten, wie Sportvereinen, Kindertreffs, Ferienfreizeiten, Heimen etc. Er lässt sich viel Zeit, um die Beziehung zum Kind zu vertiefen, geht spielerisch und phantasievoll auf die Bedürfnisse des Kindes ein und benutzt Materialien wie z. B. Pornographie, um das Kind auf den Missbrauch vorzubereiten, indem er ihm erklärt, dass jeder so etwas macht. Damit versucht er sein Verhalten als normal darzustellen. Er zeigt sich auch dem schützenden Umfeld gegenüber gern bereit zu helfen und bei Bedarf einzuspringen und hat ein intuitives Gespür für die Bedürfnisse der potenziellen Opfer und deren Umfeld.

Der *hebephile Täter* unterscheidet sich von dem fixierten pädosexuellem Täter nur insofern, als sich seine sexuellen Interessen mehr an jüngeren Jugendlichen oder Heranwachsenden orientieren. Personen mit einer Hebephilie fühlen sich sexuell von Kindern und Jugendlichen angesprochen, deren körperliche Entwicklung bereits Merkmale der Pubertät aufweist.

Der *soziopathische Täter* wird vor allem in Krisensituationen gegenüber Schwächeren, häufig auch in der Familie, gewalttätig bis hin zum sexuellen Missbrauch. Indem er sich auf diese Weise Respekt verschafft, will er sein geschwächtes Selbstbild aufwerten. Vor allem von Frauen verlangt er Respekt und Unterwerfung. Er ist fasziniert von seiner Macht und trifft maßgeblich alle Entscheidungen innerhalb seiner Familie und degradiert damit die Familienmitglieder in Abhängigkeit. Den sexuellen Missbrauch erlebt er häufig als Bestätigung seiner Männlichkeit.

Hauptmerkmale nach Simkins (et al.1990) sind u. a.

- »Der Täter weist eine aggressive und manchmal sadistische Orientierung auf«;
- »Der sexuelle Missbrauch geht oft einher mit Drohungen, Einschüchterungen und körperlicher Kraft, um das Opfer zu bezwingen«;
- »Ziemlich oft werden Kinder als Sündenböcke für Ärger benutzt«;
- »Die vorherrschende Form des sexuellen Missbrauchs besteht in analem oder vaginalem Verkehr, oft ausgeführt in einer brutalen Art« (Deegener 1995, S. 210).

Täter, die unter Einfluss von Alkohol und/oder Drogen missbrauchen, machen den Konsum dafür verantwortlich, um damit ihre Schuld zu minimieren. Es ist davon auszugehen, dass sie Alkohol und/oder Drogen konsumieren, um ihre innere Hemmschwelle zu überwinden, um zu missbrauchen.

Der *Geschwister-Inzest-Täter* hat häufig Schwierigkeiten, seine Stellung innerhalb der Familie zu behaupten. Er hat oft Hemmungen Gleichaltrigen gegenüber oder Angst, von gleichaltrigen Mädchen oder Jungen abgewiesen zu werden und ihren sexuellen Ansprüchen nicht zu genügen. Deshalb will er erste sexuelle Erfahrungen mit seiner Schwester oder seinem Bruder machen, die keine Ansprüche an ihn stellen und »verfügbar« sind. Er manipuliert ebenso wie erwachsene Täter und setzt entweder Zuwendung oder Gewalt als Mittel ein, um zu missbrauchen. Entweder hat er eine eigene Missbrauchserfahrung, die er kompensieren will, oder er wurde vernachlässigt, misshandelt oder allein gelassen. Zusätzlich führt Klees (2008) als familiendynamische Risikofaktoren für Geschwisterinzest an: patriarchalische Rollenverteilung, dysfunktionale Grenzen des Familiensystems, sexuell stimulierendes und/oder puritanisches Familienmilieu, hohe Geschwisteranzahl, Opfererfahrung der Eltern und elterliche Bevorzugung eines Kindes (S. 51 ff.). So missbrauchte z. B. ein Jugendlicher, der im Alter von sechs Jahren von seiner Mutter verlassen wurde, seine sechsjährige Stiefschwester und erklärte anschließend, dass er den Verlust seiner Mutter, die sich nun um seine kleine sechsjährige Stiefschwester kümmere, ihn aber in dem Alter verlassen habe, nicht verarbeiten könne und sich sowohl an seiner Mutter als auch an der kleinen Stiefschwester rächen wollte. Solche lebensgeschichtlichen Hintergründe führen Täter häufig dazu, überwiegend jüngere Geschwister sexuell zu missbrauchen.

1.7.3 Klassische Strategien

Einführend sei betont, dass Täter gezielt nach emotional bedürftigen Kindern suchen. Es gibt kein Zufallsprinzip. Leben die Kinder in einer Familie, werden auch gleichzeitig die Schwachstellen der Familien erkannt und durch gezielte Hilfsangebote an jedes einzelne Familienmitglied das Vertrauen aufgebaut. Der Täter bewegt sich in dem jeweiligen Umfeld, in dem er sein Auftreten je nach den gegebenen Umständen variiert. Es entsteht das Bild des hilfsbereiten Freundes. Dadurch, dass häufig schnell Vertrauen geschenkt wird, wird es dem Täter leicht gemacht, in bedürftigen Familien und anderen Institutionen Vertrauen aufzubauen. Problematisch ist, dass Kinder häufig Personen in Institutionen zur

Betreuung übergeben werden, die sie kaum kennen. Die Aufmerksamkeit von Eltern, Erziehern oder Lehrern etc. ist ein entscheidender Hemmfaktor für Täter.

Emotional bedürftige Kinder haben den Wunsch nach Nähe und Zuneigung und sind dankbar, wenn dies wahrgenommen und auf sie eingegangen wird. Dadurch kann sehr schnell ein Vertrauensverhältnis zwischen dem Täter und dem potenziellen Opfer geschaffen werden, denn für das Kind gibt es keinen Grund, diesem zugewandten Menschen zu misstrauen. Auch Kinder, die bereits an Präventionsprogrammen teilgenommen haben, zeigen sich manipulierenden zugewandten Menschen gegenüber grundsätzlich nicht misstrauisch. Oft sind es von außen betrachtet nur Kleinigkeiten, mit denen sich die Täter das Vertrauen der Kinder erschleichen. Sie sind sympathisch, verständnisvoll und stellen sich als Spielpartner, Nachhilfelehrer, Begleiter zu Veranstaltungen, Seelsorger, Messdienerführer, Jugendgruppenleiter, Trainer etc. zur Verfügung und finden guten Zugang zu den potenziellen Opfern. Sie finden zielgenau deren Schwachstelle. Täter, die sich in die Familie einschleichen, um z. B. die allein erziehende Mutter zu manipulieren, ihr Heirats- und/oder Treueversprechen zu geben, festigen damit ihre Stellung und machen gleichzeitig das Kind und die Mutter abhängig von sich. Sie arbeiten subtil und nutzen die Bedürfnisse von Mutter und Kind aus, um gezielt die Missbrauchssituation herbeizuführen.

Mit dem folgenden Schema soll verdeutlicht werden, mit welch einfachen Methoden Täter vorgehen können, um ein Kind zu manipulieren, und wie das Kind in die Falle gelockt wird. Das Kind merkt erst spät, dass der nette Freund der Mutter keine guten Absichten hat. Es hat kein Modell, sich dem zu entziehen, und findet keinen Ausweg, zumal es mitbekommt, wie sehr die Mutter dem Täter vertraut. Die Mutter wird über das Kind an ihn gebunden und »blind« gemacht. Für das Kind wird es dadurch unmöglich, sich vertrauensvoll an die Mutter zu wenden.

Strategien des Täters

Kind: Karin	Täter: Peter
Ich bin allein.	Sie ist allein.
Keiner mag mich – ich bin traurig.	Sie sieht bedürftig aus, sie ist immer allein.
Peter ist da.	Sie nimmt mich wahr.
Er macht mit mir Schularbeiten.	Ich helfe ihr beim Lernen.
Er ist nett. Er sieht mich und sagt, dass ich nett bin – Mama mag ihn auch.	Ich bin geduldig. Sie sieht niedlich aus, wenn sie sich bewegt.
Er sagt, dass ich alles besser kann, als ich glaube – ich glaube, er hat recht.	Ich möchte sie streicheln (tue es mit den Augen).
Er geht mit mir in den Zoo und trägt mich, wenn ich müde bin.	Draußen bewegt sie sich noch lebendiger – ich fasse sie an die Hand, hebe sie hoch, trage sie auf den Schultern – spüre sie.
	Ich denke an sie, spüre sie noch.

1.7 Dynamik des Täters

Strategien des Täters – Fortsetzung

Kind: Karin	Täter: Peter
Er tröstet mich, wenn ich Ärger in der Schule habe. Mama mag ihn.	Ich genieße es, wenn sie Ärger hat. Ihre Mutter vertraut mir. Ihre Leistungen werden besser.
Als ich in die Toilette kam, habe ich seinen Penis gesehen.	Ich habe sie aus Versehen meinen Penis sehen lassen – sie kam zufällig in die Toilette, die ich nie abschließe.
Er sagt, dass ich nicht darüber reden soll, es ist unser Geheimnis.	Sie war erstaunt – will nichts sagen. Ich kann der Mutter auch mal Babysitten anbieten.
Er passt abends auf mich auf – und liest mir vor oder wir machen Spiele.	Sie kuschelt sich an mich, wenn ich babysitte.
Er hat mich ins Bett gebracht.	Ich ziehe sie aus, dusche sie und bringe sie ins Bett.
Er sagte, er wolle mir ein schönes Gefühl machen.	Sie hat ganz still gehalten, als ich an ihrer Scheide rieb. Sie hat nichts gesagt, ich glaube, es hat ihr gefallen
Ich sollte seinen Penis anfassen. Mama darf das nicht wissen.	Sie hat mich masturbiert, sie darf nichts verraten. Wird sie was verraten?
Er hat mir ein Meerschweinchen geschenkt – Mama ist ganz begeistert.	Ich schenke ihr was Schönes, damit sie nichts sagt.
	Ich möchte sie berühren – es geht mir nicht aus dem Kopf.
Er hat mir wieder ein schönes Gefühl gemacht. Darf er das? Was soll ich tun? Ich darf nichts verraten. Sonst ist er ja ganz lieb.	Sie ist ganz still, wenn ich sie berühre, hält still und stößt mich nicht zurück – sie mag es auch.
Er will zu uns ziehen.	Sie wird nichts verraten.
Mama ist glücklich.	Ihre Mutter vertraut mir.
Vielleicht werden sie heiraten.	Ich werde einziehen.

Täter müssen nicht in jedem Fall in den Lebensmittelpunkt des Kindes treten. Sie können auch eine untergeordnete Rolle einnehmen. Sie können Trainer, Lehrer, Jugendleiter, Priester, Ärzte, Erzieher etc. sein und sich aus ihrer Position heraus das Vertrauen des Kindes erschleichen, um es dann zu missbrauchen. Durch Bevorzugung bringt der Täter das Kind in eine Sonderposition. Dadurch besteht die Gefahr, dass bei einer möglichen Aufdeckung des Missbrauchs alle anderen nicht betroffenen Kinder dem Opfer die Schuld geben oder es der Lüge bezichtigen und damit den Täter schützen. Diese Strategie der bewussten Auswahl eines Kindes wird von den Tätern gezielt eingesetzt.

Anders ist es, wenn alle Kinder einer Gruppe betroffen sind und der Missbrauch als ganz normale Aufklärung dargestellt wird. Z. B. stellt ein Täter den Kindern pornographisches Material zur Verfügung und fordert sie auf, von ihren Geschlechtsteilen Fotos gegen Entgelt zu machen. Gehen die Kinder darauf ein, bekommen sie das Geld und werden gleichzeitig auf ihr Schweigen verpflichtet mit der Begründung, sie hätten selbst etwas Verbotenes getan. Entweder verleugnen die Kinder selbst den Tatbestand des Missbrauchs, weil sie sich haben korrumpieren lassen, oder sie durchschauen das Vorgehen und haben große Schuldgefühle.

Sind Täter Mitarbeiter in einer Einrichtung der Jugendhilfe, treffen sie dort immer auf bedürftige Kinder und Jugendliche. Die Kinder und Jugendlichen kommen häufig aus Gewalt- und Missbrauchsfamilien und glauben sich in der Umgebung geschützt. In diesen Einrichtungen ist eine pädagogische Zuwendung normal und gewollt. So können Missbraucher ganz legal Kontakte zu ausgewählten Kindern aufnehmen, ohne dass es auffällt. Sie sind zu allen Kindern und allen Kollegen sehr nett, bauen gute und intensive, oft auch sexuelle Kontakte zu Kollegen auf, kommen gut mit der Leitung aus, sind hilfsbereit und nützlich und übernehmen gerne Dienste, die die anderen nicht wollen, vor allem Nacht- und Wochenenddienste. Somit sind alle zufrieden, solch einen netten Kollegen zu haben.

Als Kollege ist es schwer, nicht darauf hereinzufallen, und das wissen die Täter. Zum Entgegenkommen gehört auch bei Kollegen, z.B. »ein Auge zuzudrücken«, wenn diese nicht korrekt gehandelt haben und die Fehler nicht gleich weitergetragen werden. Im Falle einer Aufdeckung wird das Entgegenkommen erinnert, geschwiegen und geleugnet.

Sie haben gute Kontakte zur Leitung und nehmen Einfluss bei Neubesetzung einer Stelle, um neue Seilschaften zu knüpfen. Burkett und Bruni sprechen über Missbraucher als »die Rattenfänger in ihrer Umgebung, die von den Kindern verehrt und von den Eltern wegen ihrer Großzügigkeit, ihrer Geduld und ihrer Fähigkeit, mit Kindern umzugehen, gepriesen werden« (1995, S.68). Dabei beziehen sie sich in erster Linie auf katholische Priester, doch es ist auf alle Täter und Täterinnen in allen Institutionen übertragbar.

Täter, die in Familien und anderen Institutionen gezielt nach Kindern suchen, um sie zu missbrauchen, haben häufig schon mehrere dieser Straftaten begangen, ohne entdeckt worden zu sein. Es gibt erwachsene Täter, die zugeben können, bereits in der Pubertät begonnen zu haben, Kinder zu missbrauchen. Aus der Arbeit mit jugendlichen und heranwachsenden Tätern ist bekannt, dass sie die gleichen Strategien haben wie erwachsenen Täter. Das Vorgehensschema ist im Wesentlichen bei allen ähnlich.

1.7.4 Missbrauchszyklus

Die englische Pionierin im Bereich der Täterforschung, Hilary Eldrige, schreibt (1998, in Eglau, Leitner & Scharf 2011, S. 31), dass es sich bei Missbrauch in den

1.7 Dynamik des Täters

meisten Fällen um eine Art zyklisches Suchtverhalten handelt. Diese Erkenntnis hilft auch die Rechtfertigungs- und Entschuldigungsmuster von Tätern richtig einzuordnen. Im Folgenden wird der Missbrauchszyklus in modifizierter Weise beschrieben:

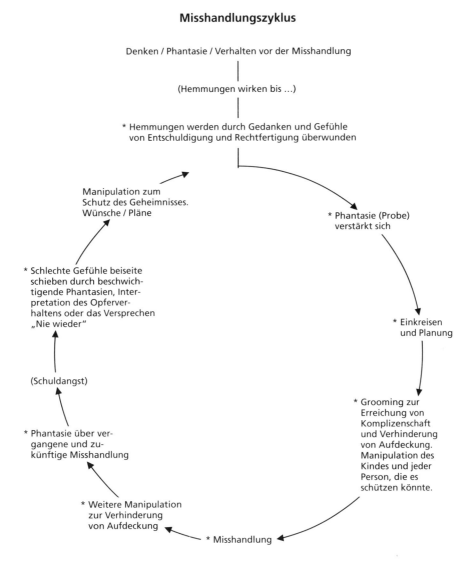

* = verzerrtes Denken

Abb. 1.2: Missbrauchs- bzw. Misshandlungszyklus (aus: Reader zum Symposium »Sexuelle Kindesmisshandlung«, Münster 1994; Vortrag: Hilary Eldrige [England])

1 Zum sexuellen Missbrauch allgemein

Illegale Phantasien

Sexueller Missbrauch beginnt immer im Kopf mit illegalen Phantasien. Dabei handelt es sich um unerlaubte Phantasien zu Sex mit Kindern und Jugendlichen. Sie können auf unterschiedliche Weise entstehen und müssen nicht zwangsläufig zum sexuellen Missbrauch führen. Es kann angenommen werden, dass viele Menschen illegale sexuelle Phantasien zu Kindern haben, aber eine Umsetzung für sie niemals in Frage kommen würde. Bei diesen Menschen sind die psychischen Steuerungs- und Kontrollmechanismen offensichtlich hinreichend entwickelt. Potenzielle Täter glauben häufig, dass sie ihre Phantasien unter Kontrolle haben, und sind sich zu Beginn sicher, sie nie umzusetzen. Indem sie sich jedoch immer häufiger mit den Phantasien beschäftigen und z. B. darüber masturbieren, wird die Gefahr größer, sie in die Tat umzusetzen. Häufig besteht ein verzerrtes Denken über die eigene Gefährdung (»Es passiert schon nichts«) und die Schädigung des Opfers (»Kinder haben auch den Wunsch nach Sexualität«).

Überwindung der inneren Hemmschwellen

Mit der Entscheidung, ein Kind zu missbrauchen, überschreiten Täter innere Hemmschwellen und beginnen aktiv zunächst nach Phantasieverstärkern zu suchen. Sie finden sie in sehr unterschiedlichen Formen. Einigen reicht die Beobachtung von Kindern, andere werden über Kinderstimmen, Weinen von Kindern, schreiende Kinder u. Ä. sexuell erregt. Auch sogenannte zufällige Berührungen bei Sport und Spiel, im Schwimmbad oder in der Spielwarenabteilung eines Kaufhauses spielen eine Rolle als Phantasieverstärker. Fotos von Kindern, die der Phantasie dienen, sind beliebt. Dabei muss es sich nicht ausschließlich um Fotos von nackten Kindern handeln. Oft reicht es ihnen auch, Kleidung, Spielzeug, Schuhe von Kindern anzusehen, zu kaufen oder mitzunehmen. Obwohl ihnen bekannt ist, dass es strafbar ist, schauen sie sich auch gern Kinderpornographie an. Mit jeder Phantasieverstärkung wird die Gefahr größer, in den Kreislauf von Missbrauch einzutreten.

Auswahl der Opfer

Nach der Überwindung der inneren Hemmschwellen und der Entscheidung für den Missbrauch sehen sich Täter der schwierigen »Aufgabe« gegenüber, auch die äußeren Hemmschwellen überwinden zu müssen. Sie suchen sich ein Opfer aus, das in ihr Schema passt. Dazu gehört die Auswahl von abhängigen, entwicklungsmäßig unreifen Kindern und Jugendlichen. Täter verwenden unterschiedlich viel Zeit und Energie darauf, das potenzielle Opfer zu umgarnen und zu manipulieren, um vor allem einen möglichen Widerstand auszuschließen. Gelingt das nicht, lassen sie entweder von dem Opfer ab oder sie schüchtern es ein. Wenn sie von dem Opfer ablassen, weil die Gefahr der Entdeckung zu groß ist, wenden sie sich einem neuen potenziellen Opfer zu. Das bedeutet, dass sie dann erneut Zeit investieren müssen. Täter berichten, dass das wiederholte Suchen und ein weiterer Versuch sie in eine starke sexuelle Unruhe versetzt und sie dann auch unvorsichtiger werden.

In der Phase der Vorbereitung genießen die Täter den Kontakt mit dem potenziellen Opfer. Sie beobachten das Kind, führen sich einzelne Szenen vor Augen und benutzen diese zum Masturbieren. Dadurch verstärken sie ihren Wunsch nach Sex mit dem Kind.

Um den Widerstand des Opfers zu überwinden, versuchen sie zunächst, vertrauensvoll auf das Kind einzugehen und dessen Wünsche und Erwartungen zu erfüllen. Sie werden zur Vertrauensperson des Kindes, sind Tröster und immer bereit, für das Kind da zu sein. Dadurch werden sie zum Mittelpunkt des Kindes und entfernen dieses von den schützenden Personen.

Das Kind ist nicht vorbereitet auf den sexuellen Missbrauch und somit gibt es auch kein Misstrauen dem Missbraucher gegenüber. Opfer erleben daher den Missbrauch als Überfall und sehen sich oft nicht in der Lage, sich zur Wehr zu setzen. Zudem sprechen Missbraucher häufig die Normalität ihrer Handlungen gegenüber den Opfern an, so dass darüber bei den Opfern eine noch größere Verwirrung entsteht und eine mögliche Traumatisierung erhöht wird.

Manipulation der schützenden Personen

Ebenso viel Energie verwenden Täter auf die Manipulation des Umfelds des Opfers und überwinden damit die äußeren Hemmfaktoren. Ihr Ziel ist dabei immer, dass bei einer möglichen Öffnung der Tat dem Opfer nicht geglaubt wird. Zusätzlich soll es auch von den schützenden Personen der Lüge bezichtigt werden. Die Manipulation der schützenden Personen ist meistens erfolgreich. Die Missbraucher manipulieren so lange bis sie sich sicher sind, dass ihnen niemand im Umfeld des Kindes misstraut. Die schützenden Personen werden quasi »blind« gemacht. Sie bauen Abhängigkeiten auf durch sexuelle, finanzielle und/oder fachliche Unterstützung. Sie bieten ihre Hilfe an und übernehmen gern zusätzliche Dienste. Oft sind sie auch als die großen Kinderschützer bekannt und zeigen einen hohen sozialen Einsatz, indem sie z. B. schwierige Kinder gern mit nach Hause nehmen. Sie achten besonders darauf, von allen gemocht zu werden, und können Kollegen massiv entwerten, wenn bei ihnen der Eindruck entsteht, dass diese ihnen nicht vertrauen.

Sexueller Missbrauch

Es gibt Aussagen von Tätern, noch kurz vor der Tat große Bedenken bekommen zu haben. Dabei sorgen sie sich nicht um das Opfer, sondern um die Gefahr der Aufdeckung. Sie berichten von einem Gefühlsgemisch aus Angst und Lust. Schließlich habe die Lust und damit der Wunsch nach Sex überwogen.

Täter berichten darüber, dass sie sich vor der Tat überlegen, was sie bei einer möglichen Aufdeckung sagen wollen. Sie berichten auch, dass sie sich sehr gut überlegen, was einleuchtend und glaubwürdig klingen könnte, und festigen damit bereits im Vorfeld ihre Leugnung.

Erst wenn sich der Täter sicher zu sein glaubt, dass sowohl das ausgesuchte Opfer als auch die schützenden Personen ihm vertrauen, kommt es zum sexuellen Missbrauch. »Der Täter schlägt erst zu, wenn das Opfer in seinem System der

Abhängigkeit gefangen ist, und wenn die Wahrscheinlichkeit, damit lange durchzukommen, für ihn ausreichend hoch erscheint« (Eglau et al. 2011, S. 30). Er legt den Tattag, die Zeit und den Ort fest und konzentriert sich darauf, alle eventuellen Störungen auszuschließen. So berichtete ein Täter, dass er den Geburtstag seiner Mutter ausgesucht hatte, um seine kleine Nichte sexuell zu missbrauchen. Er wusste, dass ein gemeinsames Abendessen anstand, und bot an, die Nichte nach Hause zu bringen und zu warten, bis sie schlief, um dann zurück zur Feier zu kommen. Alle vertrauten ihm und fanden seine lange Abwesenheit nicht auffällig. Er berichtete, dass er bereits den ganzen Tag über an nichts anderes mehr hatte denken können, mehrmals masturbierte und die letzten Stunden vor der Tat in einer permanenten Anspannung verbracht habe. Kurz vor dem Missbrauch, so berichten viele Täter, ist die sexuelle Anspannung sehr hoch, sie sprechen davon, dass sie keine Steuerungsmöglichkeit mehr haben, sondern »nur noch Lust auf Sex«.

Während des sexuellen Missbrauchs nimmt der Täter das Kind nicht wahr. Er nimmt in den meisten Fällen keinen Augenkontakt zum Kind auf, weil er die Angst in den Augen des Kindes nicht sehen will. Allerdings gibt es auch Täter, die genau diese Angst sehen wollen, um sich weiter sexuell zu stimulieren. Dabei handelt es sich um diejenigen, die Macht und Kontrolle ausüben wollen. Auch ein »Nein« hält Täter in den meisten Fällen nicht von ihrer Tat ab. Entweder überhören Täter es oder sie zwingen das Kind zu schweigen. Wenn verurteilte Täter darüber berichten, wie wenig Weinen, Schreien, Nein-Sagen sie beeindruckt hat, wird deutlich, dass das Opfer in diesem Stadium des Missbrauchs kaum eine Chance hat, den Missbrauch zu stoppen. Während oder nach der Tat wirkt der Täter durch Druck oder Geschenke auf das Opfer ein zu schweigen. Auf die interaktionelle Dynamik der Missbrauchssituation wurde bereits ausführlich in 1.4 eingegangen.

Geheimnissicherung nach der Tat

Nach dem sexuellen Missbrauch entsteht bei den Tätern verstärkt die Sorge, dass das Kind etwas sagen könnte. Daher wird das Geheimnis durch Bedrohungen oder Belohnung gesichert, die individuell auf die besondere Lebenssituation der Kinder zugeschnitten sind. Dabei macht sich der Missbraucher sein spezifisches Wissen über die Ängste der Kinder zunutze. Bedrohungen, die die Leibesintegrität der Kinder betreffen (Ausstechen der Augen, Herausschneiden der Zunge, Umbringen), die die Unversehrtheit von Eltern und/oder Geschwistern und Freunden berühren oder die die Kinder für die Konsequenzen der Aufdeckung des sexuellen Missbrauchs verantwortlich machen, sind am häufigsten anzutreffen. Diese Bedrohungen betreffen die Opfer existenziell. Andere wiederum haben allein durch ihr Auftreten eine solche Wirkung auf das Kind, dass es keiner zusätzlichen Bedrohung bedarf.

Phantasien nach der Tat

Eine große Bedeutung für die Täter hat die aufgrund des sexuellen Missbrauchs einsetzende Phantasie über den begangenen Missbrauch. Rückwirkend beschäftigen sie sich intensiv mit der Tat, gehen alle Details in Gedanken durch, benutzen sie zum Masturbieren und malen sich aus, wie es hätte noch anders sein können oder beim nächsten Mal sein könnte. Zunächst können sie sich kurze Zeit mit dieser Phantasie beschäftigen. Sporadisch einsetzende Ängste, doch noch gefasst zu werden, verdrängen sie mit beschwichtigenden Phantasien wie z.B. »Das Kind wird schon nichts sagen«, »Es war alles nicht so schlimm« oder »Das Kind fand das auch schön«. Auffällig ist dabei, dass sie sich keine Sorgen um das Opfer, sondern nur um sich selbst machen. Dadurch, dass sie die Hemmschwelle einmal überschritten, den sexuellen Missbrauch eines Kindes genossen und sich auf die sexuellen Phantasien nach der Tat über diese eingelassen haben, sind sie gefährdet, in einen Kreislauf einzutreten, der den nächsten Missbrauch vorprogrammiert, weil sie keine inneren Stopps haben.

1.7.5 Entwicklungsgeschichte

Nach der Darstellung der Motivationen und Strategien von Tätern und Täterinnen stellt sich zwangsläufig die Frage nach den Ursachen von sexuellem Missbrauch. Die Auseinandersetzung mit Ursachen von Straftaten und mit Straftätern und Straftäterinnen ist schwierig und niemals populär. Sie fordert ein Eingehen auf die Lebensgeschichte und ein Aufgeben der Einteilung in Gut und Böse. Denn das Bild vom »bösen Triebtäter« entspricht beim sexuellen Missbrauch nicht der Realität; die Täter kommen meistens aus dem Kreis der Vertrauten. Auch werden sie in der Öffentlichkeit selten in Verbindung gebracht mit Beliebtheit, Erfolg und Ansehen.

Forschungsergebnisse zur Ätiologie von sexuellem Missbrauch sind unterschiedlich. Sie legen jedoch die Annahme nahe, dass durch bestimmte Entwicklungsbedingungen Missbrauchsverhalten entstehen kann. Es ist unwahrscheinlich, dass Menschen mit einer stabilen emotionalen Lebensgeschichte zu Missbrauchern werden. Daher kann davon ausgegangen werden, dass Täter und Täterinnen ein unbearbeitetes Trauma oder eine psychische Störung haben, die ihre Basis in der Kindheit hat und dessen sie sich nicht in jedem Fall bewusst sind. Sie haben nicht gelernt, ihre emotionalen Konflikte und/oder Bedürfnisse und Hemmungen zu erkennen und mit ihnen umzugehen. Generell kann gesagt werden, dass je weniger die strukturellen psychischen Funktionen entwickelt und je geringer das Selbstwertgefühl ausgebildet sind, umso größer ist die Gefahr, die inneren Hemmschwellen zu überwinden und zu missbrauchen. Zu den zentralen strukturellen Funktionen gehören die Selbststeuerung (um den Impulsen nicht nachzugeben), die Selbst- und Objektwahrnehmung, die Bindungs- und Kommunikationsfähigkeit und die Abwehrfunktionen. Mit der Betrachtung der strukturellen psychischen Funktionen wird das Vergehen nicht entschuldigt, es wird lediglich zu erklären versucht.

Merkmale von Ursprungsfamilien von Missbrauchstätern fassen Heyden und Jarosch auf der Basis von zahlreichen Untersuchungen wie folgt zusammen:

- »Unvollständigkeit und Dysfunktionalität,
- problematische Beziehungen zu den Vätern, die eine negative und bedrohliche Männlichkeit verkörperten,

- affektive Störungen und Alkoholmissbrauch in der Familie,
- weitere Missbrauchstäter in der nahen Verwandtschaft,
- Missbrauchserfahrungen der Eltern, besonders der Mutter,
- Grenzüberschreitungen als wesentliches Thema,
- verleugnete erotisierte Interaktion zwischen Mutter und Sohn,
- Kriminalität in der Kernfamilie,
- innerfamiliäre Gewalt,
- längere Trennungen von einem Elternteil oder beiden Eltern,
- soziale Isolation« (2010, S. 78).

Weitere Studien zeigen, dass eigene Gewalterfahrungen in der Kindheit häufig Ursache für die Weiterführung von Gewalt und nicht selten für die Ursache von Missbrauch sind. Empirische Belege für eigene Missbrauchserfahrungen von Tätern sind nicht eindeutig. Tendenziell kann davon ausgegangen werden, dass Täter Missbrauchserfahrungen erlebt und damit verinnerlicht haben, wobei es sich nicht unbedingt um sexuellen Missbrauch gehandelt haben muss, sondern um alle möglichen Formen des Missbrauchs. »Eine Mindestrate für sexuelle Missbrauchserfahrungen von 40–50 % bei inhaftierten Tätern scheint jedoch realistisch zu sein« (Heyden & Jarosch 2010, S. 37). Interessanterweise ist man sich in der Forschung einig darüber, dass »mehr oder weniger alle Täterinnen selbst sexuell missbraucht wurden« (Heyden & Jarosch 2010, S. 81).

Nach eigenen Missbrauchserfahrungen gefragt, spielt in vielen Fällen der Aspekt der Vernachlässigung in der Kindheit eine große Rolle, vor allem wenn Geschwister vorgezogen oder die Täter selbst als Kinder verlassen wurden. Der Hass auf die aus ihrer Sicht nicht funktionierenden Eltern, die Enttäuschung und Wut darüber, nicht das vorgezogene, geliebte Kind gewesen zu sein, führt häufig dazu, Kinder in dem Alter zu missbrauchen, in dem sie sich selbst vernachlässigt oder allein gelassen gefühlt haben. Nicht selten handelt es sich dabei um die eigenen Geschwister oder Kinder aus der erweiterten Familie oder der Nachbarschaft.

1.7.6 Psychodynamik des Täters

Bei genauer Betrachtung der Psychodynamik und Verarbeitungsform von Tätern und Opfern fällt die Ähnlichkeit auf. So zeigen Täter dieselben Abwehrmechanismen wie Opfer (vgl. 1.5). Aus der Traumaforschung ist bekannt, dass dies Hinweise für selbst erfahrene Traumatisierungen sind. Diese Ähnlichkeit legt nahe, dass in der Entwicklungsgeschichte von Tätern Beziehungstraumen vorliegen, die dann weitergegeben werden.

Folgende Abwehrmechanismen sind häufig bei Tätern anzutreffen:

Verleugnung: Bei der Verleugnung wird ein äußerer Realitätsaspekt, kein inneres Gefühl oder Konflikt verleugnet. »Über zwei Drittel aller inhaftierten Sexualstraftäter verleugnen, dass sie eine Straftat begangen haben, und dies umso stärker, je mehr man versucht, ihnen die Tat nachzuweisen« (Heyden & Jarosch 2010, S. 67). Die Verleugnung kann unterschiedliche Facetten annehmen. Salter (1988, zit. in Deegerer 1995, S. 123 f.) differenziert zwischen inhaltlichen

Komponenten der Leugnung des sexuellen Missbrauchs und Reaktionsweisen und führt folgende Komponenten der Leugnung aus:

A. »Leugnung des sexuellen Missbrauchs (z. B. Leugnung der Art der Handlungen, des Ortes, der Zeit);
B. Leugnung von Phantasien und Planungen;
C. Leugnung der eigenen Verantwortlichkeit;
D. Leugnung der Schädlichkeit des sexuellen Mißbrauchs;
E. Leugnung der Schuld für das eigene Verhalten;
F. Leugnung der Schwierigkeiten, das eigene Mißhandlungsmuster, die eigenen Einstellungen und Haltungen zum sexuellen Mißbrauch zu ändern«.

Die Verleugnung kann auch Ausdruck von Schuld und Schamgefühlen sein. Kognitive Verzerrungen und Fehlinterpretationen unterstützen die Verleugnung. Typische Erklärungen sind nach Deegener (1995, S. 105 ff.):

- Ein Kind, welches sich körperlich wehrt, will eigentlich selbst Sex.
- Eine sexuelle Beziehung mit einem Kind ist ein guter Weg für dessen sexuelle Aufklärung.
- Kinder berichten nichts über Sex mit Erwachsenen, weil sie es in Wirklichkeit selbst mögen.
- Die Beziehung zum Kind vertieft sich, wenn man mit ihm Sex hat.
- Gewaltfreier Sex mit Kindern ist kein sexueller Missbrauch.
- Es hat dem Kind nichts geschadet, denn es hat sich später ganz normal verhalten.

Dissoziation: Bei der Dissoziation werden Funktionen des Denkens, des Wahrnehmens, Erinnerns dissoziiert, d. h getrennt gehalten. »Missbrauchstäter zeigen signifikant mehr dissoziative Symptome und geben mehr Entfremdung sich selbst und anderen gegenüber an, als dies Vergleichsgruppen nicht sexueller Straftäter und aus der Allgemeinbevölkerung tun« (Heyden & Jarosch 2010, S. 67).

Spaltungstendenzen: Bei der Spaltung werden unvereinbare Gefühle, Objekt- und Selbstbilder voneinander getrennt gehalten. So werden z. B. die fürsorglichen Selbstaspekte getrennt gehalten von den aggressiven Missbrauchsaspekten.

Identifikation mit dem Aggressor: Missbraucher haben sich ganz offensichtlich mit aggressiven machtvollen Täteraspekten identifiziert. Selbst erlebte Ohnmacht wird dadurch ins Aktive gewendet und die Position von Machtlosigkeit verwandelt sich in eine machtvolle.

Die Ähnlichkeiten in den Abwehrmechanismen, die typisch für Traumatisierungen sind, verstärken die Annahme, dass Täter und Täterinnen selbst Traumen erlebt haben und Opfer waren. Wie in 1.5.2 ausgeführt, werden erfahrene Missbrauchsmuster internalisiert, die später auf andere Beziehungen übertragen werden. Hat ein Kind das Täter-Opfer-Beziehungsmuster verinnerlicht, kann es entweder immer wieder zum Opfer werden im Sinne der Retraumatisierung oder es überträgt das Muster im Sinne der Täter-Opfer-Umkehr. Dabei werden die selbst erlebten Opferaspekte auf das Kind übertragen und die Täteraspekte werden im Missbrauch gelebt im Sinne der Introjektion oder Identifikation mit dem Täter. Es muss darauf hingewiesen werden, dass dies unbewusste Prozesse sind. Häufig ist der Missbrauch der missglückte Versuch der Verarbeitung selbst erfahrener Traumen.

1.7.7 Folgen für das Umfeld – Familie und andere Institutionen

Bei Bekanntwerden des sexuellen Missbrauchs entsteht eine hohe Dynamik im Umfeld des Opfers und des Täters. Die Folgen der Tat können sehr unterschiedlich sein. Die Familie und andere Institutionen befinden sich in einer Krise, die mit starken Emotionen einhergeht und bis zur Handlungsunfähigkeit führen kann.

Missbrauch in Familie

Der Missbrauch in der Familie kann Isolation zur Folge haben. Entweder wird das Opfer isoliert indem es aus der Familie entfernt wird, oder der Täter, indem eine Anzeige erfolgt und er die Familie verlassen muss. Wenn das Opfer die Familie verlassen muss, lebt die Restfamilie häufig weiter wie bisher. Nachfragen von außen werden mit Unstimmigkeiten zwischen dem Opfer und der Restfamilie erklärt. Sowohl die engere als auch die erweiterte Familie wird häufig über den Missbrauch im Unklaren gelassen. Obwohl die Situation innerhalb der Familie atmosphärisch wahrgenommen wird und bei den Einzelnen zu Irritationen führen kann, wird das Tabu nicht gebrochen, und der Täter und der nicht misshandelnde Elternteil verleugnen gemeinsam die Tat.

Wird der Täter angezeigt, ändert sich im Allgemeinen die gesamte Lebenssituation der Familie. Da der Täter in vielen Fällen der Haupternährer ist, entfällt bei einer Verurteilung und einem möglichen Gefängnisaufenthalt sein Einkommen. Auch wenn es nicht zu einer Anzeige kommt und der nicht misshandelnde Elternteil sich mit den Kindern vom Täter trennt, bedeutet das in einigen Fällen eine Veränderung des Lebensstandards. Die Folge kann Unzufriedenheit aller Familienmitglieder mit der neuen Situation sein. Z.B. machten die Geschwister eines zehnjährigen Jungen, der durch seinen Vater sexuell missbraucht wurde, diesen für die schwierige veränderte Situation verantwortlich und warfen ihm vor, dass er den Missbrauch offen gemacht hatte. Das Verhalten führte bei ihm zur Übernahme der Vorwürfe und steigerte seine Schuldgefühle.

Generell bedeutet es für die Familie eine hohe emotionale Belastung, wenn der Täter die Familie verlässt. Die, die nicht von ihm missbraucht wurden, verstehen oft nicht, dass es zur Anzeige und Trennung kommen musste. Sie hätten sich gewünscht, alles intern zu regeln. Wiederholt kommt es nach den ersten spontanen Interventionen auch zu Überlegungen, die Anzeige zu unüberlegt und zu schnell gemacht zu haben. Dabei spielt der Verlust des guten Rufes der Familie eine große Rolle. Die Sorge vor Stigmatisierung durch Nachbarn und Freunde ist groß. Es stellt sich auch immer die Frage, wer überhaupt von dem Missbrauch etwas wissen darf. Die Reaktionen der Freunde sind oft nicht einzuschätzen; sie können sich zur Familie bekennen, aber sich auch von ihr abwenden.

Das zeigt sich auch im Verhältnis zwischen der Familie des Täters und der Familie des nicht misshandelnden Elternteils. Bei einer Trennung der Eltern wird der Täter in der Regel von seiner Familie gestützt, die sich hinter ihn stellt und die Tat auch verleugnet. Die Eltern des nicht misshandelnden Elternteils positionieren sich in der Regel gegen den Täter.

Ist die Mutter die Täterin, ist der Unglaube über den Missbrauch in der Regel noch größer und das Opfer wird noch stärker isoliert, als unglaubwürdiger Lügner stigmatisiert und aus der Familie entfernt.

Bei einem Geschwisterinzest geschieht es häufig, dass der Täter oder die Täterin in einer spontanen Reaktion zwar angezeigt, aber der Missbrauch später als nicht so gravierend von den Eltern eingestuft wird. Sie vermuten, dass das Opfer vielleicht auch Sex wollte und dass der Täter aufgrund seiner Unreife durchaus noch lernen kann, die Regeln einzuhalten und nicht mehr zu missbrauchen, ohne dass es zu Sanktionen kommen muss. Der Gedanke einer »Jugendsünde« wird geäußert. In solchen Fällen kann es vorkommen, dass Eltern sich auch nicht mit den Folgen der Tat für das Opfer auseinandersetzen und dabei die Bedürfnisse des Opferkindes aus dem Blick verlieren. Häufig kennen sie nicht einmal die Inhalte des Urteils, weil sie sich damit nicht beschäftigen wollen. Sie lassen sich vom Täter den Teil erzählen, den er bereit ist zu erzählen, und fördern damit auch die Legendenbildung.

Eltern, die den Missbrauch zwischen ihren Kindern ernst nehmen, setzen sich sehr stark mit eigenen Schuldgefühlen auseinander. Fragen wie z. B. »Was haben wir falsch gemacht?«, »Wie konnte es dazu kommen?«, »Wieso haben wir nichts gemerkt?« und »Kann ich noch Liebe für das Täterkind empfinden?« stehen dabei im Vordergrund. Eigene Missbrauchserfahrungen können aktualisiert werden und sind nur schwer zu ertragen. Sie brauchen Unterstützung und Hilfe, um ihre eigenen Gefühle, ihr Erziehungsverhalten und ihre Vorbildfunktion zu reflektieren. Dabei kann es sich um eine Therapie, aber auch um Hilfe in einer Selbsthilfegruppe handeln.

Andere Institutionen

Institutionen, in denen sexueller Missbrauch durch Mitarbeiter geschieht, können sich in der Regel auf entsprechende Interventionsvorgaben stützen. Jeder Mitarbeiter sollte wissen, was bei einem Verdacht von sexuellem Missbrauch zu tun ist. Das bedeutet aber nicht, dass sich die Institution nicht in einer Krise befindet. Die Leitung fürchtet um den guten Ruf der Einrichtung. Wenn zu viel an die Öffentlichkeit dringt, kann es passieren, dass sich die Medien intensiv mit dem Fall befassen und Kinder von den Eltern abgemeldet werden. Dies kann vermieden werden, wenn allen Mitarbeitern ein Schweigegebot nach außen auferlegt wird und nur die Leitung Gespräche mit Medien, Eltern etc. führt. Unabhängig von den äußeren Faktoren ist die emotionale Betroffenheit innerhalb der Einrichtung nach

Bekanntwerden des Missbrauchs erfahrungsgemäß sehr hoch. Die zum Teil engen Kontakte zum Missbraucher erschweren den realistischen Blick und die Einsicht in die Notwendigkeit der Intervention. Das kann dazu führen, dass es innerhalb des Teams zu Spaltungen kommt und gute Beziehungen auseinanderbrechen. Die weitere gemeinsame Arbeit kann dadurch gefährdet sein. In manchen Fällen erscheint es sinnvoll, die Teammitglieder wie auch die Kinder in neue Gruppen aufzuteilen, was einem Neuanfang bedeuten kann.

»Die verheerenden Auswirkungen sexuellen Missbrauchs Minderjähriger im kirchlichen Kontext betreffen zuerst die primären Opfer, die Kinder und Jugendlichen, dann aber auch die Familien und Freunde des Opfers. Sie betreffen weiter die Mitbrüder und kirchlichen Mitarbeiter und Mitarbeiterinnen des Täters. Diese Personen geraten in unterschiedlichem Ausmaß in eine Atmosphäre, die von Misstrauen, Verdächtigungen, heimtückischer Anklage und manchmal sogar Verachtung geprägt ist. Sie werden mitunter stigmatisiert, verwundet. Betroffen von den Auswirkungen sexuellen Missbrauchs sind nicht zuletzt die Gemeinden, in denen der Geistliche wirkte. Für sie bricht oft eine Welt zusammen. Aber auch die Kirche findet sich durch den Missbrauch von Priestern und die Art und Weise, wie sie damit umzugehen pflegte, in einer Situation wieder, in der sie sich erschüttert, hilflos, gedemütigt und verwundet erlebt« (Müller 2010, S. 159).

Handelt die Leitung nicht nach den Richtlinien der jeweiligen Einrichtung und kommt es zu keiner Intervention, wird mit anderen Worten der Missbrauch vertuscht, kann es passieren, dass Mitarbeiter, die Bescheid wissen, so verunsichert oder empört sind, dass sie die Einrichtung verlassen. Es passiert immer wieder, dass Mitarbeiter sich in solchen Fällen auch schriftlich mit der Leitung auseinandersetzen, sich dann aber ergebnislos und frustriert verabschieden. Wieder andere Mitarbeiter freuen sich über die inaktive Leitung und unterstützen den Beschuldigten. Das Ergebnis ist häufig, dass alle zum Alltag zurückkehren, die Beschuldigung »vergessen« und dem Täter das Feld überlassen.

Anders kann es aussehen, wenn die Eltern des Opfers aktiv werden und eine Anzeige erstatten oder sich an die Medien wenden. Nach einem sexuellen Missbrauch an einem vierzehnjährigen Mädchen in einer Schule wurde z.B. der beschuldigte Lehrer versetzt und der Missbrauch vertuscht. Erst nachdem die Eltern des Mädchens die Medien eingeschaltet hatten und der Fall öffentlich wurde, war der Schulleiter zur Intervention bereit. Hier ging es verstärkt um das Ansehen der Schule. In die Schlagzeilen der Medien zu geraten und sich in der Öffentlichkeit verteidigen zu müssen ist der Albtraum jeder Institution. Die Angst vor Negativschlagzeilen kann dazu führen, dass Institutionen sich hinter den Täter stellen und das Opfer der Lüge bezichtigen, ähnlich wie in Familien.

In Fällen, in denen eine Leitung adäquat auf sexuellen Missbrauch reagiert, kann es vorkommen, dass der Träger der Einrichtung und die Aufsichtsbehörde die eingeleiteten Verfahrensschritte aus unterschiedlichen Gründen nicht fortsetzen. Beispielsweise wurde ein Mitarbeiter einer Jugendhilfeeinrichtung dabei beobachtet, dass er wiederholt kleine Mädchen fotografierte. Als Kollegen ihn darauf ansprachen, stellte er sein Verhalten als harmlos dar. Erst als ein Mädchen berichtete, dass es sich für ihn ausziehen sollte, wurde die Leitung informiert.

Der Beschuldigte bestritt die Aussagen des Mädchens. Die Leitung informierte trotzdem sowohl den Träger als auch die Aufsichtsbehörde, die den Beschuldigten konfrontierten. Als er dort noch einmal die Aussagen bestritt, wurde der Vorgang nicht mehr verfolgt, und er musste wieder an seinem ursprünglichen Arbeitsplatz beschäftigt werden. Danach fotografierte er demonstrativ weiter kleine Mädchen öffentlich vor den Augen der Kollegen. Erst viel später bestätigte sich der Anfangsverdacht. Zu solchen Ergebnissen kann es kommen, wenn sowohl der Träger als auch die Aufsichtsbehörde wenig Wissen über die Psychodynamik des sexuellen Missbrauchs haben und sich zur Einschätzung keine Unterstützung durch Fachleute von außen holen.

1.8 Dynamik in der Institution

Das Macht-Abhängigkeitsgefälle, welches im Kontext der dyadischen Missbrauchssituation beschrieben wurde, gilt es auf die Institution zu erweitern. In jeder Organisation gibt es Mitarbeiter und Mitarbeiterinnen mit einem unterschiedlichen Maß an Macht. Es gibt ein Machtgefälle, welches Konsequenzen für das Funktionieren der Organisation hat. Macht und Abhängigkeit/Ohnmacht gehören zusammen, sie sind zwei Seiten eines Phänomens, welche auf Beziehungspartner aufgeteilt sind. Macht-Ohnmacht ist also eine Beziehungsform, die in allen Institutionen grundsätzlich in ihrem funktionalen Zusammenhang auftritt. In pädagogischen Arbeitsfeldern, in denen Kinder und Jugendliche auf Fürsorge, Schutz und Vertrauen angewiesen sind, sind Macht und Abhängigkeit als Beziehungsaspekte immer gegeben.

Nach Pierre Bourdieu ist Macht sowohl ein Ergebnis von konkretem und intendiertem Handeln einzelner Akteure als auch bestimmt von den Rahmungen eines bestimmten Feldes, in dem sich ein bestimmtes Handeln in der Relation zu anderem Handeln konstelliert und damit alle sozialen Akteure gleichermaßen erfasst. Der von Bourdieu zentral gesetzte Begriff des Feldes verweist auf Kurt Lewin und auf die doppelte Strukturiertheit von sozialem Geschehen als individuelles Handeln wie als soziale Rahmung. Dies zeigt sich in der im Kontext von sexuellem Missbrauch oft beschriebenen *Kultur der Grenzverletzung*. Die Kultur der Grenzverletzung wird bestimmt durch die Handlungen Einzelner wie von den Rahmungen eines bestimmten Umfeldes, in dem sich das konkrete Handeln in der Relation zu anderem Handeln konstelliert: Der missbrauchende Täter, das ohnmächtige Opfer und die schweigenden Mitarbeiter stehen in Relation zueinander. Damit sind alle Mitarbeiter gleichermaßen von der Dynamik erfasst.

Wenn alle sozialen Akteure bzw. Mitarbeiter einer Institution von den Effekten des Feldes erfasst werden, wie kann es dann eine Position geben, die dieses zu beschreiben vermag? Auf das Thema des sexuellen Missbrauchs in Institutionen übertragen, bedeutet dies, dass eine kritische, distanzierte Sicht nur unter besonderen Bedingungen eingenommen werden kann, da alle Mitarbeiter der Institution von dem Feld bzw. der Kultur erfasst werden. Das Phänomen der *Macht des Feldes* hilft zumindest teilweise zu erklären, warum sexueller Missbrauch oft gar nicht oder sehr spät in der eigenen Einrichtung wahrgenommen wird. Man kann nicht oder nur schwer Teil einer Einrichtung sein und sie gleichzeitig kritisch von außen betrachten und analysieren. Darum ist Unterstützung von außen unbedingt notwendig (vgl. 1.10).

Eine Kultur der Grenzverletzung oder Grenzwahrung wird bestimmt durch die Gestaltung von Nähe und Distanz. Die kontinuierliche Ausbalancierung von Nähe und Distanz ist eine grundsätzliche menschliche Aufgabe sowie eine Aufgabe für Professionelle in pädagogischen Feldern. Das Kind lernt bei hinreichend guten Entwicklungsbedingungen Grenzen des körperlichen und psychischen Selbst auszubilden und zu wahren beim gleichzeitigen Leben von Nähe. Werden in der kindlichen Entwicklung Selbst-Grenzen überstritten, wird das Kind anfälliger für weitere Grenzverletzungen. Verloren geht dann die notwendige Fähigkeit der Distanzierung. Beim sexuellen Missbrauch werden körperliche und psychische Grenzen überschritten und damit missachtet; es geht um Macht und um Sexualität in der Beziehungsgestaltung. Dies gilt sowohl für die Institution Familie als auch für alle anderen Institutionen, die mit Kindern und Jugendlichen zu tun haben. Die Kultur der Grenzverletzung in der Familie kann so aussehen, dass Eltern sehr locker mit Nacktheit und Sexualität umgehen. Z. B. wenn sie sich mit entblößten Genitalien in der Wohnung bewegen, mit Kindern regelmäßig baden oder duschen, Geschlechtsverkehr in demselben Raum haben, in dem sich die Kinder aufhalten, oder sie sogar zuschauen lassen oder mit den Kindern gemeinsam Pornographie anschauen etc.

In Einrichtungen pädagogischer Arbeitsfelder wie Heim, Internat, Schule, kirchlichen Organisationen, Freizeiteinrichtungen etc. spielt ebenfalls die Nähe-Distanz-Regulierung eine entscheidende Rolle. Zum einen sind hier professionelle Vertrauenspersonen tätig, die Nähe zulassen und gleichzeitig Distanz wahren, zum anderen sind sie auch Modelle für die Kinder und Jugendlichen, die die Nähe-Distanz-Regulierung erst lernen müssen. Auch die Nähe-Distanz-Regulierung unter Kollegen ist entscheidend für die Entwicklung einer Institutionskultur der Grenzverletzung oder Grenzwahrung. Bestimmt die Grenzverletzung das Verhalten in einer Einrichtung, wird sie als »normal« angenommen, als etwas Angenehmes und Vertrautes. Eine Distanzierung, die die Wahrnehmung einer »unnormalen Situation« ermöglicht, fällt dann sehr schwer bzw. ist von erheblichem Widerstand getragen. Eine Kultur der Grenzverletzung in anderen Institutionen könnte so aussehen, dass Professionelle eine sexualisierte Gruppenatmosphäre schaffen, indem sie anzügliche Bemerkungen oder sexuell eindeutige Bewegungen machen oder einen lockeren Umgang mit Pornographie pflegen, so dass sie für Kinder und Jugendliche normal und leicht zugänglich ist. Auch das Tragen von aufreizender Kleidung im Berufsalltag, die z. B. die Genitalien abzeichnen, oder das selbstverständliche Herstellen von intimer körperlicher Nähe und Berührungen im täglichen Umgang kann eine Kultur der Grenzverletzung ausbilden oder fördern. Enders und Kossatz (2012) geben eine Übersicht über grenzverletzende Umgangsweisen in Institutionen, aus denen

Anweisungen für Professionelle gegen eine Kultur der Grenzverletzung abgeleitet werden können (S. 30 ff.).

Ein weiteres Phänomen spielt beim Verständnis der institutionellen Dynamik noch eine Rolle: *Angst*. Das Ausüben von Macht wie auch das Erleben von Machtausübung ist immer auch mit dem Gefühl von Angst gekoppelt. Angst ist ein unangenehmes Gefühl und fällt üblicherweise der Verdrängung anheim; dies gilt nicht nur für Individuen, sondern auch für Gruppen, Organisationen und Gesellschaften.

Verdrängung ist ein übergeordneter Schutzmechanismus. Die in 1.5.1 beschriebenen, im Kontext vom sexuellen Missbrauch wirkenden Schutzmechanismen dienen nicht nur der innerpsychischen, sondern auch der interpersonalen Regulierung. Interpersonal greifen sie innerhalb eines Teams wie auch innerhalb einer Institution. Die Abwehr in Institutionen richtet sich generell gegen kollektive Ängste, die aus unterschiedlichen Quellen stammen können wie aus äußeren Belastungen, die auf die Organisation einwirken, z.B. der Druck der Öffentlichkeit, oder aus Konflikten innerhalb der Einrichtung, z.B. der Peinlichkeit, etwas nicht gesehen zu haben. Folgende Abwehrformen sind in Institutionen aktiv, in denen sexueller Missbrauch vorkommt:

Die *Verleugnung* ist eine im Kontext von sexuellem Missbrauch immer zu beobachtende individuelle und insbesondere kollektive Abwehrform. Bei der Verleugnung wird ein äußerer Realitätsaspekt nicht wahrgenommen, z.B. werden Veränderungen in der Umgebung, »merkwürdige« Verhaltensweisen eines Kindes oder eines Mitarbeiters zwar wahrgenommen, aber ihre reale Bedeutung wird emotional nicht erlebt und rational nicht anerkannt.

Die Verleugnung schützt die Mitarbeiter vor unangenehmen Gefühlen wie Angst oder Beschämung, indem sie sich suggerieren, es sei in Wirklichkeit gar nichts passiert. Die Verleugnung dient der Vernebelung der Tatsache des sexuellen Missbrauchs. Die Verleugnung kann total sein wie »das ist doch alles nur erfunden« oder »die Kollegin ist überspannt« oder bagatellisierend wie »das bisschen Anfassen war doch gar nicht so schlimm«. Wird die oben beschriebene »Macht des Feldes« mit berücksichtigt, erhält die Verleugnung eine noch größere Kraft, weil alle Beteiligten dem Mechanismus unterliegen.

Die Verleugnung kann bewusst und unbewusst sein, häufig liegt sie im Grenzbereich zwischen Bewusstem und Unbewusstem. Die rationale und emotionale Wahrnehmung eines sexuellen Missbrauchs in der Einrichtung würde Aufdeckung erfordern, und das bedeutet immer das Auslösen einer schwierigen Situation, die mit Gefühlen von Hilflosigkeit, Ratlosigkeit und Loyalitätskonflikten verknüpft ist. Um sich vor solchen unangenehmen Gefühlen und Situationen zu schützen, ist es »besser«, so zu tun, als sei alles in Ordnung. Die Tendenz der Vermeidung von unangenehmen Gefühlen ist ein ubiquitäres menschliches Phänomen.

Die Verleugnung wird noch unterstützt durch die allgemeine Tabuisierung. Die Tabuisierung schützt – scheinbar – die soziale Ordnung in der Institution, indem das Gefährliche, Verbotene, was sicher unangenehme Gefühle auslösen würde, einfach nicht wahrgenommen wird nach dem Motto: Nicht sein kann, was nicht sein darf.

Das Nicht-Wahrnehmen-Wollen zeigt sich in der allgemeinen Sprachlosigkeit, dem Sprach- und Kommunikationstabu. Sprachlosigkeit charakterisiert die Missbrauchssituation auf allen Ebenen. Das Opfer wird zur Sprachlosigkeit gezwungen, die Mitarbeiter sind sprachlos aufgrund der beschriebenen Vermeidungstendenzen, weitere Personen aus der sozialen Umgebung des Opfers sind ebenfalls sprachlos. Der Missbraucher ist bezogen auf den Missbrauch auch sprachlos, jedoch bezogen auf Manipulation und Verteidigung oft sehr sprachgewandt. Die Sprachlosigkeit setzt sich selbst in Gegenübertragungsgefühlen fort, z. B. beginnen Supervisionen, in denen es um sexuellen Missbrauch geht, häufig mit langem Schweigen (vgl. Stemmer-Lück 1991). Es braucht im Allgemeinen viel Zeit und Sicherheit, bis Mitarbeiter von Institutionen zu sprechen beginnen.

Der Mechanismus der *Spaltung* gehört ebenfalls zum Phänomen des sexuellen Missbrauchs in Institutionen. Bei der Spaltung werden die Bilder von guten und liebenswerten Aspekten des Objekts getrennt gehalten von negativen wie missbrauchenden Aspekten. Die Spaltung ist ein Ausdruck der fehlenden Integration von unterschiedlichen Aspekten und Gefühlen, meistens gute und böse, angenehme und unangenehme. Spaltung ist ein wesentlicher Mechanismus im Kontext des sexuellen Missbrauchs, weil die unterschiedlichen Aspekte des Täters oder der Täterin – die liebevollen und sorgenden mit den zerstörerischen – nicht integriert werden können. Die Spaltung ergreift über das Feld die gesamte Institution und wird so zu einem kollektiven Mechanismus. Spaltungsmechanismen, die sich institutionell zeigen, haben wie die innerpsychischen Mechanismen eine Schutzfunktion. Häufig sind Spaltungen in einem Team zu beobachten, dabei zerfällt das Team in Untergruppen. Spaltungen können auftauchen, wenn eine Bedrohung von außen eintritt, z. B. ein negativer Pressebericht über die Einrichtung. Spaltungen können auch von einer spezifischen Klientendynamik ausgehen. Dieses ist häufig bei der Arbeit mit Borderline-Klienten zu beobachten, die zu einem großen Prozentsatz in ihrer Kindheit und Jugend sexuell missbraucht wurden (vgl. Dulz & Jensen 2011). Eine Spaltung im Team nach sexuellem Missbrauch kann z. B. so aussehen, dass ein Teil der Mitarbeiter den Missbrauch einfach nicht glauben will. Sie halten den beschuldigten Mitarbeiter für einen guten und hilfsbereiten Kollegen, auf den sie sich verlassen. Dass dieser Mitarbeiter im Vorfeld alles dafür getan hat, damit dieser Eindruck entsteht, ist ihnen verschlossen. Es entstehen Gefühle von Nichtglauben, Zweifel und Wut. Ein anderer Teil der Mitarbeiter kann in die andere Richtung tendieren, sie glauben was dem Kollegen vorgeworfen wird, und somit verstärken sich die Vorbehalte. Eine solche Spaltung lähmt das ganze Team und hindert die Mitarbeiter daran, entschlossen aktiv zu werden. Diejenigen, die den beschuldigten Kollegen verteidigen, gehen immer stärker in den Widerstand. Sie verteidigen heftig, was sie glauben. Oft haben sie enge Beziehungen zu dem Beschuldigten über gemeinsame Sportaktivitäten, gemeinsame Freunde, gemeinsame Unternehmungen, gemeinsame Vereinsbeziehungen oder gegenseitige Patenschaften bei den Kindern. Das führt zwangsläufig dazu, dass bei einer Aufdeckung von Missbrauch das Unglaubliche nicht geglaubt werden kann. Bei der Vorbereitung zum Missbrauch achten Missbraucher sehr sorgsam darauf,

1.8 Dynamik in der Institution

dass nach einer möglichen Aufdeckung nicht dem Opfer geglaubt wird und/ oder dass bei einer Spaltung des Teams die Kollegen mehr mit sich und der Spaltung beschäftigt sind als mit dem Tatvorwurf. Die Spaltung schafft eine spezielle Dynamik, die von der Tat ablenkt und somit mögliche negative Folgen für den Missbraucher verhindert.

Eine Spaltung im Team verhindert auf allen Ebenen die notwendigen Interventionen wie die Umsetzung arbeitsrechtlicher Schritte. Wenn die Leitung trotz des Widerstands der Mitarbeiter arbeitsrechtliche Schritte einleitet, kommt es vor, dass sich Mitarbeiter solidarisch erklären und die Einrichtung verlassen und damit den Beschuldigten unterstützen. Auch diejenigen, die diesen Schritt nicht gehen, unterstützen häufig den Beschuldigten, indem sie ihm wiederholt versichern, von seiner Unschuld überzeugt zu sein. Das kann dazu führen, dass sie gegen die Leitung aufbegehren und deren Entscheidung öffentlich in Frage stellen. Ein solches Verhalten verstärkt die Spaltung und schwächt die Institution.

Atmosphärisch schlägt sich das auch auf die Kinder und Jugendlichen nieder. Auch wenn diese kein Hintergrundwissen haben, kann es zu unterschiedlichen Solidarisierung kommen. Somit kann die gesamte Gruppe nicht zur Ruhe kommen und das betroffene Opfer steht oft allein da. In solchen Fällen ist zu überlegen, ob das Opfer nicht auch die Einrichtung verlassen sollte, weil eine Aufarbeitung des Missbrauchs in solch einer Atmosphäre nicht möglich ist. Langfristig ist es Aufgabe der Leitung, dafür zu sorgen, dass die Spaltung aufgelöst wird oder eventuell einzelne Mitarbeiter in andere Teams versetzt werden. Zur Klärung der Dynamik mit Angst, Verleugnung und Spaltung ist in jedem Fall eine gute Supervision von außerhalb mit Fortbildungsanteilen zum Thema Missbrauch erforderlich. Erst wenn die Mitarbeiter die Manipulation und die eigene Angst verstehen, können sie ihre innere Abwehr und damit den Widerstand in der Institution aufgeben.

Beim Mechanismus der *Projektion* werden die ungeliebten Aspekte einer Gruppe auf eine andere Gruppe, ein anderes Teammitglied oder die Leitung übertragen. Damit ist der Feind klar nach außen verlagert und kann dort bekämpft werden. Dazu ein Beispiel aus einer stationären Erziehungshilfe. Eine Erzieherin, der das Verhalten eines Kollegen merkwürdig vorkommt und einen Verdacht formuliert, wird zu einer »bösen« Person, die alle Fehler und negativen Aspekte wie z.B. fehlende Loyalität auf sich zieht. Sie wird zur Repräsentantin des Bösen, das es zu bekämpfen und bestrafen gilt. Das restliche Team wird zum Guten und Loyalen. Schließlich wird die Erzieherin suspendiert. Das Team und die Erziehungsleitung sind in der kollektiven Abwehr miteinander verbunden. Hier wäre genau zu schauen, was die Erzieherin, von der sich die Erziehungsleitung getrennt hat, repräsentiert. Dieses wäre z.B. im Rahmen einer Supervision bewusst zu machen und zu integrieren, da sonst das Team wahrscheinlich neue »Böse« produzieren und als ungeliebte Aspekte unbewusst ausstoßen würde.

Auch Dissoziationen scheint es in einer Institution als Reaktion auf einen sexuellen Missbrauch zu geben. Bei der Dissoziation handelt es sich um eine Desintegration von psychischen Funktionen wie die Wahrnehmung, das Denken und Erinnern. Die institutionelle Dissoziation kann sich z.B. so zeigen, dass

Detailwissen über den sexuellen Missbrauch nicht zu einem Gesamtbild integriert wird. Jeder Mitarbeiter hat andere Details wahrgenommen, gespeichert und erinnert. Dabei wirken grundsätzlich individuelle wie auch kollektive Schutzmechanismen.

Dieses sind einige Beispiele für die Dynamik in einer Institution, in der sexueller Missbrauch vorkommt. Die kollektive Abwehr spielt eine zentrale Rolle; grundsätzlich kann jedes Verhalten zur Abwehrformation ausgebildet werden. Aufgelöst oder reduziert können kollektive Abwehrformen nur durch einen Professionellen, der eine Position außerhalb der betroffenen Institution hat.

1.9 Richtlinien und gesetzliche Grundlagen zum sexuellen Missbrauch in Institutionen

Zum Schutz von Kindern und Jugendlichen sind in den letzten Jahren vermehrt neue gesetzliche Vorschriften geschaffen oder bestehende reformiert worden. Auf deren Grundlage wurden Richtlinien entwickelt, die den Einrichtungen eine Orientierung geben, im Fall von sexuellem Kindesmissbrauch adäquat zu reagieren.

Familie

Zum sexuellen Missbrauch in Familien ist anzumerken, dass sich zum Schutz des Kindes Professionelle wie Erzieher oder Lehrer oder auch Nachbarn gemäß § 8a SGB VIII immer direkt an das Jugendamt wenden können, wenn sie einen Verdacht geschöpft haben. Die Fachkräfte der Jugendhilfe, die grundsätzlich der beruflichen Verschwiegenheitspflicht (§ 203 Strafgesetzbuch) unterliegen, können sich insoweit auf die Rechtfertigung der Datenweitergabe nach § 62 Abs. 3 Nr. 2d SGB VIII berufen. Neuerdings enthält das Kinderschutz-Kooperationsgesetz (§ 4 KKG) entsprechende Regelungen für Ärzte, andere Heilberufe und Lehrer. Im Übrigen ist das Jugendamt gehalten, auch anonymen Hinweisen auf eine Kindeswohlgefährdung nachzugehen, um zu prüfen, ob es sich um »gewichtige Anhaltspunkte« im Sinne des § 8a Abs. 1 SGB VIII handelt.

Öffentliche Jugendhilfeeinrichtungen

Dazu gehören stationäre und teilstationäre Einrichtungen der Kinder-, Jugend- und Behindertenhilfe, z. B. Kinderheime, Pflegefamilien, Kindergärten, Nachmittagsbetreuungen, Tagespflege und ambulante Betreuungen wie Jugendwohngemeinschaften. Alle öffentlichen Jugendhilfeeinrichtungen haben auf der Grundlage des staatlichen Wächteramtes aus Art. 6 Abs. 2 Satz 2 Grundgesetz zu handeln, deren konkrete Ausformungen insbesondere die § 8a SGB VIII und § 1666 BGB sind.

Die in der Vergangenheit bekannt gewordenen Fälle von Kindeswohlgefährdung bis hin zum Tod von Kindern haben den Gesetzgeber zur Neuformulierung und Erweiterung bestehender Gesetze veranlasst. Bei der Durchsetzung des § 8a SGB VIII handelt es sich um ein bundeseinheitliches Verfahren mit dem Ziel, stärker auf das Kindeswohl zu achten.

Der § 1666 BGB Abs. 1 begründet die Zuständigkeit des Familiengerichts, wenn die Eltern nicht gewillt oder in der Lage sind, die Gefahr für das Kind abzuwenden oder zur Abwendung der Gefahr nicht die erforderlichen Maßnahmen treffen. Dabei kann auch bei unverschuldetem Versagen der Eltern das Familiengericht zum Wohle des Kindes angerufen werden.

Artikel 6 Abs. 2 des Grundgesetzes stellt zunächst klar, dass Pflege und Erziehung das Recht der Eltern sind, aber auch ihre ihnen obliegende Pflicht. Sodann ist es die Pflicht der staatlichen Gemeinschaft, über die Pflege und Erziehung von Kindern zu wachen. Bei Versagen der Erziehungsberechtigten oder wenn die Kinder verwahrlosen, dürfen Kinder nur aufgrund eines Gesetzes von der Familie getrennt werden. Einfachgesetzlich wird dies im § 8a SGB VIII und vor allem im § 1666 BGB näher geregelt.

Jede öffentliche und in freier Trägerschaft befindliche Jugendhilfeeinrichtung sollte einen Leitlinienkatalog haben (vgl. 1.10.1), in dem u.a. als Dienstanweisung festgeschrieben ist, dass schon bei einem Verdacht des sexuellen Missbrauchs Mitarbeiter sowohl die Leitung und diese wiederum den Träger der Einrichtung zu informieren haben. Hierzu gibt es keine gesetzliche Regelung. Die Einrichtungen müssen dies intern regeln. Sie sind aber nach § 8a Abs. 5 SGB VIII verpflichtet, bereits bei gewichtigen Anhaltspunkten sexuellen Missbrauchs die Aufsichtsbehörde (Landesjugendamt) zu informieren. Diese Verpflichtung soll Kindern und Jugendlichen Schutz vor weiterem sexuellem Missbrauch bieten.

Kirche

Einrichtungen in kirchlicher Trägerschaft sind für die Bereiche Bildung, Gesundheit und Soziales zuständig. Dazu gehören Kindergärten, Behinderteneinrichtungen, Krankenhäuser, Beratungsstellen, Altenheime, Schulen, Hochschulen, Orden etc.

Katholische Kirche

Alle Mitarbeiter von katholischen Einrichtungen unterliegen den Leitlinien der Deutschen Bischofskonferenz vom 23.8.2010, in Kraft getreten am 1.9.2010. Sie dienen den einzelnen Bistümern als Orientierung bei der Entwicklung von Interventionen bis 2013. Danach sollen die Richtlinien auf der Basis der Erfahrungen der einzelnen Bistümer überarbeitet werden. Damit gibt es keine einheitliche verpflichtende Vorgehensweise. Auch gibt es bisher keine Selbstverpflichtung, mit den Strafverfolgungsbehörden von Anfang an zu kooperieren. Wesentliche Aspekte der Richtlinien von 2010 entsprechen denen, die bereits 2002 von der

Deutschen Bischofskonferenz erstellt wurden. Diese sah vor, dass nach innerkirchlichen Ermittlungen und einer Bestätigung des Verdachts des sexuellen Missbrauchs das Gespräch mit der Staatsanwaltschaft gesucht werden konnte. Die Leitlinien von 2010 »beziehen sich auf Handlungen nach dem 13. Abschnitt des StGB, soweit sie an Minderjährigen begangen werden« (Pressemitteilungen der Deutschen Bischofskonferenz vom 31.8.2010). Hervorzuheben ist, dass die Leitlinien auch Handlungen mit einbeziehen, die sich unterhalb der Strafbarkeitsschwelle befinden.

Neben der Einrichtung eines Beraterstabs durch den Diözesanbischof, der sich aus Fachleuten zusammensetzt, wird eine (oder mehrere) Person(en) als Ansprechpartner für Verdachtsfälle auf sexuellen Missbrauch beauftragt, die nicht zur Leitung des Bistums gehört. Mitarbeiter im kirchlichen Dienst sind verpflichtet, Verdachtsfälle auf sexuellen Missbrauch durch Mitarbeiter, Kleriker und Ordensangehörige an die beauftragte Person weiterzuleiten. Diese Person nimmt die Verdachtsfälle entgegen, bewertet sie und gibt die Information an den Diözesanbischof weiter. Handelt es sich bei einem Verdacht um einen Ordensangehörigen, wird auch der Ordensobere informiert. Bei »tatsächlichen« Anhaltspunkten des Verdachts wird die Information an die Strafverfolgungsbehörde, das Jugendamt und die Schulaufsicht weitergeleitet.

Neben dem strafrechtlichen Verfahren wird bei Klerikern eine »kirchenrechtliche Voruntersuchung« durchgeführt, die sich auf die Ergebnisse der Strafverfolgungsbehörden stützt, wenn es zu einem Verfahren gekommen ist. Wird seitens der »kirchenrechtlichen Voruntersuchung« der Verdacht bestätigt, wird der Apostolische Stuhl informiert, der weitere Entscheidungen trifft. Sollte die beschuldigte Person im kirchlichen Dienst verbleiben, wird sie forensisch-psychiatrisch untersucht, um sicherzugehen, in welchem Aufgabengebiet sie in Zukunft tätig werden kann. Bei überführten Tätern wird eine Therapie empfohlen. Hier wird nicht von einer spezifischen Tätertherapie gesprochen. Dazu ist anzumerken, dass Täter in normaler Psychotherapie dazu neigen, Therapeuten dahingehend zu manipulieren, dass weniger am Delikt, sondern in erster Linie an ihrer Geschichte gearbeitet wird. Es gilt jedoch das Delikt in den Vordergrund zu stellen.

Das Strafrecht der katholischen Kirche ist auf das Enthaltsamkeitsgebot ausgerichtet. Die Klagen beziehen sich nicht ausschließlich auf dieses Gebot, sondern auf den Vertrauensmissbrauch. Eltern, die ihre Kinder in die Obhut der Mitarbeiter und Kleriker der katholischen Kirche geben, überprüfen nicht, anders als beim Einsatz eines Babysitters, ob diese vertrauenswürdig sind, »sondern sie setzen deren Vertrauenswürdigkeit voraus, weil diese Personen bei der katholischen Kirche arbeiten, die gemeinhin einen guten Ruf genießt« (Wiljens 2010, S. 167). Daher betrifft der Vertrauensverlust auch die gesamte Kirche.

Evangelische Kirche

Mitarbeiter der evangelischen Kirche in unterschiedlichen Institutionen haben sich nach den Hinweisen zum Umgang mit sexuellem Missbrauch der evangelischen

Kirche zu richten (Kirchenamt der EKD Hannover vom 12.8.2002, erweitert 10. März 2010).

Die Kirchenleitung ist angesprochen, bei Verdacht von sexuellem Missbrauch eng mit den Justizbehörden zu kooperieren. Verdachtsmomenten und Anschuldigungen muss unverzüglich nachgegangen werden. Bei einem Anfangsverdacht muss Anzeige erstattet werden, wenn im Sinne des § 160 StPO ein Anfangsverdacht vorliegt. Allerdings unterliegen Kenntnisse über sexuellen Missbrauch, die in einem seelsorgerlichen Gespräch erlangt wurden, einem Verwertungsverbot. Die Seelsorger sollen aber versuchen, Täter zur Selbstanzeige zu bewegen. Privatrechtliche Angestellte in kirchlichen Beratungsstellen haben ein Zeugnisverweigerungsrecht aus beruflichen Gründen nur dann, wenn sie in besonderen, im § 53 Abs. 1 Nr. 3 und 3a StPO genannten Beratungsstellen tätig sind. Auch bei Missbrauch, der erst nach vielen Jahren bekannt wird, hat die disziplinaraufsichtsführende Stelle eigene Ermittlungen ohne Unterstützung durch die Staatsanwaltschaft durchzuführen. Die enge Kooperation mit den Justizbehörden ist verpflichtend und beinhaltet ständigen Austausch von Informationen. Die kirchlichen Akten werden auf Anfrage den Justizbehörden zur Verfügung gestellt. Eine sofortige Suspendierung der beschuldigten Mitarbeiter ist verpflichtend. Angestrebt wird die Entfernung aus dem Dienst durch Disziplinarverfahren oder Kündigung.

Nach § 8a SGB VIII unterliegen Mitarbeiter von Beratungsstellen nicht der Schweigepflicht, wenn sie von einem aktuellen Missbrauch Kenntnis erhalten und im Sinne des Opferschutzes handeln, es sei denn sie haben die Erkenntnis im seelsorgerischen Bereich gewonnen.

Schule

Der § 42 des Schulgesetzes z.B. des Bundeslandes NRW besagt: »Die Sorge für das Wohl der Schülerinnen und Schüler erfordert es, jedem Anschein von Vernachlässigung oder Misshandlung nachzugehen«.

Die Schule entscheidet rechtzeitig über die Einbeziehung des Jugendamtes oder anderer Stellen« (§ 42, 6), wobei offen bleibt, welche »anderen Stellen« gemeint sind. Zusätzlich ist die Schule nach § 27 der Allgemeinen Dienstordnung (ADO) verpflichtet, bei Verdacht die Schulaufsichtsbehörde zu informieren. Die untere Schulaufsichtsbehörde ist für alle Grundschulen zuständig und dem städtischen Schulamt angegliedert. Für alle weiteren Schulformen ist die Schulaufsichtsbehörde beim Regierungspräsidenten zuständig. Mit »anderen Stellen« könnten auch Strafverfolgungsbehörden gemeint sein. Grundsätzlich könnte die Schule direkt mit den Strafverfolgungsbehörden Kontakt aufnehmen. Diese Behörden nehmen dann im Allgemeinen Kontakt mit dem Jugendamt auf. Häufiger wendet sich die Schule jedoch direkt an das Jugendamt und nicht an die Polizei.

Das am 1.1.2012 in Kraft getretene Bundeskinderschutzgesetz gilt u.a. für alle staatlichen, privaten und kirchlichen Schulen und Internate und unterstreicht, dass alle Einrichtungen, in denen sich Kinder und Jugendliche ganztägig oder für einen Teil des Tages aufhalten, gemäß § 8a SGB VIII im Falle von Kindeswohlgefährdung und sexuellem Missbrauch verpflichtet sind, sich sowohl mit den Schulaufsichtsbehörden als auch mit den Jugendämtern und Strafverfolgungsbehörden in Verbindung zu setzen. Eine Hinzuziehung der Strafverfolgungsbehörden richtet sich nach der Schwere des Falles, der Befindlichkeit des Opfers, der Zustimmung der Sorgeberechtigten und der Aussagebereitschaft des Opfers, es sei denn, es liegen Anzeichen für weitere Kindeswohlgefährdungen vor. In jedem Fall ist das Jugendamt nach Bekanntwerden verpflichtet zu handeln.

Kritisch anzumerken ist, dass die Schulen häufig keine speziellen Interventionen beim sexuellen Missbrauch erarbeitet haben und somit in der Krise auch keine Anwendungsorientierungen besitzen. Dadurch hängen die Interventionen der Schulen oft mehr von dem individuellen Wertemaßstab des Schulleiters oder der Lehrer ab. Schulen ist zu empfehlen, sich diesbezüglich gemäß § 8b SGB VIII Hilfe und Unterstützung zu holen.

1.10 Interventionen bei sexuellem Missbrauch in Institutionen

»Bevor eine Institution etwas gegen sexuelle Übergriffe unternehmen kann, muss sich die Erkenntnis durchsetzen, dass die meisten Geschichten wahr und zutreffend sind. Opfer erfinden ihre Geschichten nicht, um andere zu belügen oder zu beeindrucken ... Die Tabuisierung der Thematik durch die Institutionen und Berufsorganisationen fördert die Handlungsweise möglicher Täter« (Tschan 2005, S. 245 f.). In Einrichtungen, in denen Kinder und Jugendliche betreut werden, muss der Schutz der Kinder und Jugendlichen oberste Priorität haben. Kinder und Jugendliche haben Anspruch auf Hilfe und Sicherheit. Vor allem diejenigen, die in Institutionen leben und deren Eltern dies nicht leisten konnten. Dann müssen die Institutionen diese Funktion übernehmen. Kinder und Jugendliche erwarten zu Recht den unterstützenden und schützenden Rahmen durch Erziehende. Darum ist jeder Form eines sexuellen Übergriffs entschieden zu beggnen Dass Grenzverletzungen durch Mitarbeiter in Bereichen der Jugendhilfe passieren, ist nicht neu. »Tatsächlich sind es keine Einzelfälle, aber es mangelt auf allen Ebenen an dem nötigen Problembewusstsein gegenüber massivem Fehlverhalten in Einrichtungen und Diensten der Jugendhilfe« (Busch, 2006, S. 93). Das mangelnde Problembewusstsein finden wir ebenfalls in allen anderen Bereichen wie Schulen, Krankenhäusern, Freizeitaktivitäten, Kinderbetreuungen, Sportgruppen etc., in denen Kinder Erwachsenen auch oft nur stundenweise zur Betreuung anvertraut werden.

Aus diesem Grunde sollten die nachstehenden Interventionsschritte bei sexuellem Missbrauch besondere Beachtung finden.

1.10.1 Bei vagem Verdacht

Gibt es gegenüber einem Mitarbeiter den Verdacht des sexuellen Missbrauchs an Kindern/Jugendlichen sollte die Person, die den Verdacht hat, ihre Wahrnehmungen als Grundlage der Beweisführung für ein mögliches späteres gerichtliches Verfahren ohne Interpretationen dokumentieren und an die Leitung weitergeben. Die verpflichtende Mitteilung der Verdachtsmomente an die Leitung der Einrichtung ist nicht gesetzlich, sondern jeweils institutionsintern geregelt. Die Regelung kann z. B. in einer Dienstanweisung oder in den Leitlinien festgeschrieben sein. Die Leitung beruft zusammen mit der Geschäftsführung den Interventionsausschuss, bestehend aus einem im Vorfeld zusammengestellten Gremium zur Klärung von Verdacht auf sexuellen Missbrauch ein, der auch die Beratungsinhalte protokolliert. Der Interventionsausschuss setzt sich in den meisten Fällen aus Mitarbeitern zusammen, die besonders geschult sind, und ist verstärkt in Jugendhilfeeinrichtungen zu finden, um bei einem Verdacht besser reagieren zu können. Neben der Priorität des Opferschutzes hat die Institution auch eine Fürsorgepflicht für die Mitarbeiter. Dabei ist auf den Schutz der Person, die den Verdacht benennt, sowie auf den Datenschutz des verdächtigten Mitarbeiters zu achten.

Die Leitung und der Träger sind schon bei einem vagen Verdacht von sexuellem Missbrauch gemäß § 47 SGB VIII verpflichtet, die zuständige Aufsichtsbehörde zu informieren.

Für die Leitung und den Interventionsausschuss ist es wichtig zu erfahren, auf welche Grundlage sich der Verdacht stützt, um Interventionen einleiten zu können. Was genau wurde von der Person, die den Verdacht äußerte, gehört oder beobachtet? Dabei kann es eine Beobachtung sein, wie z. B. wiederholtes scheinbar versehentliches Berühren von Schutzbefohlenen an der Brust, am Po oder im Genitalbereich. Es gibt viele weitere Verhaltensweisen, die unterhalb der Strafbarkeitsschwelle liegen, doch für die betroffene Person im Erleben erheblich sind. Als unangemessen und unangenehm wird von Betroffenen die »Hilfe« beim Duschen oder das Beobachtetwerden beim Duschen genannt. Von Sexualstraftätern werden genau diese und ähnliche Vorgehensweisen beschrieben, um ein potenzielles Opferkind zu testen. Je weniger sich ein Kind bei solchen oder ähnlichen Verhaltensweisen wehrt oder entzieht, desto eher nimmt der Täter an, dass das Kind einen sexuellen Missbrauch nicht erzählen wird.

Da es viele Handlungen und Verhaltensweisen gibt, die unterhalb einer Strafbarkeitsschwelle liegen, aber doch als grenzüberschreitend eingestuft werden, ist der Verdachtsgrad zu bestimmen. Dabei wird unterschieden

1. Nach der Art und Weise des Übergriffs, wenn sie im Hinblick auf das Rechtsgut der sexuellen Selbstbestimmung von einiger Erheblichkeit sind (§ 184 c StGB).
2. Dem bestehenden Verdachtsgrad, der von Beweisen des sexuellen Missbrauchs zu unterscheiden ist. Der Anfangsverdacht muss es nach den kriminalistischen Erfahrungen als möglich erscheinen lassen, dass eine verfolgbare Strafe vorliegt (vgl. Burgsmüller 2006, S. 128).

Auch bei einem Anfangsverdacht muss der Träger der Einrichtung (nach einrichtungsinternen Richtlinien) informiert werden. Er ist wiederum nach § 47 SGB VIII verpflichtet, die Aufsichtsbehörde zu informieren. Das Wissen um die Psychodynamik des sexuellen Missbrauchs auf Leitungsebene bietet Sicherheit im Umgang mit Beschuldigten. Einen gut vorbereiteten Interventionsausschuss zur Verfügung zu haben erleichtert die anstehenden Schritte. Die Vernetzung von Leitung und Interventionsausschuss schafft intern eine gute Möglichkeit, bei Bedarf professionell zu reagieren. Da es keine identischen Fälle gibt, ist in jedem Fall der Leitung zu empfehlen, sich juristische Unterstützung zu holen, um sich auf mögliche arbeitsrechtliche Konsequenzen vorzubereiten. Empfehlenswert ist auch, den Verdachtsfall z. B. einer Beratungsstelle, die sich *gut* mit dem Thema auskennt, anonym vorzustellen, um eine neutrale Einschätzung zu bekommen. Dieses Prinzip ist allen Institutionen zu empfehlen.

Sowohl die katholische als auch die evangelische Kirche machen seit 2010 deutlich, dass sie sich im Falle eines sexuellen Missbrauchs sowohl mit den Jugendämtern als auch mit anderen juristischen Stellen in Verbindung setzen und speziell bei der katholischen Kirche zusätzlich den internen Weg über den Diözesanbischof gehen (vgl. 1.9). Hier wird ein Beraterstab mit einer Fachkraft, die nicht zum kirchlichen Dienst gehört, für die Einschätzung eingesetzt.

In der evangelischen Kirche ist die Kirchenleitung angesprochen, eng mit den Justizbehörden zu kooperieren (vgl. 1.9). Es gibt die Verpflichtung, einen beschuldigten Mitarbeiter sofort zu suspendieren.

Das Schulgesetz NRW sagt im § 42, dass bei einem Verdacht von Misshandlung sich die Schule sowohl mit dem Jugendamt als auch mit der Aufsichtsbehörde in Verbindung setzen muss, um weitere Interventionen einzuleiten (vgl. 1.9). Es ist anzumerken, dass jedes Bundesland ein eigenes Schulgesetz hat, was bedeuten kann, dass in jedem Bundesland andere Bestimmungen für den Umgang mit Misshandlung gelten können.

Handelt es sich bei dem Mitarbeiter um einen vagen Verdacht unterhalb der Strafbarkeitsschwelle, ist zunächst von arbeitsrechtlichen Maßnahmen abzuraten. Jeder Verdacht ist ernst zu nehmen und bedeutet, den Mitarbeiter weiterhin genau zu beobachten und die Beobachtungen zu dokumentieren. Es besteht darüber hinaus auch die Möglichkeit, den Mitarbeiter wegen Fehlverhaltens abzumahnen und u. U. in einen Bereich zu versetzen, der ihm keinen Zugang zu Kindern und Jugendlichen gewährt, d. h., ihn eventuell in der Verwaltung oder bei der Betreuung von Erwachsenen einzusetzen.

Eine Konfrontation des Mitarbeiters mit dem Verdacht sollte gut abgewogen, aber auch durchaus in Betracht gezogen werden. So wurde ein Mitarbeiter einer Institution mit der Beobachtung konfrontiert, dass er sich häufig im Duschraum der Jungen aufhalte, wenn diese nach dem Fußballspiel dort zum Duschen waren. Die Jungen selbst hatten das beanstandet und einen anderen Erzieher darauf angesprochen. Sie beschrieben, dass der Erzieher ihnen dabei immer auf das Geschlechtsteil geblickt habe, so dass sie sich umgedreht hätten. Bei der Konfrontation erklärte der Erzieher, er habe nur dabei gestanden, um die Jungen zu kontrollieren, damit sie nicht zu wild waren. Dass er ihnen dabei auf das Geschlechtsteil geguckt habe, sei ihm nicht bewusst und wenn nur zufällig passiert. Eine Konfrontation bei Verdacht zu einem sehr frühen Zeitpunkt kann dazu führen, dass der Mitarbeiter die Vorwürfe leugnet, bagatellisiert oder eine Verleumdungsklage androht. Dabei ist eine Konfrontation mit der Beobachtung ohne Benennung des Verdachts durchaus sinnvoll. Dem Betroffenen wird dadurch deutlich vor Augen geführt, dass die Institution aufmerksam ist.

In solchen oder ähnlichen Fällen, in denen es um Handlungen unterhalb der Strafbarkeitsschwelle geht, hat der Arbeitgeber die Möglichkeit einer Abmahnung. Dabei kann bei weiterem Fehlverhalten die Kündigung angedroht werden. Der Arbeitgeber hat auch die Möglichkeit, den Mitarbeiter in einem anderen Arbeitsfeld unterzubringen, wobei der Mitarbeiter dagegen auch protestieren kann. Andere arbeitsrechtliche Möglichkeiten sind in dieser Phase nur schwer bis gar nicht durchzusetzen.

1.10.2 Bei Aussagen eines Opfers

Kindern und Jugendlichen, die über einen sexuellen Missbrauch durch einen Mitarbeiter einer Institution berichten, sollte sehr genau zugehört und das Gehörte sofort dokumentiert werden. Die Dokumentation dient als Grundlage der Beweisführung in einem möglichen Rechtsprozess. Bei einer Anhörung des Opfers im Rechtskontext kann die Dokumentation der Erstaussage eine entscheidende Rolle spielen. Die Person, bei der die Erstaussage erfolgte, muss davon ausgehen, dass sie bei einem Strafprozess als Zeuge vernommen wird. Dafür ist es wichtig, dass sie die sofortige Dokumentation glaubhaft belegen kann. Gerade im Strafverfahren kann es eine entscheidende Rolle spielen, *wann* die Dokumentation erfolgte. Als Gedächtnisprotokoll wird der Aussagewert der schriftlichen Darstellung der Aussagen häufig angezweifelt und kann dazu führen, dass er vor Gericht als unglaubwürdig eingestuft wird. Genauso wichtig ist es, dem Opfer die Unterstützung zu geben, die es braucht. Es hilft dem Opfer, ihm zu sagen, dass es richtig ist, über den Missbrauch zu berichten, und dass Betroffene niemals Schuld haben. Besonders bei einem juristischen Verfahren braucht das Opfer eine Begleitperson, der es voll vertrauen kann.

Häufig wird von Betroffenen der Wunsch geäußert, die Informationen über den Missbrauch an niemanden weiterzugeben. Dieser Wunsch ist meistens bedingt durch den Geheimhaltungsdruck des Missbrauchers, eigene Schuld- und Schamgefühle, eigene Gefühle der Verantwortlichkeit im Hinblick auf die Konsequenzen der Aufdeckung sowie von Angst und Loyalität dem Täter gegenüber. Ausschlaggebend für die traumatische Schädigung des Opfers ist die vertrauensvolle Beziehung zwischen Opfer und Täter und weniger der Verwandtschaftsgrad. Die hohe Ambivalenz des Opfers zeigt sich, wenn das Opfer einen Erwachsenen ins Vertrauen ziehen möchte, sich einerseits entlasten will und Hilfe von dem Erwachsenen erwartet, andererseits aber Angst hat vor dem, was passieren könnte. Es sollte dem Opfer angeboten werden, mit ihm gemeinsam alle anstehenden Interventionsschritte zu besprechen, um ihm die Unsicherheit zu nehmen. Eine Geheimhaltung mit dem Opfer sollte in keinem Fall vereinbart werden. Es muss ihm erklärt werden, dass die Information weitergegeben werden muss. Die Entscheidung über die anstehende Intervention kann nicht dem Opfer überlassen werden. Unterstützung findet das Opfer, wenn mit ihm über seine Ambivalenz und Angst gesprochen wird. Eine anschließende Begleitung und Unterstützung des Opfers durch eine Vertrauensperson ist zu gewährleisten.

Kindern, die sich noch nicht in der Pubertät befinden, sollte die Aussage über sexuellen Missbrauch geglaubt werden. Sie haben kein Wissen über Sexualität, außer wenn sie missbraucht wurden. Wenn sie beschreiben können, wie es sich angefühlt hat, missbraucht zu werden, ist ihre Glaubwürdigkeit sehr groß. Erklärungen von Tätern und anderen, dass das Kind Sex beobachtet oder im Fernsehen gesehen habe, sind in solch einem Fall unglaubwürdig. Aus der Arbeit mit Opfern ist bekannt, wie wichtig das Verständnis, die sorgfältige Sprache, das behutsame Abfragen wichtiger Fakten, die Entlastung von Schuld und die Empathie im Gespräch mit dem Opfer sind.

Mitarbeiter, die von einem sexuellen Missbrauch durch ein Kind, einen Jugendlichen oder Beobachter in Kenntnis gesetzt werden, sind verpflichtet, die zuständige Leitung über die dokumentierten Aussagen des Opfers zu informieren. Kein Mitarbeiter einer Institution sollte allein Interventionsschritte zum Schutze des Opfers unternehmen, um weitere Interventionen und mögliche juristische Schritte nicht zu gefährden.

Die Leitung der Institution ist über interne Regelungen verpflichtet, den Träger über den sexuellen Missbrauch zu informieren. Träger und Leitung können gemeinsam den Fall beraten und – falls vorhanden – den Interventionsausschuss zur Einschätzung hinzuziehen.

Um den Schutz der Opfer zu gewährleisten und strafrechtliche und arbeitsrechtliche Maßnahmen zu überprüfen, ist zu empfehlen, dass sich die Institution juristische Hilfe holt.

Als nächster Schritt ist das Jugendamt, das für das Opfer und dessen Schutz per Gesetz die Verantwortung trägt, über den sexuellen Missbrauch zu informieren.

Die Information der zuständigen Aufsichtsbehörde für Einrichtungen der Jugendhilfe ist nach § 47 SGB VIII verpflichtend.

Für Schulen gilt die Schulaufsichtsbehörde. Nach § 27 der Allgemeinen Dienstordnung (ADO) sind Schulen verpflichtet, bei Verdacht die Schulaufsichtsbehörde zu informieren.

Ein Fachgespräch zwischen der Aufsichtsbehörde, dem zuständigen Jugendamt, dem Träger und der Leitung der Institution unter Einbeziehung einer juristischen Beratung und Supervision durch eine Fachstelle ist empfehlenswert.

Die Information der Eltern des Opfers muss in jedem Fall durch die Einrichtungsleitung und gegebenenfalls das Jugendamt erfolgen. Hier ist zu empfehlen, ein persönliches Gespräch mit dem Ausdruck des Bedauerns und dem Hinweis auf die Interventionsschritte der Institution in Kooperation mit anderen zu führen.

Die Konfrontation des Beschuldigten sollte durch ein Gremium der jeweiligen Institution, das für das Opfer zuständige Jugendamt und eventuell die Person, bei der das Opfer die Aussage gemacht hat, gemeinsam erfolgen. In Einrichtungen der Jugendhilfe kann die Konfrontation auch durch Mitglieder des Interventionsausschusses geschehen. Bei Einrichtungen der katholischen Kirche empfiehlt es sich, analog die Missbrauchskommission einzuberufen. Da Missbraucher hohe Manipulationsfähigkeiten besitzen, ist eine Konfrontation durch mindestens zwei Personen unbedingt zu empfehlen. Sind alle Beteiligten unerfahren bezüglich solch einer Konfrontation, ist es sinnvoll, jemanden hinzuzuziehen, der Erfahrung im Umgang mit Tätern hat. Der Beschuldigte muss Gelegenheit bekommen, zu den Vorwürfen Stellung zu nehmen. Die Konfrontation muss dokumentiert werden, entweder schriftlich oder durch eine Videoaufzeichnung.

Es muss davon ausgegangen werden, dass der Beschuldigte leugnet oder dem Opfer die Schuld gibt. Die Verteidigungsstrategie des Beschuldigten oder sein Bemühen, die Tat zu minimieren, führt häufig dazu, dass am Ende das Umfeld auch so denkt und der Intention des Beschuldigten entsprechend auch denken soll, alles sei nicht so schlimm gewesen. Täter zielen mit dem Verhalten bewusst auf eine Spaltung und Ablenkung im Helfersystem ab.

Um das Opfer zu schützen, muss die Trennung von Opfer und Täter in jedem Fall erfolgen, da sie außerordentlich wichtig für den Opferschutz ist. Opfer und Täter sollen sich nicht mehr begegnen, damit beim Opfer keine neuen Ängste aufkommen oder neue Bedrohungen ausgesprochen werden können. Auch könnte das Opfer bei einer erneuten Begegnung mit dem Täter glauben, dass seine Aussage nicht ernst genommen wurde. Das Opfer muss sich geschützt fühlen und kann das nur, wenn es sicher ist, dem Täter nicht mehr begegnen zu müssen. Auch ist die Gefahr der Retraumatisierung durch die Begegnung mit dem Täter für das Opfer groß. Wenn das Opfer in einer stationären Einrichtung ist, trifft die Einrichtungsleitung zusammen mit dem Jugendamt die Entscheidung, Opfer und Täter zu trennen. Dabei gilt der Grundsatz: Nicht das Opfer verlässt die Einrichtung, sondern der Beschuldigte. Damit setzt die Einrichtung ein deutliches Zeichen im Hinblick auf den Opferschutz. Eine sofortige Beurlaubung des Beschuldigten ist nur möglich, wenn dazu sowohl der Personal- als auch der Betriebsrat gehört werden und zustimmen. Der jeweiligen Situation entsprechend, kann auch ein Haus- und Umgangsverbot ausgesprochen werden. Unter Umständen kann auch nach § 1666 BGB vor allem bei Missbrauch innerhalb der Familie eine »Go order« unterstützend sein, die dem Beschuldigten verbietet, sich dem Opfer innerhalb eines bestimmten Radius zu nähern. Es ist zu prüfen, ob und durch wen eine Anzeige erfolgen soll.

Bei einer Anzeige sieht sich das Opfer in der Regel mehrfachen Befragungen durch die Polizei, den Richter und eventuell einen Gutachter zum Tathergang ausgesetzt. Dies ist den Opfern in vielen Fällen nicht zuzumuten und daher ist es sinnvoll, sie vom Ermittlungsrichter anhören zu lassen. Dieser kann, wenn das Opfer nicht bereit und in der Lage ist, ein weiteres Mal auszusagen, als Zeuge anstelle des Opfers vernommen werden und dessen Aussage auch vor Gericht ersetzen. Dem Opfer wird dadurch eine mögliche Retraumatisierung erspart. Dieses Verfahren gilt auch, wenn eine Anzeige nicht in Erwägung gezogen wird. In diesem Fall kann ein Familienrichter das Opfer anhören und ist nicht verpflichtet, anders als bei einer polizeilichen Vernehmung, die Aussagen an die Staatsanwaltschaft weiterzugeben. Der Familienrichter kann auch bei einem möglicherweise später anstehenden Strafverfahren als Zeuge vernommen werden und die Aussage des Opfers ersetzen, falls dieses dazu nicht in der Lage ist oder auch wieder verleugnet. Die Person, bei der die Erstaussage des Opfers erfolgt ist, muss damit rechnen, dass sie bei einem möglichen Strafverfahren als Zeuge vernommen wird und auch vereidigt werden kann. Dafür ist es wichtig, die Erstaussage gut zu dokumentieren.

1.10.3 Bei beobachtetem sexuellem Missbrauch

Wird ein sexueller Missbrauch durch einen Mitarbeiter an einem Kind oder Jugendlichen beobachtet, muss er sofort einschreiten und den Missbraucher konfrontieren. Selbst bei beobachtetem Missbrauch wird der Missbraucher unter Umständen die Tat leugnen, dem Opfer die Schuld geben oder pädagogische Erklärungen für sein Verhalten abgeben. Die sofortige Trennung von Opfer und Täter sowie die Dokumentation der Beobachtung haben unbedingt zu erfolgen. Selbst wenn es keine Leitlinien dafür gibt, ist der Mitarbeiter dazu moralisch aus Gründen des Kindesschutzes angehalten. Die sofortige Trennung ist vor allem deshalb wichtig, um einen möglichen Druck des Täters auf das Opfer zu verhindern. Der Druck kann dadurch erfolgen, dass der Täter im Beisein des Opfers dem Opfer die Schuld gibt, indem er z.B. behauptet, das Kind wollte von ihm wissen, wie man masturbiert. Es kann sein, dass das Kind danach gefragt hat und sich nun mitschuldig fühlt. Eine solche Frage impliziert aber bei dem Kind jedoch nicht den Wunsch nach einem sexuellen Missbrauch.

Die Information der Leitung muss sofort erfolgen. Diese wiederum muss den Träger der Einrichtung, das Jugendamt des Opfers sowie die Aufsichtsbehörde benachrichtigen. Die juristische Unterstützung der Leitung und des Trägers ist zu empfehlen, um arbeitsrechtliche und möglicherweise strafrechtliche Schritte einzuleiten. In jedem Fall ist bei einem beobachteten sexuellen Missbrauch der missbrauchende Mitarbeiter aus der Einrichtung zu entfernen, unabhängig von seinen Erklärungen.

Auch bei einem beobachteten sexuellen Missbrauch sollte das Opfer im juristischen Kontext durch einen Richter oder die Polizei angehört werden. Dabei kann sich herausstellen, dass es vielleicht noch weitere Opfer gibt. Wenn dies bei der Anhörung nicht deutlich wird, ist zu empfehlen, alle Kinder der Gruppe, manchmal auch die Kinder und/oder Jugendlichen der gesamten Einrichtung durch die Polizei vernehmen zu lassen, da es immer wieder vorkommt, dass es nicht nur ein Opfer gibt.

Alle Kinder und Jugendlichen der Einrichtung sind über den Fortgang des Mitarbeiters zu informieren, ohne Details über den Missbrauch zu benennen. Ein weiterer wichtiger Punkt ist, die Kinder und Jugendlichen über ihre Rechte aufzuklären und ihnen deutlich zu machen, dass sexueller Missbrauch verboten ist. Es ist immer davon auszugehen, dass es bei der Öffnung des sexuellen Missbrauchs in stationärer und offener Jugendhilfe, in Kindergärten und Schulen bei den Kindern und Jugendlichen zur Spaltung kommt. Eine kindgerechte Aufklärung über sexuellen Missbrauch und die Strategien der Täter sollte Kindern und Jugendlichen die Dynamik verständlich machen und zur Auflösung der Spaltung in der Kindergruppe führen.

Im Falle eines beobachteten Missbrauchs müssen alle Mitarbeiter durch die Leitung darüber informiert werden, dass der beschuldigte Mitarbeiter wegen sexuellen Missbrauchs die Einrichtung verlassen musste. Die Mitarbeiter werden nicht über Details des Missbrauchs informiert und zur Verschwiegenheit nach außen verpflichtet. Notwendige Informationen nach außen dürfen nur von der Einrichtungsleitung weitergegeben werden.

Hilfsangebote muss es für alle Beteiligte geben. Das Opfer benötigt in jedem Fall Hilfe unabhängig von einer Strafanzeige. Kommt es nicht zur Strafanzeige, kann das Kind im pädagogischen Kontext gesehen werden, wenn es z. B. von Albträumen oder Flashbacks berichtet. Durch die begleitende Person sollte keine aktive Befragung des Kindes stattfinden, um Suggestionen zu vermeiden. Sollte aber das Kind von sich aus weitere Details des Missbrauchs erzählen, müssen diese von der Person sorgfältig dokumentiert und weitergegeben werden. Kommt es zur Strafanzeige, ist darauf zu achten, dass von den begleitenden Personen keine aktive Befragung erfolgt bis zur Sicherung der Aussagen im juristischen Kontext. Bei einem eingeleiteten Strafverfahren muss darauf geachtet werden, dass die zuständige Staatsanwaltschaft ihre Zustimmung zur Therapie gibt, weil alle Aussagen des Opfers vorab juristisch gesichert sein müssen.

Handelt es sich um Väter als Täter, wird häufig der Wunsch des Opfers, den Tätervater wiederzusehen, von außen so eingeschätzt, dass der »Missbrauch dem Kind nicht geschadet hat« und »die unhaltbare These vertreten, eine Aussetzung des Umgangs mit dem Täter schade dem Kind u. U. mehr als der Missbrauch selbst« (Heiliger, 2001, S. 2). Das Kind hat den Wunsch nach Liebe und Zuwendung und häufig ist der Täter der einzige liebevolle Mensch, der aber auch missbraucht. Den guten Teil, den es aber nur noch bekommt, indem es den bösen in Kauf nehmen muss, möchte das Kind wieder zurück haben. Um es aber zu schützen, muss der Kontakt unterbrochen bleiben. Täter nutzen den Umgang, um die Opfer erneut zur Verschwiegenheit zu verpflichten, ohne dass die begleitende Person das auch nur im Entferntesten nachvollziehen kann. Es gibt Augenkontakt, der dem Kind bedeutet zu schweigen, bestimmte Zeichen, die nur das Kind versteht, oder auch Geräusche. So hatte bei einem begleiteten Besuchskontakt der Vater eines achtjährigen Kindes einen Knackfrosch in der Hosentasche und machte wiederholt Geräusche damit. Das Kind reagierte nicht darauf, was der Begleitperson merkwürdig erschien. Später stellte sich heraus, dass dieser Knackfrosch im Eingangsritual des sexuellen Missbrauchs eine Rolle gespielt hatte und das Kind automatisch an den Missbrauch und das Schweigegebot erinnert wurde. Durch die Aufmerksamkeit der Begleitperson war es möglich, die Situation aufzulösen. Aber auch wenn Opfer den Wunsch nach Begegnung mit dem Täter haben, muss damit sorgfältig umgegangen werden. Durch die Begegnung wollen Opfer häufig ihren Schmerz verdrängen, um sich mit der Thematik nicht mehr auseinanderzusetzen. Erst wenn sowohl eine Tätertherapie erfolgreich zum Abschluss gekommen ist und ebenso die Therapie für das Opfer erfolgreich war, kann es möglicherweise über die jeweiligen Therapeuten und in Begleitung der Therapeuten zu einem gut vorbereiteten Treffen kommen.

1 Zum sexuellen Missbrauch allgemein

Auch die Kollegen des Beschuldigten benötigen ein Hilfsangebot, da sie häufig unter Schock stehen. Ein Fall von sexuellem Missbrauch in einer Institution durch einen Mitarbeiter führt außerdem immer zur Spaltung im Team. Oft fühlen sich die Kollegen – ohne selbst Täter zu sein – mit betroffen, weil sie vielleicht auch schon im Vorfeld etwas geahnt haben, aber sich nicht getrauten zu reagieren. Zur Unterstützung der Mitarbeiter und zur Auflösung der Spaltung können Supervisionen und/oder Fortbildungen zum Thema sinnvoll und hilfreich sein, da Mitarbeiter die Misshandlungsdynamik häufig nicht kennen. Aber selbst wenn sie sie kennen, kann es dazu kommen, dass Mitarbeiter ähnlich wie in Inzestfamilien den Missbrauch nicht glauben können. Deutlich wurde das in einem Fall, in dem ein Mitarbeiter mehrere ihm anvertraute Jungen missbraucht hatte. Zwei Kolleginnen, die sich in ihn verliebt hatten, bestätigten sich gegenseitig darin, die Taten nicht glauben zu können. Die Unterstützung durch die Leitung in Form von Supervision lehnten sie ab. Nachdem der Täter die Einrichtung verlassen musste und sich in Untersuchungshaft befand, kündigten sie ihre Arbeitsstelle und besuchten demonstrativ regelmäßig den inhaftierten Kollegen.

Die aufgrund des sexuellen Missbrauchs entstandene Verwirrung betrifft häufig auch die Leitung der Einrichtung. Auch hier ist zu empfehlen, sich Hilfe von außen zu holen, um möglicherweise auftretende Schuldgefühle oder auch Zweifel zu bearbeiten. Ängste bezüglich einer Nichtbelegung der Einrichtung bedingt durch den Missbrauch könnten dann in Supervisionssitzungen über das Vorgefallene genommen werden. Denn der offene Umgang mit dem Thema »Sexueller Missbrauch« hat häufig eine gegenteilige Reaktion zur Folge.

Sexueller Missbrauch in einer Institution führt auch zu einem Gefühl der Ohnmacht und Lähmung. Hier kann eine Supervision durch Fachleute von außen helfen, diese Gefühle aufzulösen. Häufig bedeutet das eine Überarbeitung präventiver Maßnahmen oder Erarbeitung von neuen Leitlinien sowie mehr Fortbildungen zum Thema des sexuellen Missbrauchs, Supervision, Bildung eines Interventionsausschusses oder die Einrichtung einer Clearingstelle, in der jeder Verdacht von sexuellem Missbrauch verpflichtend vorgestellt werden muss. Solche Maßnahmen können dazu beitragen, dass Mitarbeiter die Bemühungen der Leitung erfahren und sich wieder besser mit der Einrichtung identifizieren können.

Auch die Eltern des oder der Betroffenen benötigen ein klärendes Gespräch mit der Leitung und dem Jugendamt, in dem sich die Leitung bei den Eltern für das Vorgefallene entschuldigt. Ihnen muss erklärt werden, dass es sich um einen Einzelfall handelt, dem von der Leitung in aller Konsequenz nachgegangen wurde. Die Eltern müssen verstehen, dass der sexuelle Missbrauch auch für die Einrichtung ein schlimmes Ereignis ist, dem sie fachlich in hoher Verantwortung begegnet sind. Ein Hinweis, dass und in welcher Form die Institution sofort reagiert hat, hat meistens den Effekt, dass die Eltern für sich und für die Kinder gern Hilfe annehmen. Zudem kann den Eltern eine rechtliche Beratung empfohlen werden.

Zu überlegen ist auch, ob später ein Gespräch mit allen Eltern der bestehenden Gruppe geführt wird, da erfahrungsgemäß alle Kinder darüber berichten.

1.10.4 Durch die Leitung

Die mangelnde Auseinandersetzung mit dem Thema auf der Leitungsebene hat zur Folge, dass im Fall eines sexuellen Missbrauchs durch Mitarbeiter zu viel Zeit für die Interventionen benötigt werden. Häufig fehlt die nötige Zeit und Kompetenz um einen Katalog der Interventionen bei sexuellem Missbrauch zu erstellen. Um sich von außen Hilfe und Unterstützung zu holen, besagt der §8b SGB VIII: »Träger von Einrichtungen, in denen sich Kinder und Jugendliche ganztägig oder für einen Teil des Tages aufhalten oder in denen sie Unterkunft erhalten, und die zuständigen Leistungsträger, haben gegenüber dem überörtlichen Träger der Jugendhilfe Anspruch auf Beratung bei der Entwicklung und Anwendung fachlicher Handlungsleitlinien«. Hier hat der Gesetzgeber die rechtlichen Voraussetzungen geschaffen, sich auch auf überörtlicher Ebene Hilfe und Unterstützung zu holen. Einrichtungen, die bereits Interventionsprogramme entwickelt haben, sind oft gern bereit, sie an andere weiterzugeben. Ist eine Leitung z. B. durch Fort- und Weiterbildung und auch Entwicklung eines Handlungsplans auf mögliche Missbrauchssituationen vorbereitet, kann sie schnell und verantwortlich handeln und die Manipulation und Leugnung der Täter eher durchschauen. Ist das nicht der Fall, finden wir häufig die hilflosen Muster von Aktionismus oder Depression vor, die dem Opfer schaden und den Täter stärken.

Die Einrichtungsleitung muss wissen, dass Missbraucher im Gegensatz zu den Opfern, die nur ein Teilwissen haben, *allein* das gesamte Wissen bezüglich des sexuellen Missbrauchs haben. Nur die Täter kennen den Umfang ihrer Taten, angefangen bei den ersten sexuellen Phantasien zu Kindern über Planung, Manipulation des Kindes und aller Personen, die das Kind hätten schützen können, und werden mit allen Mitteln zu verhindern versuchen, dass dem Kind geglaubt wird. Das Verhältnis zwischen zugegebenen sowie tatsächlich stattgefundenen Missbrauchshandlungen hat Salter (1988, zit. in Deegener, 1995, S. 127) graphisch dargestellt und beschrieben (vgl. dazu ▶ Abb. 1.3, S. 98). Sie verweist darauf, dass Täter ihr Wissen über das Tatgeschehen nach Möglichkeit nicht preisgeben und allenfalls bereit sind, einen geringen Teil einzugestehen. Sie macht deutlich, wie schwierig es für das Opfer sein kann, sich einem verleugnenden Täter gegenüber zu behaupten. Anhand dieser graphischen Darstellung wird auch noch einmal verdeutlicht, wie wichtig das Aufbrechen der Verleugnung bei den Tätern ist. Erst wenn sie die gesamte Verantwortung für ihre Tat übernehmen können, besteht die Chance, therapeutisch mit ihnen zu arbeiten um ihr Verhalten zu verändern.

Bezogen auf den Tatkasten hat der Täter das gesamte Wissen über die Tat und die Vorbereitungen. Mehr als alles andere kann ihn verunsichern, wenn er bei der Befragung auf Professionelle trifft, die ihr Wissen über die Psychodynamik des sexuellen Missbrauchs, den Missbrauchszyklus und die Verleugnungsmuster bei Tätern deutlich zu erkennen geben nach dem Motto »Ich weiß, dass du weißt, dass ich weiß, dass du weißt«. Neben allen Verleugnungsaspekten wird er möglicherweise als Entschuldigung sein eigenes Opfersein angeben. Damit will er in erster Linie versuchen, von seiner Tat abzulenken, um sich in seiner Opferrolle darzustellen. Um damit angemessen umzugehen, ist zu empfehlen,

1 Zum sexuellen Missbrauch allgemein

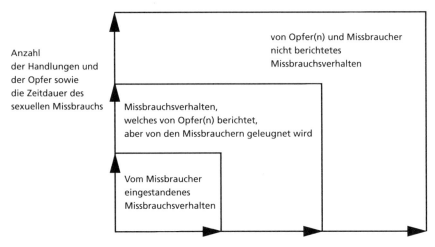

Abb. 1.3: »Tatkasten« (nach Deegener, 1995, S. 127)

das Delikt beim Gespräch im Vordergrund zu halten, aber darauf zu verweisen, dass seine Opferrolle in einer möglichen Therapie bearbeitet werden kann.

Dass die Leitung weiß, wie Missbraucher agieren, ist wichtig bei der Konfrontation.

Ray Wyre verweist auf typisches Verhalten der Missbraucher bei der ersten Konfrontation. Er beschreibt den Missbraucher, der häufig schon Zeit hatte, sich auf das Gespräch vorzubereiten, als »bedeckt, misstrauisch, ängstlich oder verschlagen. Da er nicht unvorbereitet zum Gespräch kommt, wird er genau wissen was er *nicht* sagen will. Es gibt für ihn keinen Grund ehrlich zu sein« (unveröffentlichte Konferenz-Handouts 1996).

Da die Verantwortung zum Handeln bei Missbrauch in Institutionen in erster Linie bei der Leitung liegt, ist das erforderliche Wissen über die Dynamik des sexuellen Missbrauchs und die Verleugnungsmuster Voraussetzung. Ist das nicht der Fall, wird seitens der Institutionen immer wieder versucht, die Taten zu legitimieren und nicht zu sanktionieren. Dieses bedeutet für die Täter die Duldung ihrer Taten. Dazu schlägt Busch vor, die Regeln zu ändern und nachhaltig Stellung zu beziehen. Er fordert ein Umdenken bei der Idealisierung des Helfers (»nur Gutes zu tun«) und der ausgeprägten Haltung, in der Einrichtung könne es keinen Missbrauch geben (vgl. Busch, 2006, S. 94).

Wenn ein sexueller Missbrauch in Institutionen durch Mitarbeiter bekannt wird, muss die Leitung unbedingt abklären, ob sie oder andere Mitglieder des Leitungsteams befangen sind (vgl. Eglau, Leitner & Scharf 2011, S. 77). Erst nach Abklärung mit dem Interventionsausschuss sind auf Leitungsebene unter Hinzuziehung einer juristischen Beratung arbeitsrechtliche und juristische Schritte zu prüfen. Bei arbeitsrechtlichen Schritten muss der Betriebsrat hinzugezogen werden. Wenn der Mitarbeiter einem Berufsverband angehört, muss dieser über das Fehlverhalten informiert werden. Obwohl der Arbeitgeber nicht zur

Anzeige verpflichtet ist, obliegt ihm die Garantenpflicht im Sinne des § 13 StGB, der die Strafbarmachung bei Untätigkeit beinhaltet. Auch ist bei der Überlegung zu berücksichtigen, ob nach § 8a SGB VIII die Verpflichtung zum Handeln angezeigt ist und eine Strafanzeige erfolgen soll. Institutionen scheuen diesen Schritt auch häufig bei eindeutigem sexuellen Missbrauch. Deshalb kommt es auch immer wieder zu Entlassungen des Täters ohne Hinweis auf den sexuellen Missbrauch. Damit übernehmen auch die Institutionen eine Mitverantwortung, wenn es zu weiteren Taten in einer anderen Institution kommen sollte. Wenn die Leitung ihrer Garantenpflicht nicht nachkommt, kann sie u. U. schadensersatzpflichtig gemacht werden. In keinem Fall sollten arbeitsrechtliche Schritte vom Ausgang eines Strafverfahrens abhängig gemacht werden. Da sich ein Strafverfahren über einen langen Zeitraum (ca. 2 Jahre) hinziehen kann, würde das bedeuten, dass der Täter weiter in der Institution arbeitet und Kontakt zum Opfer hat. Außerdem muss davon ausgegangen werden, dass der Täter die Zeit nutzen wird, um verstärkt die Kollegen und das gesamte Umfeld so zu manipulieren, dass anschließend alle von seiner Unschuld überzeugt sind. Das wiederum hätte den Effekt, dass das Opfer zum zweiten Mal zum Opfer gemacht würde.

Bei dem Verdacht einer schweren Vertragsverletzung ist bereits eine Kündigung gerechtfertigt, wenn sie sich ausdrücklich auf diesen Verdacht stützt. Diese Kündigung ist auf Arbeitsbereiche beschränkt, die eine Vertrauensbasis verlangen. Das muss eindeutig feststehen. Dabei muss der Arbeitnehmer vor der Kündigung mit den Verdachtsmomenten konfrontiert werden. Er muss Gelegenheit bekommen, sich dazu zu äußern. § 626 Abs. 2 BGB besagt, dass die Verdachtskündigung innerhalb einer Frist von zwei Wochen nach Kenntnisnahme des Arbeitgebers von den Verdachtsmomenten erfolgt sein muss. Ist der Arbeitgeber davon überzeugt, dass der sexuelle Missbrauch tatsächlich stattgefunden hat, und kündigt deshalb, handelt es sich in jedem Fall um eine Tatkündigung. Es ist darauf zu achten, dass ein Wechsel von einer Tat- auf eine Verdachtskündigung nicht möglich ist (vgl. Burgsmüller 2006, S. 129 ff.).

Da bei Verdacht auf sexuellen Missbrauch durch Mitarbeiter auch die jeweilige Aufsichtsbehörde der Institution benachrichtigt werden muss, besteht auch die Möglichkeit der Aufsichtsbehörde, die Tätigkeitsuntersagung nach § 48 SGB VIII auszusprechen.

Damit wird der Einrichtung durch die Aufsichtsbehörde verboten, einen Mitarbeiter weiter zu beschäftigen, wenn Tatsachen zu der Annahme führen, dass er die für die Tätigkeit erforderliche Eignung nicht besitzt. Sollte es ein Ermittlungsverfahren aktuell geben, kann dem Träger durch die Aufsichtsbehörde eine Beschäftigung des Mitarbeiters bis zum Ende der Ermittlungen untersagt werden (§ 78 Abs. 3 JWG). Eine Kündigung nach sexuellem Missbrauch sollte immer in Betracht gezogen werden.

Dabei ist zu überlegen, ob eine ordentliche verhaltensbedingte Kündigung nach § 622 ff. BGB unter Fristenwahrung (reguläre Kündigungsfrist) aufgrund des massiven Fehlverhaltens für den Arbeitgeber zumutbar ist oder ob eine außerordentliche verhaltensbedingte Kündigung nach § 626 Abs. 1 BGB (Nichteinhaltung der regulären Kündigungsfrist) zum Tragen kommen muss. Laut

Rechtsprechung berechtigt z. B. sexuelle Belästigung durch Ausbilder und Vorgesetzte zur außerordentlichen Kündigung.

Das Deutsche Jugendinstitut empfiehlt, dass es nach sexuellem Missbrauch in Organisationen nicht reicht »Hilfe anzubieten, sondern dass – unabhängig von der Aufdeckung vorgefallener sexueller Gewalt – Organisationsentwicklungsprozesse in Gang gesetzt werden müssen, die sexuelle Gewalt unwahrscheinlicher und Aufdeckungsprozesse wahrscheinlicher machen« (DJI Deutsches Jugendinstitut 2011, S. 169).

1.10.5 Umgang mit Öffentlichkeit

In vielen Fällen von sexuellem Missbrauch kommt es deshalb nicht zur Klärung, weil das Ansehen der Institution im Vordergrund steht. So ist es z. B. für einen Schulleiter von großer Bedeutung, dass seine Schule nicht in Misskredit gerät und darüber die Schülerzahlen sinken könnten. Ein Pfarrer mit dem Pfarrgemeinderat beschließt z. B., lieber den Kaplan nach sexuellem Missbrauch zu versetzen als sich mit der Gemeinde auseinanderzusetzen und Kirchenaustritte in Kauf zu nehmen. Ein Sportverein lässt z. B. den Trainer nach sexuellem Missbrauch mit Älteren trainieren, ohne dass das Delikt verfolgt wird, aus Sorge, die Eltern der Kinder könnten einen anderen Verein auswählen. Eine Kita ignoriert die Verdachtsmomente, beobachtet nicht weiter und konfrontiert nicht, aus Sorge, dass die Kita geschlossen werden könnte und Arbeitsplätze verloren gehen. Eine Jugendhilfeeinrichtung trennt sich z. B. von einem beschuldigten Mitarbeiter mit dem »goldenen Handschlag«, um sich nicht mit Mitarbeitern, Eltern, Presse etc. auseinandersetzen zu müssen. Eine Musikschule stellt sich hinter den beschuldigten Musiklehrer und beschuldigt das Kind der Lüge, um dem Ansehen der Schule nicht zu schaden.

Bei allen genannten Möglichkeiten stehen immer das Ansehen der Institution und die Angst im Umgang mit der Öffentlichkeit, speziell den Medien, im Vordergrund.

Institutionen, die sich nach sexuellem Missbrauch dem Problem stellten, berichten, dass es zur Zeit der Krise ein hohes Maß an Kraft bedurft habe, um auf allen Ebenen zu funktionieren. Den Umgang mit der Öffentlichkeit haben sie gut bewältigt, indem sie sich dem Thema stellten, ihr Bedauern zum Ausdruck brachten, den Fall als außergewöhnlich darstellten, Hilfsangebote organisierten, Supervisionen und Fortbildungen anboten und Gespräche mit Eltern, Medien, Pfarreien u. a. führten. Obwohl es auch z. B. zu Kirchenaustritten oder Abmeldungen kam, gab es die einhellige Meinung, dass der Schritt in die Öffentlichkeit der einzig richtige ist. Institutionsleitungen gaben an, für sich selbst auch supervisorische Krisenintervention in Anspruch genommen und sich dadurch gut unterstützt gefühlt zu haben.

2 Sexueller Missbrauch in Institutionen anhand von Beispielen aus der Praxis

Im Folgenden wird an Fallbeispielen aus unterschiedlichen Institutionen das Phänomen des sexuellen Missbrauchs mit den individuellen und institutionellen Dynamiken und Folgen verdeutlicht. Dabei beziehen wir uns auf die in den vorherigen Kapiteln ausgeführten allgemeinen Grundlagen. Wir beginnen mit der kleinsten Einheit: der Institution Familie. Dies ist sinnvoll, weil sexueller Missbrauch häufig in Familien geschieht, durch die Eltern, Pflegeeltern, weitere Verwandte, Bekannte der Eltern oder Geschwister. Auch lässt sich die typische Missbrauchsdynamik mit allen Abwehrmechanismen sehr gut an der Institution Familie aufzeigen. Häufig werden Mitarbeiter und Mitarbeiterinnen von Institutionen, denen Kinder und Jugendliche anvertraut werden, wie Kindergarten oder Schule, mit Verhaltensauffälligkeiten oder Veränderungen ihrer Schutzbefohlenen konfrontiert. Sie sollten sehr sensibel sein und die Verdachtsmomente bei sexuellem Missbrauch, auch in der Familie gut kennen, um intervenieren zu können. Für eine angemessene Intervention ist auch die Kenntnis des Gesetzes und der Richtlinien der jeweiligen Institution notwendig.

Drei der ausgewählten Fallbeispiele beziehen sich auf das Feld Familie, zwei Fallbeispiele finden in der Institution Heim statt. Des Weiteren wurden die Institutionen Kindergarten, Schule, Kirche und Behinderteneinrichtung gewählt. Die Reihe von Institutionen kann noch ergänzt werden durch Freizeiteinrichtungen, Sportvereine etc. Die vorgestellten Dynamiken wie auch die erfolgten oder notwendigen Interventionen gelten jedoch auch für weitere Institutionen und können insofern übertragen werden.

Alle neun Fallbeispiele sind aus der eigenen Praxis. Bei acht Fällen handelt es sich um Betroffene, beim letzten Fall um einen Täter. Das erste Fallbeispiel entstammt einem persönlichen Interview eines Betroffenen, welches wir Autorinnen mit ihm im September 2011 in der Schweiz geführt haben. Der Betroffene hat uns nach Durchsicht der Fallbeschreibung autorisiert, den Fall mit seinem Namen zu veröffentlichen. Da dieses Beispiel auf der Grundlage des erfragten Materials wesentlich umfangreicher ist und durch das persönliche Interview auch einen anderen Charakter hat, stellen wir es voran. Es geht darin um den sexuellen Missbrauch eines Jungen in der Kindheit durch eine Erzieherin im Heim; es zeigt aber auch sehr gut den familiären Hintergrund sowie die fehlenden bzw. falschen institutionellen Interventionen. Beim letzten Fallbeispiel handelt es sich um einen Täter, der ebenfalls persönlich interviewt wurde und der anonymisierten Veröffentlichung zugestimmt hat.

Jedes Fallbeispiel besteht aus einer Fallbeschreibung und einer Interpretation. Bei der Interpretation geht es schwerpunktmäßig um folgende Aspekte: Verhalten und

Erleben des Opfers als Folge des sexuellen Missbrauchs, Prozess der Aufdeckung, Interaktionelle Dynamik der Missbrauchssituation, Reaktionen der Umgebung, Wiederholung des Missbrauchsmusters, Bewältigungsmechanismen und Verarbeitungsmöglichkeiten, Interventionen. In Abhängigkeit von der Ergiebigkeit des Falles gibt es auch einige Ergänzungen wie bei den beiden Interviews (vgl. 2.1 und 2.9).

2.1 Sexueller Missbrauch eines Jungen durch eine Erzieherin im Heim – Interview des Opfers

Fallbeschreibung

Die Beschreibung wurde vom Betroffenen gegengelesen und teilweise geändert. Sie erfolgt in der Ich-Form, um hervorzuheben, dass die Fallbeschreibung auf einem Interview mit ihm basiert.[2]

»Als ich im Alter von 2,5 Jahren mit einem Polizeieinsatz in ein Kinderheim gebracht wurde, war die Ehe meiner Eltern zerbrochen. Mein Vater kam wegen Diebstahls ins Gefängnis und meine Mutter in die Psychiatrie. Ich bin das zweitjüngste Kind von 8 Kindern. Wo meine 7 Geschwister waren, wurde mir damals nicht gesagt. Ich weiß heute, dass sie in unterschiedlichen Kinderheimen untergebracht wurden. Ich bin fest überzeugt, dass es Absicht der Behörden war, unsere Familie zu ›zerschlagen‹.

Meine Eltern waren einfache Bergbewohner. Mein Vater war 10 Jahre älter als meine Mutter und in der Familienchronik habe ich gefunden, dass sie verheiratet *wurden*. Wir lebten ein sehr verwahrlostes Leben. Es gab kein Bad und die Toilette war ein gegrabenes Plumpsklo. Die Arbeit meiner Eltern beschränkte sich auf das Hüten von Schafen und Kühen. Meine Mutter hat nicht sehr auf die Familie aufgepasst, sie war mehr mit ihren unterschiedlichen Beziehungen beschäftigt als mit uns Kindern. Mein Vater trank. Es gab viel Gewalt, viel Lärm und viel Armut. Ich kann mich nicht erinnern, eine vertrauensvolle, liebevolle Situation zu Hause mit meinen Eltern erlebt zu haben. Da konnte niemand mal irgendwie mitbekommen, wie meine Mutter sich vertrauensvoll an meinen Vater anlehnte oder streichelte. Mein Vater hatte eine Beziehung zur Mutter meiner Mutter. Im Wesentlichen kümmerte sich meine 12 Jahre ältere Schwester um uns Kleine. Atmosphärisch waren diese ersten Jahre geprägt von körperlicher und geistiger Vernachlässigung.

Als ich getrennt von meiner Familie im Heim untergebracht wurde, erinnere ich mich heute noch an den Schock, unter dem ich stand. Niemand hatte mich auf die neue Situation vorbereitet und ich fühlte mich allein gelassen, verlassen.

---

2 www.Philipp-gurt.ch

2.1 Sexueller Missbrauch eines Jungen durch eine Erzieherin im Heim

Das war das Einschneidendste in meinem Leben. Der Bruch war für mich nicht zu verstehen. Ich war sehr unglücklich. Ich wusste nicht, was 1 km ist, ich hatte ja kein Gefühl für Entfernungen. Ich wusste gar nicht wo ich war. Ich weiß das alles noch sehr genau. Ich kenne die Räume, ich weiß, wo ich geschlafen habe. Wenn mein Vater aus dem Gefängnis angerufen hat, habe ich das Telefon fast geliebt, die Stimme hätte ich am liebsten festgehalten – es war trotzdem ein Zerriss. Der Schmerz und das Nicht-Verstehen waren, glaube ich, der Urschock. Aber es gab die schönen Brothäppchen mit Konfitüre und das war für mich ein Paradies. So etwas kannte ich bis dahin noch nicht.

Aber bereits kurze Zeit später, ich war 3,5 Jahre alt, kam ich für 6 Monate in eine Pflegefamilie. In der Pflegefamilie ging es mir nicht gut. Dort wurde ich oft eingesperrt und niemand hat verstanden, dass mir meine Familie fehlte.

Ich kam danach wieder zurück in das Heim und blieb dort ein paar Monate. Danach kam ich ins Waisenhaus – da war ich ungefähr 4 Jahre alt. Das Waisenhaus war ein uraltes Heim, ein abgelodderter Bauernhof. Es gab Schweine im Stall und Schafe. Der Heimleiter hat sich mehr um die Schafe als um die Kinder gekümmert. Dort haben die Kinder ihr Brot verdienen müssen. Eine Sirene hat zum Essen geläutet und dann stand man der Größe nach an, um Essen zu bekommen. Da hat es mir eigentlich recht gut gefallen, weil es ziemlich ähnlich war wie zu Hause. Ich traf meine kleinste Schwester wieder. Auch meine älteste Schwester hatte dort gelebt, war aber gerade entlassen worden. In diesem Heim habe ich 8 Jahre verbracht.

Und hier traf ich auf eine Erzieherin, die sich sehr liebevoll um mich gekümmert hat. Zuerst habe ich mich mit ihr angefreundet. Sie war für mich wie eine Mutter, Vater und Schwester zusammen. Das gab mir ein sehr wohltuendes Gefühl. Und ich weiß noch, dass ich sie vergöttert habe. Ich habe zu ihr hochgeschaut. Sie war 27 Jahre alt und ich 4 Jahre. Sie war keine männliche Frau. Aber mit meinen 4 Jahren habe ich schon gemerkt, dass sie anders war als andere Frauen. Als sie dann anfing, mit mir Spiele zu machen, habe ich mir zunächst nichts Ungewöhnliches darunter vorstellen können. Beim ersten Mal war es ein Ameisen-Krabbelspiel. Ameisen, die in die ›Höhle‹ flüchteten. Das musste ganz schnell gehen. Und dann musste ich ganz flink mit meinen Fingern sein. Damit es noch besser ging, erklärte sie, ihre Beine seien jetzt Zeltstangen. Aber als ich merkte, dass ich ihre Wünsche nicht befriedigen konnte, habe ich gedacht: ›Was soll ich jetzt tun? Sie ist nicht zufrieden‹. Und dann habe ich mich angestrengt, aber sie hat es aufgegeben für dieses Mal. Immer wieder machte sie mit mir das Zeltspiel. Und nach dem Missbrauch schickte sie mich los Milch zu holen. Ich habe das alles auch nicht verstanden. Man kann einem Blinden nicht die Farbe ROT erklären und ebenso wenig einem 4-jährigen die Lust auf Sexualität. Die kindliche Neugier auf seine Geschlechtsteile hat nichts mit Sexualität zu tun. Ich spürte es ja, das ist einfach falsch. Das Schlimmste, woran ich mich erinnere, waren der Geruch und der Geschmack. Selbst später, wenn andere Erzieherinnen nah an mich herantraten, hatte ich immer diesen Geruch in der Nase. Während der Missbrauchssituationen fühlte ich mich wie in der Beobachterperspektive und habe alles von außen betrachtet. Ich glaube, dass ich mich deshalb auch noch an so viele Details erinnere.

Diese Erzieherin, die mich sexuell missbraucht hat, hat mich über einen langen Zeitraum missbraucht. Sie ist einfach zu mir ins Bett geschlüpft und dann wollte sie eben spielen. Als wir dann später alle gemeinsam am Tisch saßen, hat sie vor allen erzählt, dass wir Spiele mit einem Spielzelt gespielt hätten. Es hörte sich ganz harmlos an. Auch damit, dass ich nach dem Missbrauch immer Milch holen sollte, wollte sie, glaube ich, offensichtlich sagen: Alles ist normal. Sie bevorzugte mich vor den anderen Kindern. Z. B. nahm sie mich mit auf eine Hochzeit und ich fühlte mich stolz, weil ich bis in die Nacht mitfeiern und danach bei ihr zu Haus schlafen durfte. Und dann folgte wieder der Vertrauensbruch. Ich verstand, dass sie zwei Seiten, eine gute und eine schlechte hatte. Wichtig war mir, die gute Seite zu genießen. Ich kam aber nur über die eine Seite auf die andere Seite. Das ist ja das Perverse. Man ist ja angewiesen auf diese Seite. Das Verrückte war, dass ich alles verloren hätte, ich hatte ja sonst niemanden mehr. Aber als sie mich missbraucht hat, habe ich den Riss gespürt, da war sie nicht mehr integer für mich, nicht mehr authentisch.

Sie ist zu uns in den Waschraum gekommen und hat sich auch vor uns Kindern im Bad die Brüste gewaschen und das als pädagogisch wichtig dargestellt, weil Mütter das in den Familien ja auch so machen würden. Und ich weiß noch, dass ich gedacht habe ›Ich fühle mich nicht wohl‹.

Viel später hat sie sich meines Wissens älteren Jungen zugewandt und wurde dann letztlich mit einem Lehrling der Einrichtung erwischt und suspendiert, was ich allerdings erst viel später erfuhr. Irgendwann war sie nicht mehr da und ich habe mich als Verräter gefühlt. Ich habe gedacht: ›Ich bin schuld‹. und: ›Was habe ich verbockt, dass sie jetzt nicht mehr da ist? Jetzt hat sie mich verlassen, weil ich nicht funktioniert habe.‹

Sie ist heute 66 Jahre alt und hat den sexuellen Missbrauch an mir zugegeben. Sie hat mir Filme und Bilder zur Verfügung gestellt, die sie damals von mir gemacht hat. Auch hat sie über alle Missbrauchssituationen penibel Tagebuch geführt. Wenn ich mich auf einem dieser Bilder sehe, mich als 4-jährigen mit großen leeren Augen, erinnere ich mich genau, dass sie dieses Bild nach dem ersten sexuellen Missbrauch von mir gemacht hat. Und wenn ich dieses Bild ansehe, diese Augen, denke ich: ›Der ist ja schon tot‹. Und da sieht man auch den Schock, da war ich schon gelähmt von zu Hause und dann das jetzt.

Nachdem sie mir diese Unterlagen gezeigt bzw. übergeben hatte, erklärte sie, dass sie sich nicht mehr so schuldig fühle, da *ich* ja jetzt der Täter sei, weil ich sie öffentlich beschuldigt habe.

Ich frage mich, wieso ich über diese Dinge reden kann, was für andere Betroffene unmöglich ist, und warum kann ich über Geschichten, die meinen Freunden passierten, weinen, aber über meine eigene Geschichte nicht. Ich gehe mit meiner Geschichte an die Öffentlichkeit, weil ich allen sagen möchte: Man muss sich nicht schämen, wenn man sexuell missbraucht wurde. Das ist ja, als würden Lügen und Schuld an den Personen kleben, obschon man völlig unschuldig als Kind ist – ähnlich wie bei einer vergewaltigten Frau. Das ist mein Kampf gegen missbrauchende Personen. Ich weiß, der Missbrauch fängt manchmal noch mal richtig an, wenn man älter ist und merkt, was einem geschehen ist. Und immer wieder kommen die Gedanken, dass man nicht darüber reden sollte und darf, weil es ja eine Schmach, eine Schande ist. Da muss man erst einmal verarbeiten, dass eine Person, die man so sehr gemocht hat, die andere, nicht gute Seite in sich trägt.

Bis heute leide ich unter Angststörungen. Mit 8 Jahren hat das angefangen. Da habe ich einfach ein Gefühl in mir gehabt und nicht gewusst, was das ist. Das ging lange so, bis etwa 15, bis ich gemerkt habe, dass das schwere, tiefe Angstsymptome sind, was sich da über den Körper ausbreitete. Zum ersten Mal habe ich es mit 12/13 Jahren einer Erzieherin gesagt: ›Mir kommt es so seltsam, es ist irgendwas, ich habe das Gefühl als wenn ich sterben würde. Es ist ganz seltsam in mir drin.‹ Darauf hat sie geantwortet: ›Geh ins Zimmer, lösch das Licht und geh schlafen.‹ Ich wusste, dass das genau das Falsche war – ich brauchte jetzt Licht. Danach habe ich nie wieder darüber gesprochen. Aber das Gefühl habe ich noch jahrelang in mir rumgetragen, alles war durchschwängert von diesem Gefühl. Ich spürte es beim Skilaufen, im Kino oder am Pool. Mit 14/15 Jahren ist es so schlimm geworden, dass ich beim Jugendpsychiater war. Da habe ich einmal autogenes Training gemacht – und das war's. Dieses Gefühl kenne ich auch heute noch, es tritt immer mal wieder auf.

Als ich die Erzieherin vor zwei Jahren getroffen habe und sie mir eingestand, dass der Missbrauch durch sie wirklich passiert ist, hat mir vor allem geholfen, dass meine Erinnerungen an das Kinderheim wahr sind. Ich habe immer wieder gezweifelt, ob meine detaillierten Bilder wirklich stimmen, da ich zum Zeitpunkt des Missbrauchs doch erst vier Jahre alt war. Ich habe lange gedacht, vielleicht habe ich mir das eingebildet, aber ich habe immer gewusst, das ist so. Sie hat doch tatsächlich gesagt: ›Du hast mich verraten, du hast unser Geheimnis verraten – *ich* bin jetzt das Opfer.‹ Gleichzeitig nannte sie viele Gründe, warum sie mich missbraucht hat, u.a. weil sie selbst missbraucht wurde. Ich könne das alles nicht verstehen. Ich denke, wenn man Durst hat, muss man nicht andere auch dursten lassen. Sie hat mein Treffen mit ihr so verstanden, dass ich ihr vergebe. Ich habe nicht vor, sie anzuzeigen. Wenn jemand das Gefühl hat, dass es ihm besser geht, wenn jemand verurteilt ist, glaube ich, dass das eine Lüge ist. Ich glaube, mir geht es dann nicht besser, wenn es ihr schlechter geht und Gerechtigkeit herrscht. Ich glaube, dass es mir besser geht, weil ich mit meiner Geschichte im Reinen bin.

Nachdem diese Erzieherin nicht mehr in der Einrichtung war, gab es immer wieder Praktikantinnen, die mit mir und anderen Kindern und Jugendlichen der Einrichtung sexuelle Kontakte hatten. Wenn ich darüber nachdenke, müssen alle Erzieher und Erzieherinnen, die nicht auch selbst missbraucht haben, das mitbekommen haben.

Es gab auch verschiedene Formen sexueller Übergriffe älterer Jugendlicher auf uns Kinder. Ich habe immer gewusst: Ihr müsst mich totschlagen, bevor ich einen Penis in den Mund nehme. Das konnte ich einfach nicht. Ich konnte aber 7/8-jährig nicht verhindern, dass diese Jugendlichen meinen Penis in ihren Mund nahmen, was jedes Mal bei mir einen Pinkelreflex auslöste. Und dann hat man mir gedroht, falls ich etwas erzählen sollte. Es gab 20-jährige Lehrlinge und ältere Jugendliche, die versucht haben, 5- bis 6-Jährige zum Oralsex zu zwingen, oder wir mussten zuschauen beim Onanieren.

Sexuelle Kontakte der Kinder und Jugendlichen untereinander waren an der Tagesordnung. Als ich 12 Jahre alt war, wollte ein 14-jähriges Mädchen aus unserer Einrichtung Sex mit mir. Als ich ihr nicht genügte, wandte sie sich einem 16-Jährigen zu und ich weiß noch, wie enttäuscht ich über mich selbst war.

In diesem Heim, in dem ich 8 Jahre lebte, waren die Voraussetzungen für sexuellen Missbrauch ideal. Der Heimleiter war mit seinen Schafen so sehr beschäftigt, dass er seinen Schutzauftrag gar nicht wahrnahm. Ich weiß von der Erzieherin, die mich missbraucht hat, dass der Heimleiter sie mit dem Lehrling erwischt hat und trotzdem keine weitere Untersuchung zugelassen hat. Diese Frau wurde entlassen und in ein anderes Heim versetzt. Und niemand weiß, wen sie danach noch in ihrer neuen Anstellung missbraucht hat. Dass das möglich war, lag an dem System dieser Einrichtung. Das ist genauso, als wenn ein Unfall geschieht, 30 Leute stehen rum und schauen zu. Das Problem bestand darin, dass es keine Kontrolle von oben gab. Ich bin mir sicher, dass, falls jemand das Ganze aufgebrochen hätte, dieser garantiert mundtot gemacht worden wäre.

Die Geschichten im Waisenhaus, die Gewalt und der sexuelle Missbrauch sind in einem großen Zeitungsartikel erschienen. Jemand, der früher für dieses Heim zuständig war und heute noch eine ähnliche Funktion hat, erklärte, dass er sich das alles nicht vorstellen könne und das alles nicht wahr sei. Bezüglich der Schläge erklärte er, dass früher ein normales Mittel gewesen sei. Man hätte auch in der Ausbildung gelernt, gezielt Schläge einzusetzen.

Dass wir Kinder massiv geschlagen wurden, war kein Thema für mich. Wir wurden viel geschlagen, gedemütigt und erniedrigt. Ich habe faule Eier essen müssen, was dann zu Durchfall und Erbrechen führte. Es wurde uns oft tagelang das gleiche Essen gegeben. Und wenn wir es nicht gewollt haben, wurden wir eingesperrt oder mit Seilen geschlagen.

Aber das deckt nur das andere zu. Der sexuelle Missbrauch war das Thema. Obwohl ich nicht der Einzige war, der missbraucht wurde, hätte ich nie, nie, nie mit anderen Kindern darüber gesprochen. Niemand sprach darüber. Es kam mir in den 8 Jahren auch nicht in den Sinn, mich an den Leiter zu wenden. Ich glaube, dass ich wusste, dass mir auch nicht geglaubt worden wäre.

Als ich Jugendlicher war und nicht mehr dort lebte, wurde das Heim geschlossen. Der Heimleiter hat sich später umgebracht, er hatte Parkinson. Ich war als einziges ehemaliges Heimkind bei seiner Beerdigung.

Viele Jahre später hat mir eine ehemalige Erzieherin gesagt, dass sie mitbekommen habe, dass ich von der Erzieherin sexuell missbraucht worden sei. Es habe sie sehr belastet. Sie habe sich nicht in der Lage gefühlt, etwas zu unternehmen, da es sich ja immerhin um schwere Vorwürfe gehandelt hätte.

Eine andere Erzieherin hat mich angerufen und gefragt, ob ich mich erinnere, dass sie mich geschlagen habe. Aber daran konnte ich mich gar nicht mehr erinnern. Sie hatte Angst, dass ich sie anzeigen könnte. Wir haben massive Schläge bekommen. Aber dass wir Schläge bekamen, habe ich gar nicht als so dramatisch erlebt. Aber diese sexualisierte Gewalt im Heim hat mich doch stark geprägt, obwohl ich immer mehr der Überzeugung bin, dass die größte Schädigung durch die Trennung von meiner Familie passiert ist.

Ich denke häufig daran, dass ich nie ein Kind missbrauchen werde. Wenn ich jemals nur das Gefühl hätte – ich würde mich umbringen.

Als ich 14 Jahre alt war, habe ich Sex mit einer 34-jährigen Frau gehabt, aber ich habe mich nicht missbraucht gefühlt. Ich habe es auch gewollt. Dieser Frau war es egal, ob ich es war oder ein anderer. Sie war betrunken und wollte nur schnellen Sex. Damit hatte ich kein Problem. Ich erinnere mich, dass ich danach nach Hause gegangen bin und zwei Stunden geduscht habe. Es gab viele sexuelle Begegnungen mit Frauen, auch mit mehreren auf einmal. Das prägt sich dann auch im Kopf ein. Immer wenn ich Sex hatte, habe ich gedacht, ›Jetzt bist du am Ziel, jetzt bist du es wert‹. Obwohl ich oft gar keine Lust auf Sex hatte, gab es mir das Gefühl von Wertschätzung durch diese Frauen. Ich habe es für mich wie eine Trophäensammlung erlebt.

Mit 13 Jahren habe ich angefangen zu rebellieren und war regelmäßig auf der Flucht. Ich bin dann von Heim zu Heim gebracht worden, insgesamt waren es wohl 13 Einrichtungen unterschiedlichster Art, u. a. die Zwangspsychiatrie und für mehrere Wochen die Jugendhaftanstalt, wo man versucht hat, mich zu brechen. Immer wieder bin ich weggelaufen und habe meinen alkoholkranken Vater gesucht und mich in den einschlägigen Lokalen rumgetrieben. Oder ich habe mich in der Hippieszene aufgehalten. Obwohl dort viele Drogen konsumiert wurden, habe ich nicht mitgemacht. Ich hatte eine Erfahrung mit einer Haschischvergiftung und das hat mir gereicht. Meine Beobachtungen, was Drogen anrichten, haben mir geholfen, nicht zu konsumieren. Ich hatte nie Angst, die Wirklichkeit zu spüren. In dieser Szene war ich oft. Aber da hat mich die Polizei erwischt und mich dann wieder in ein Heim gebracht, wo man mehr Aufseher hatte. Ich bin wieder weg und kam von diesem Heim in das nächste härtere, wo man nachts eingeschlossen wurde. Mit 14 Jahren war ich im Erwachsenenstrafvollzug zusammen mit Mördern. Und weiter bin ich von Heim zu Heim gekommen, bis sich irgendwann die Polizei einschaltete und anordnete: Wir holen den nicht mehr. Doch die Vormundschaftsbehörde hat mich weiter suchen lassen und das Spiel setzte sich fort bis zu meinem 16. Geburtstag. Niemand hat mich jemals gefragt: Warum haust du immer ab? Ich wurde aus der psychiatrischen Behandlung aufgrund einer schweren Störung mit Verwahrlosungstendenzen mit der Empfehlung entlassen: ausschulen und bis zum 20. Lebensjahr in einem Gefängnis unterbringen. Das war 1985.

Erst nachdem ich das Heim verlassen hatte, habe ich unregelmäßige Kontakte zu meinen Geschwistern aufgenommen. Sie sind alle geprägt durch die Familie und die Heimaufenthalte. Aufgefallen ist mir, dass vor allem meine Brüder in allem grenzenlos sind. Das Thema Sexualität spielt eine große Rolle. Es gibt Begegnungen, die nicht mit normalen Begrüßungsritualen beginnen, sondern mit sexuellen Ausdrücken. Am Anfang fand ich unsere Treffen spannend und ich habe gerne mitgemacht. Inzwischen finde ich den Stil und Umgangston meiner Brüder für mich nicht mehr passend. Mit einigen Schwestern habe ich noch Kontakt, vor allem mit meiner ältesten Schwester. Doch seit ich meine Lebensgeschichte öffentlich gemacht habe, haben sich einige Schwestern von mir abgewandt. Meine älteste Schwester unterstützt meinen Schritt in die Öffentlichkeit. Mein Vater, mit dem ich immer mal wieder Kontakt hatte, ist inzwischen verstorben. Mit meiner

Mutter hatte und habe ich keinen Kontakt. Sie hat ihr Leben einfach so weitergeführt, als hätte sie keine Kinder und keine Verantwortung. Als sie von meiner Geschichte hörte, hat sie sich geschämt, mitverantwortlich zu sein. Traurig finde ich es, dass meine Mutter es nie geschafft hat, sich von dieser Schuld, die sie auf sich geladen hat, zu befreien und um Verzeihung zu bitten.

Meine sozialen Bindungen haben sich im Laufe der Zeit positiv verändert, obwohl ich meine vielen Bekannten nicht Freunde nennen würde. Ich habe nur einen guten Freund, dem ich voll vertraue. Meine Erfahrung ist, dass es wenige wahrhaftige Menschen auf dieser Welt gibt. Mir fallen nur drei Freunde ein, auf die ich mich verlassen würde.

Meine schulischen und beruflichen Entwicklungen wurden immer wieder unterbrochen durch Abbrüche. Es gab Jahre, da habe ich bis zu 8 Jobs gehabt und wieder aufgegeben. Über Fernkurse habe ich letztlich meine Ausbildung zum Ingenieur gemacht und bin heute Management-Leiter der Technik-Abteilung einer Klinik mit 580 Mitarbeitern. Trotz allem bin ich nicht zufrieden mit mir.

Mit 19 Jahren bin ich zum ersten Mal Vater geworden. Heute bin ich 43 Jahre alt und habe fünf Kinder im Alter von 24 bis 0,5 Jahren. Mit meinen teils erwachsenen Kindern geht es mir gut. Wichtig ist mir, Grenzen zu wahren. Z. B. wenn ich mein jüngstes Kind wickle, lege ich immer ein Tuch auf den nackten Po und vermeide es, das Kind im Intimbereich einzucremen. Auch die Kontakte zu den anderen Kindern waren und sind in einem ausgewogenen Verhältnis von Distanz und Nähe.

Mit Unterbrechungen hatte ich ca. 10 Jahre unterschiedliche Therapien. Ich glaube nicht, dass mir das wirklich geholfen hat. Ich glaube, dass ich selbst am meisten dazu beigetragen habe, dass es mir heute gut geht. Zwar leide ich immer noch unter Ängsten. Ich mag z. B. nicht verreisen, weil ich mich nicht sicher fühle, und ich nehme nur Speisen und Getränke zu mir, wenn ich die Menschen gut kenne, aber im Allgemeinen läuft mein Alltag gut.

Geholfen, meine Geschichte zu verarbeiten, hat mir das Schreiben. In meinem Buch ›Die 5. Himmelsrichtung‹ habe ich die Missbräuche beim Namen genannt. Viele Menschen, die missbraucht wurden, lassen den Stachel drin, denn wenn sie ihn rausziehen, tut es noch viel mehr weh wegen der Widerhaken. Ich glaube allerdings, nur wenn der Stachel raus ist, kann die Wunde heilen.

In meinem ersten Buch ›Menschendämmerung‹ war es mir wichtig, die emotionale Seite nach erlebtem sexuellen Missbrauch zu beleuchten. Erschütterung, Zerstörung, Einsamkeit, Leere und Wachsamkeit werden von dem Kampf zusammengehalten. Der Zwang zum Leben und die Frage: ›Warum sterbe ich nicht?‹ sind hier ein besonderes Thema. Hier habe ich versucht zu verdeutlichen, dass ich zu viel zum Sterben und zu wenig zum Leben hatte. Aber es geht auch um den Kampf, der die positive Einstellung zum Leben untermauert. Mit diesen und anderen Büchern und Kurzgeschichten habe ich meine Geschichte reflektiert, immer wieder zurückgespult und hinterfragt, um mich zu retten.

Die Kompetenzen, die ich im Laufe meines Lebens zu entwickeln gelernt habe, glaube ich aus meinem Glauben an Gott zu beziehen. Der Glaube ist für mich etwas sehr Persönliches, was nichts mit der Kirche zu tun hat. Ich habe jahrelang mit Gott gekämpft. Wenn ich mit Gott heute spreche, kann ich mich darauf verlassen, dass er mir einen Weg zeigt. Wenn ich bete und mich mit Gott auseinandersetze, merke ich, dass ich wirklich eine Änderung im Leben verspüre. Ich kann mir nicht selber was vormachen, sonst hätte ich schon lange Drogen genommen oder wäre zum Trinker geworden.«

Interpretation

Interaktionelle Dynamik der Missbrauchssituation

Wie in 1.4 ausgeführt geht es beim sexuellen Missbrauch immer um ein dyadisches Interaktionsgeschehen; hier ist das Opfer ein 4-jähriger Junge und die Missbraucherin eine erwachsene Erzieherin. Das Kinderheim als Umfeld hat den konkreten oben beschriebenen Missbrauch sowie weitere Missbräuche ermöglicht. Die Erzieherin war für den bereits traumatisierten und emotional bedürftigen Jungen Mutter, Vater und Schwester gleichzeitig. Sie hat sich liebevoll um ihn gekümmert und er hat sie vergöttert. Auf der Basis von Vertrauen kommt es zu Spielen, die erotischen Charakter haben und die zur Verwirrung führen, da sich der Junge und die Erzieherin auf unterschiedlichem emotionalen, kognitiven und körperlichen Entwicklungsniveau befinden. Die Missbrauchssituation beginnt mit einem Eingangsritual, so schlüpft die Erzieherin in sein Bett, um mit ihm spielen, und endet mit einem Ausgangsritual, sie schickt ihn zum Milchholen. Spielen und Milchholen gehören zur Normalität in einem Kinderheim. So ist auch der Beginn des Missbrauchs, das Ameisenkrabbelspiel, für den Jungen zunächst nichts Ungewöhnliches. Durch die folgenden Missbrauchshandlungen werden im Kind Abscheu und Widerwillen ausgelöst; so sind Geruch und Geschmack für ihn das Schlimmste. Diese negativen abscheulichen Gefühle sind unvereinbar mit den wohltuenden angenehmen Gefühlen, die er sonst der Erzieherin gegenüber hat. Die unterschiedlichen entgegengesetzten Gefühle sind für das Kind unvereinbar. Um innerpsychisch nicht zu zerreißen und die Situation aushaltbar zu machen, werden unbewusst Schutzmechanismen aktiviert (vgl. 1.5.1). Die Missbrauchssituation ist durch das typische Macht-Ohnmachtsgefälle gekennzeichnet. Das ohnmächtige Kind ergibt sich in die Situation und bemüht sich, wieder eine harmonische Situation herzustellen. Die durch die Missbraucherin definierte Situation wird vom Kind verinnerlicht und wird so zu einer inneren Repräsentanz. Durch die Wiederholungen wird der Missbrauch zum Gewohnheitsmuster. Der Missbrauch findet über einen längeren Zeitraum statt. Er ist gut vorbereitet. Um ihn zu verharmlosen und als ein normales Spiel darzustellen, erzählt die Erzieherin später bei Tisch, dass sie Spiele mit einem Spielzelt gemacht hätten. Dies verstärkt eher die Verwirrung des Jungen, denn er hat die ganze Situation nicht verstanden, merkt aber auch, dass etwas nicht stimmt. Auch nimmt sie ihn auf eine Hochzeitsfeier mit und lässt ihn bei sich zu Hause schlafen. Dadurch wird nach außen das Bild einer guten fürsorglichen Erzieherin und einer harmonischen Beziehung demonstriert.

Personen der Umgebung nehmen den Missbrauch nicht wahr, sie verleugnen oder bestreiten ihn sogar (vgl. Umgang in der Institution). Die Missbrauchssituation beschreibt die Interaktionsdynamik. Eine zentrale Frage ist die, wie das Kind das anhaltende Trauma verarbeitet, um psychisch zu überleben. Es geht um die Bewältigungsmechanismen und Verarbeitungsmöglichkeiten und damit um die Dynamik des Opfers.

Bewältigungsmechanismen und Verarbeitungsmöglichkeiten

Ein zentraler Abwehrmechanismus bei sexuell Missbrauchten ist die Spaltung, die auch hier greift. Ursache der Spaltung ist die Unvereinbarkeit von unterschiedlichen Gefühlen und Bildern. Philipp kann die beiden Seiten der Erzieherin, ihre guten und ihre schlechten Seiten, nicht in Einklang bringen. Er erlebt sie als sich liebevoll kümmernd, ihn bevorzugend und gleichzeitig ihn missbrauchend. Ähnlich ist es mit seinen Gefühlen ihr gegenüber; er verspürt Zuneigung, Angewiesensein, Vertrauen bis zur Vergötterung wie auch Unwohlsein, Abscheu bis hin zum Ekel. Da diese entgegengesetzten Gefühle unvereinbar sind, werden sie getrennt gehalten, damit die negativen Gefühle und Bilder nicht übermächtig werden. Die Spaltung wird auch sehr eindrucksvoll als Vertrauensbruch oder Riss beschrieben. Ziel der Spaltung ist die Traumabewältigung; traumatische und nicht traumatische Erlebnisse werden getrennt gehalten, wodurch gute Selbst-und Objektbilder erhalten bleiben. Bemerkenswert ist, dass er keine Gefühle von Wut erinnert. Dies kann so erklärt werden, dass die Angst vor der eigenen Aggression, die auch das Gute zerstören würde, so groß ist, dass sie mit Hilfe der Dissoziation nicht an das Bewusstsein weitergeleitet wird und somit diffus bleibt, da sie nur im impliziten Gedächtnis gespeichert wird. Die Dissoziation betrifft hier das Körperselbst. In der Missbrauchssituation erlebt sich der Betroffene in der Beobachterperspektive, betrachtet alles detailliert von außen und kann die Vorgänge später sehr präzise beschreiben. In diesen Kontext gehört auch die *Affektabspaltung*; dabei werden Gefühle durch Unbewusstmachung eines Gefühlszustandes getrennt. So sieht Philipp sich selbst wie emotional tot und kann über seine eigene Geschichte nicht weinen.

Ein weiterer Mechanismus ist der der Introjektion. Das Opfer introjiziert/ identifiziert Täteraspekte. So introjiziert Philipp z. B. die Wünsche der Täterin und versucht ihr zu gefallen. Die Introjektion von Schuldgefühlen wird auch bei Philipp deutlich. Als er erfährt, dass die Erzieherin suspendiert wurde, fühlt er sich schuldig; er meint, sie sei nicht mehr im Heim, weil er nicht richtig funktioniert und etwas verbockt habe. Durch die Introjektion wird die Situation umgedeutet; das Kind spürt nicht mehr die Ohnmacht und Angst, sondern wird zum aktiv Handelnden. Handeln und sich schuldig fühlen ist noch besser zu ertragen, als ohnmächtig ausgeliefert zu sein. Genauer betrachtet introjiziert das Kind die Beziehungssituation, wodurch Täterintrojekte entstehen (vgl. 1.5.2). Über die internalisierten negativen Beziehungserfahrungen entsteht ein negatives Selbstbild. Das wird häufig so erlebt, dass man sich machtlos, wertlos oder schmutzig fühlt. Bei Philipp zeigt sich dies in seinem Bemühen, Wertschätzung zu erfahren, und dies geschieht über Sexualität. In den späteren sexuellen Begegnungen mit Frauen geht es ihm um Wertschätzung und nicht primär um sexuelle Lust.

Philipp hat eine enorme Beobachtungsfähigkeit entwickelt, er hat gelernt, Menschen einzuschätzen. Dies ist zum einen das Resultat des frühen Urmisstrauens, denn ein Urvertrauen konnte sich nicht entwickeln. Zum anderen ist es eine Ressource, die z. B. ein Heimkind zum besseren Überleben entwickeln muss. Auch nach dem Vertrauensbruch zu der Erzieherin, die ihn missbraucht hat, ist ihm wichtig, die »gute« Seite von ihr zu genießen. Das Positive aus dem sonst trostlosen Leben zu ziehen kann auch als Ressource gesehen werden. Auch nach dem »Urschock«, der Heimunterbringung, freut er sich über die Stimme des Vaters am Telefon und genießt die Konfitürenbrote im Heim. Das ist für ihn ein Paradies. Als eine Quelle für die enorme Kraft, die Philipp hat, ist sicher die positive Beziehung zur älteren Schwester zu sehen, die sich in der Kleinkindphase um ihn gekümmert hat.

Eine wichtige psychische Ressource ist seine Steuerungsfähigkeit z. B. im Umgang mit Drogen. Als wichtige soziale Kompetenz hat er gelernt, sich anzupassen. Dadurch meistert er das Leben recht gut. Er hat große intellektuelle Fähigkeiten und hat sich autodidaktisch weitergebildet. Autodidaktische Fähigkeiten sind auch eine Überlebensstrategie. Aktuell bekleidet er eine führende Position. Daneben arbeitet er als Schriftsteller und hat bereits mehrere Bücher veröffentlicht. Das Schreiben hilft bei der Bearbeitung der traumatischen Erfahrungen. Auch zeigt er großes Engagement für die grundsätzliche Enttabuisierung und öffentliche Auseinandersetzung mit sexuellem Missbrauch. Die Kraft für die gute Bewältigung zieht er aus seinem Glauben an Gott.

Wiederholung des Missbrauchsmusters: Retraumatisierung

Beziehungserfahrungen werden internalisiert und werden zu inneren Repräsentanzen, so auch Missbrauchserfahrungen. Dadurch werden immer wieder Situationen geschaffen, die zur Retraumatisierung führen und das Erlebens- und Verhaltensmuster verfestigen. Philipp wurde schon vor dem sexuellen Missbrauch traumatisiert. Zum einen durch die frühkindliche häusliche Situation, die von Grenzverletzung geprägt war, zum anderen durch die frühe Trennung von der Familie und die Unterbringung im Heim. Die in der frühen Kindheit bereits erfahrene Grenzverletzung und sexualisierte Atmosphäre setzt sich im Heim weiter fort. Die tiefe Sehnsucht nach Bindung wird wieder nicht beantwortet, so dass sich kein Vertrauen entwickeln kann. Im Heim wiederholen sich Erfahrungen von Grenzverletzung. Der sogenannte Wiederholungszwang verfestigt sich und somit die Wahrscheinlichkeit der Retraumatisierung bzw. Reviktimisierung. Im Weiteren werden Philipp wie auch andere Kinder von Praktikantinnen und älteren Jugendlichen missbraucht. Dies zeigt die sexualisierte Atmosphäre im Heim, die alle Ebenen erfasst.

Folgen von sexuellem Missbrauch im Kindes- und Jugendalter

Besonders schwerwiegend sind die Folgen, wenn Menschen vor dem sexuellen Trauma bereits frühe traumatische Beziehungserfahrungen erlebt haben. Frühe Entwicklungstraumen hemmen die Ausbildung von strukturellen psychischen

Funktionen. Sind diese unzureichend entwickelt, werden sie durch die Traumen zusätzlich und immer wieder geschwächt. Dies macht die Betroffenen für Wiederholungen sehr anfällig. Bei Philipp kann angenommen werden, dass er während seiner frühkindlichen Entwicklung bereits traumatisiert wurde. Er wuchs in einer Atmosphäre auf, die durch Verwahrlosung und Grenzverletzung gekennzeichnet ist. Er ist das zweitjüngste von 8 Kindern, die Mutter kam den primären mütterlichen Aufgaben nicht hinreichend nach, der Vater war Alkoholiker, so dass angenommen werden kann, dass Philipp vernachlässigt wurde. Lediglich die ältere Schwester kümmerte sich um die jüngeren Kinder. Charakteristisch für die gesamte Familie scheint auch das grenzüberschreitende und sexualisierte Verhalten. So hatte die Mutter wechselnde Bekanntschaften, der Vater hatte eine Beziehung zur Mutter der Mutter. Auch Eigentumsgrenzen wurden offensichtlich nicht gewahrt, dies zeigt sich darin, dass der Vater wegen Diebstahls ins Gefängnis kam. Auch wenn die Bedingungen für eine gute Entwicklung unzureichend waren, war es doch Philipps Familie. Das schlimmste Erlebnis, der »Urschock« war das Auseinandergerissenwerden der Familie. Der Junge konnte die Situation nicht verstehen und fühlte sich verlassen. Das Nicht-Verstehen wiederholt sich später in der traumatischen sexuellen Situation. Nicht-Verstehen erzeugt Ohnmacht und das Gefühl von Kontrollverlust. Philipp bezeichnet selbst den Schmerz und das Nicht-Verstehen als den Urschock. Trotz des Schocks liebt er die Stimme des Vaters, wenn er aus dem Gefängnis anruft. Auf das frühe Trauma des Zerreißens der Familie mit zweieinhalb Jahren folgt das sexuelle Trauma mit vier Jahren. Dieses wird offensichtlich noch fortgesetzt durch weitere sexuelle Missbräuche im Heim im Sinne der Retraumatisierung. Die Folgen des Missbrauchs auf der Basis des frühkindlichen Traumas beschreibt Philipp selbst auf einem Kinderfoto von sich: »Der ist ja schon tot«. Die Abspaltung der Gefühle scheint sich bereits im Gesicht des Kindes auszudrücken.

Eine weitere typische Folgeerscheinung sind die Angststörungen, die er ab dem 8. Lebensjahr als sehr diffus und sich über den ganzen Körper ausbreitend erinnert. Zur Erzieherin sagt er, dass es so seltsam in ihm sei, als müsse er sterben. Die Angst weist auf eine existenzielle Bedrohung, was für ein Kind oft ein Trauma bedeutet. Dass sie zunächst diffus erlebt wird, spricht für eine Dissoziation; hirnphysiologisch formuliert für eine Unterbrechung der Verbindung zwischen Amygdala und Hippocampus bei überwältigendem Stress. Dadurch bleibt die Angst archaisch und damit undifferenziert. Die Erzieherin rät ihm, ins Bett zu gehen und das Licht zu löschen, wobei er genau das Gegenteil braucht, nämlich Licht, um sich nicht ausgeliefert zu fühlen und die Realität zu überprüfen. Das ganze Leben ist durchdrungen von Ängsten, in vielen Situationen wie beim Sport oder im Kino sind sie gegenwärtig.

Auch Zwänge können eine Folgeerscheinung traumatisierender Erfahrungen sein. So berichtet er, dass er sich als 14-Jähriger nach »schnellem Sex« mit einer 20 Jahre älteren Frau zwei Stunden geduscht habe. Auch wenn er dies nicht bewusst als Missbrauch erlebt hat, kann die Situation die früheren traumatischen Erfahrungen getriggert haben, die dann erneut abgewehrt werden müssen, in diesem Fall durch den Duschzwang. Auch wenn er sich nicht missbraucht gefühlt und es selbst gewollt hat, handelt es sich um sexuellen Missbrauch.

Die Sexualisierung kann unter dem Aspekt der Bewältigung gesehen werden wie auch als Folgeerscheinung. Auch später spielt Sexualität eine dominante Rolle, sie wird funktionalisiert, um Kontrolle zu behalten und sich nie wieder als ohnmächtig ausgeliefert zu erleben. Sexualität hat für ihn auch eine bewusste Schutzfunktion, so wurden sexuelle Übergriffe älterer Jugendlicher nicht vollständig abgewehrt, wahrscheinlich um deren Schutz nicht zu verlieren. Sexualität scheint auch das weitere Leben stark zu beherrschen.

Spätfolgen von sexuellem Missbrauch im Erwachsenenalter

In Beziehungen ist Philipp grundsätzlich vorsichtig und zurückhaltend als Folge der vielen erlebten Enttäuschungen, insbesondere in der frühen Kindheit. Misstrauisch, grundsätzlich auf der Hut zu sein scheint eine Überlebensstrategie.

Sexualität ist die Form der Beziehungsgestaltung, die früh gelernt wurde. Philipp hat als Erwachsener viele Frauenbekanntschaften. Er erobert Frauen, »die eigentlich nicht zu erobern waren«, »wie eine Trophäensammlung«. Dabei geht es ihm nicht um sexuelle Lust, meistens hat er gar keine Lust auf Sex, sondern es geht um sein Selbstwertgefühl. Ist er am Ziel, lässt die Frau Intimität zu, erlebt er es als Wertschätzung, »dann fällt etwas Wertvolles auf dich zurück«. Sexualität dient offensichtlich auch in späteren Beziehungen der Anerkennung wie in der ursprünglichen Missbrauchssituation, in der die Missbraucherin auch vermittelte: »Ich habe dich gewählt«. Die Erhöhung des eigenen Wertes geht einher mit der Erniedrigung des Gegenübers. Die Frauen sind nach der »erfolgreichen« Eroberung wertlos. Das sexualisierte Verhalten kann auch als Aggression verstanden werden, die er sonst nicht bewusst erlebt. Es kann angenommen werden, dass er sie als Kind gegen die Mutter, die ihn vernachlässigt hat, wie auch gegen die Erzieherin, die ihn missbraucht hat, gehabt haben muss.

Ängste sind bis ins Erwachsenenalter immer präsent. So berichtet Philipp von der Angst zu verreisen, weil er sich in der Fremde nicht sicher fühlt. Speisen und Getränke nimmt er nur von Menschen an, die er gut kennt, also z. B. nicht in Hotels. Diese manifesten Ängste erlauben die Hypothese von unbewussten Ängsten vor Bedrohung (z. B. durch das Fremde) und vor Zerstörung (z. B. durch die Aufnahme von etwas, das zerstörend wirkt). Solche Ängste entstehen, wenn Schutz und emotionale Nahrung in der Kindheit unzureichend sind.

Dynamik der Missbraucherin

Sie zeigt die typischen Strategien. Sie kümmert sich liebevoll, bindet und missbraucht ihn gleichzeitig. Dies entspricht dem Mechanismus der Spaltung in »gut« und »böse«. Der Verleugnung des Missbrauchs dient die Bagatellisierung: So erzählt sie den anderen Kindern bei Tisch, dass sie mit einem Spielzelt gespielt hätten. Dadurch erhält der sexuelle Missbrauch im Heimalltag scheinbar ein Stück Normalität. Das gute Erziehungsverhältnis unterstreicht sie, indem sie ihn zum Feiern und anschließend mit zu sich nach Hause nimmt. Das grenzverletzende Verhalten, indem sie sich z. B. vor den Kindern die Brüste wäscht, etikettiert sie als pädagogisch wertvoll, weil die Mütter es zu Hause auch so täten. Sehr deutlich ist auch der Mechanismus der Projektion. Sie erklärt, dass er nach der Veröffentlichung des Missbrauchs nun der Schuldige sei. Damit projiziert sie die eigenen Schuldaspekte auf ihn und kehrt die Situation um, wenn sie sagt »Du hast unser Geheimnis verraten – ich bin jetzt das Opfer«.

Erst später wird bekannt, dass sie Filmaufnahmen von Philipp gemacht und Tagebuch über den wiederholten sexuellen Missbrauch geführt hat. Dies diente – so kann angenommen werden – der Missbraucherin nach der Tat zur Phantasieverstärkung und Vorbereitung auf den nächsten Missbrauch. Dass sie die Tagebücher und Filme aufgehoben hat, lässt vermuten, dass sie sie bis ins Alter von 66 Jahren zur eigenen sexuellen Befriedigung benutzt hat. Die Frage, ob es noch weitere Opfer gegeben hat oder noch gibt, bleibt offen.

Wiederholung des Missbrauchsmusters: Vom Opfer zur Täterin

Im vorliegenden Fall erfahren wir vom Opfer, dass die Täterin ebenfalls missbraucht wurde. Wenn die Erzieherin selbst missbraucht wurde, hat sie das Missbrauchs-Beziehungsmuster verinnerlicht und wiederholt es im Heim im Sinne der Subjekt-Objekt-Verkehrung. Sie ist mit dem erlebten Aggressor identifiziert und wird so selbst zur Täterin. Offensichtlich wiederholt sie das Muster nicht nur mit Philipp, sondern auch mit anderen Heimkindern. Dies entspricht dem oben beschriebenen Wiederholungszwang, der gleichzeitig auch der eigenen Traumabewältigung dient.

Dynamik in der Institution

Die Heimkultur kann beschrieben werden als eine Kultur der Grenzverletzung. Die Atmosphäre ist sexualisiert, so gibt es sexuelle Übergriffe durch Erzieher; auch unter den Kindern und Jugendlichen sind sexuelle Kontakte an der Tagesordnung. Der Heimleiter nimmt seine Schutzfunktion nicht wahr, er kümmert sich mehr um die Schafe als um die Kinder. Obwohl er die Erzieherin mit einem Lehrling »erwischt« hatte, veranlasst er keine weiteren Schritte. Die Atmosphäre im Heim ist insgesamt von Misshandlung geprägt. Die Kinder werden geschlagen, gedemütigt und eingesperrt. Die institutionelle Verleugnung zeigt sich auch darin, dass alle Kinder schweigen. Sie haben sich untereinander nicht ausgetauscht und sich nicht an den Leiter gewandt in der Annahme, dass ihnen sowieso niemand glauben würde. Auch eine andere Erzieherin hält sich an das unausgesprochene Schweigegebot. So berichtet eine ehemalige Erzieherin später, sie habe den Missbrauch von Philipp mitbekommen, habe sich aber nicht in der Lage gefühlt, etwas zu unternehmen.

(Fehlende) Interventionen

Nachdem der Heimleiter die Erzieherin mit dem Lehrling erwischt hatte, wäre eine konsequente Intervention erforderlich gewesen. Bekannt ist nur, dass sie nach der Konfrontation in ein anderes Heim versetzt wurde. Der Heimleiter hat damit billigend in Kauf genommen, dass sie in der nächsten Einrichtung wieder sexuell übergriffig werden könnte. Seine Pflicht als Leiter wäre gewesen, die Aufsichtsbehörde zu informieren, einen Interventionsauschuss einzuberufen und u. U. Anzeige zu erstatten. Bei einer Anzeige wäre die Anhörung der Kinder und Jugendlichen durch die Polizei erfolgt, die das gesamte Ausmaß des Missbrauchs wahrscheinlich aufgedeckt hätte. Durch das nicht Wahrhaben-Wollen der sexualisierten Atmosphäre und die sexuellen Missbräuche wird die fehlende Leitungskompetenz deutlich. Damit hatten alle Kinder und Jugendlichen in der Einrichtung keine Chance, sich gegen die sexuellen Übergriffe auf allen Ebenen zu wehren. Auffällig ist, dass viele Erzieherinnen benannt werden, die sexuell übergriffig waren; das deutet darauf hin, dass es Seilschaften gegeben haben könnte, d. h., dass Missbraucherinnen Kolleginnen in die Einrichtung geholt haben, von denen sie wussten, dass sie Kindern und Jugendlichen gegenüber gleiche Ambitionen hatten. Dies macht wiederum deutlich, dass bereits im Vorfeld bei Neueinstellungen nicht darauf geachtet wurde, Bewerber und Bewerberinnen nach einem Leitlinienkatalog auszusuchen.

Offensichtlich ist der tägliche sexuelle Missbrauch auch Erziehern und Erzieherinnen bekannt, die, ähnlich wie die Betroffenen, keine Chance sehen, sich vertrauensvoll an die Leitung zu wenden, sondern befürchten, ihre Arbeit zu verlieren. So ist deutlich, dass Erziehende untereinander wie auch die Kinder das Thema nicht anschneiden und alles weiter geschehen lassen. Wenn so wenig Vertrauen zur Leitung besteht, gibt es grundsätzlich für Professionelle die Möglichkeit, sich anonym an eine Fachstelle zur Einschätzung des Verdachts zu wenden.

2.2 Sexueller Missbrauch eines Jungen durch seinen Vater

Fallbeschreibung

Moritz, 10 Jahre, lebte mit seiner Mutter und seinen Geschwistern, Lisa, 8 Jahre, und Phillip, 5 Jahre alt, allein. Die Eltern lebten getrennt. Das Sorgerecht für die gemeinsamen Kinder war beiden Elternteilen übertragen. Der Vater lebte nicht am gleichen Ort und hatte regelmäßige Besuchskontakte.

Moritz zeigte in der Schule unangenehmes und auffälliges Verhalten. Er spuckte in die Klasse, hatte wiederholt die Hand in der Hose und spielte an seinem Penis. Er war unkonzentriert, seine schulischen Leistungen verschlechterten sich und in den Pausen stand er allein auf dem Schulhof. Er wollte nicht spielen und grenzte sich somit selbst aus.

Besonders einer Lehrerin fiel sein Verhalten auf. Als sie mit Moritz darüber zu sprechen versuchte und nach den Gründen für sein Verhalten forschte, zeigte sich Moritz sehr verschlossen, abwehrend und erklärte, es sei nichts. Erst als die Lehrerin ihm sagte, dass sie sich Sorgen um ihn mache, teilte er ihr mit, er habe keine Lust immer seinen Vater zu besuchen. Er wolle lieber mit seinen Freunden spielen. Auf die Frage, ob er mit seinen beiden Geschwistern das Wochenende bei seinem Vater verbringe, meinte er, dass dies seinem Vater zu anstrengend sei. Er wolle das Wochenende immer nur mit einem Kind verbringen.

Die Lehrerin nahm nach Rücksprache mit dem Rektor der Schule Kontakt mit der Mutter auf, die sich kooperativ zeigte und die Aussage von Moritz ernst nahm. Sie erklärte, dass ihr das veränderte Verhalten von Moritz auch bereits aufgefallen sei. Er sei meistens zu Hause und wolle nur fernsehen. Er zanke viel mit den Geschwistern und habe häufig Wutausbrüche. Dann wieder fände sie ihn nachts weinend in seinem Bett. Er habe häufig Bauchschmerzen und leide sehr unter Verstopfung. Manchmal würde er sich auch als »Scheiß-Moritz« bezeichnen. Nach solchen Ausbrüchen würde er sich dann unter einer Decke verkriechen. Sie hatte keine Erklärung dafür. Wenn sie mit ihm sprechen wolle, würde er sich entziehen. Deshalb hatte sie schon Kontakt mit einer Beratungsstelle aufgenommen, dort gäbe es aber Wartezeiten.

Die Mutter sprach mit Moritz über das Treffen mit der Lehrerin. Bei diesem Gespräch wiederholte Moritz seinen Wunsch, nicht mehr zum Vater zu wollen, und erklärte, dass es dort zu langweilig sei. Die Mutter unterbrach die regelmäßigen Besuchskontakte, wissend, dass dies zu Komplikationen führen würde. Der Vater war damit nicht einverstanden und verwies auf sein Besuchsrecht. Die Mutter versuchte erneut, mögliche Gründe für Moritz' Widerstand herauszubekommen. Doch Moritz weigerte sich weiterhin »darüber« zu sprechen. Moritz war erleichtert, dass die Kontakte zum Vater zunächst unterbrochen waren. Er sprach auch davon, dass seine Geschwister nicht mehr dorthin gehen sollten. Die Geschwister machten aber deutlich, dass sie in jedem Fall zum Vater wollten. Moritz konnte nicht erklären, weshalb er dagegen war. Der Mutter kamen das Verhalten von Moritz und seine Andeutungen merkwürdig vor. Sie nahm Kontakt zu einem Psychologen auf und konnte Moritz davon überzeugen, Gespräche mit dem Psychologen zu führen.

Moritz brauchte viel Zeit, um sich bei den wöchentlichen Sitzungen auf den Psychologen einzulassen. Er war verschlossen und sehr misstrauisch. Als ihm sein Verhalten gespiegelt und ihm erklärt wurde, wozu es gut sei zu sprechen, öffnete sich Moritz nach und nach und berichtete schließlich, dass er bei den Besuchswochenenden beim Vater von diesem sexuell missbraucht wurde. Der Vater hätte ihm immer kleine Geschenke gekauft, die er sich selbst aussuchen durfte. Danach sei der Missbrauch passiert. Der Vater hätte ihm den Penis in den Po gesteckt. Dann hätte er ihm verboten, darüber zu reden und ihm danach den Fernseher angestellt. Moritz betonte, dass er sich Sorgen um seine jüngeren Geschwister mache, da sein Vater sich immer nur ein Kind am Wochenende hole. Er würde behaupten, dass ihm der Besuch aller Kinder zu anstrengend sei. Moritz hatte Angst, dass der Vater auch die anderen Geschwister missbrauchen könnte. Der Psychologe informierte die Mutter über Moritz' Aussagen, woraufhin dieser sie in Gegenwart der Mutter wiederholte.

Die Mutter informierte daraufhin das Jugendamt und bat um Beratung. Da Moritz sich weigerte, seine Aussagen noch einmal zu wiederholen, empfahl das Jugendamt der Mutter mit ihrem Ex-Mann über einen völligen Verzicht der Besuchskontakte ohne Angabe des Verdachts zu sprechen. Entgegen der Absprache mit dem Jugendamt konfrontierte sie ihren Ex-Mann mit den Aussagen von Moritz.

Der Vater, der eine hohe Position bekleidete und gesellschaftlich angesehen war, leugnete die Aussagen des Sohnes vehement und bezichtigte seine Ex-Frau der wissentlichen Falschaussage und dass sie ihm »eins auswischen« wolle. Er schaltete einen Anwalt ein, der mit einer Verleumdungsklage drohte. Der Vater informierte seinen Arbeitgeber über die Anschuldigungen und betonte, dass er »unschuldig« sei. Der Arbeitgeber stellte sich ohne Überprüfung hinter ihn und beschuldigte ebenfalls die Ex-Frau der Diffamierung.

Daraufhin stellte das Jugendamt den Antrag beim Familiengericht zur Aussetzung der Besuchskontakte bis zur endgültigen Klärung des Verdachts, und zwar für alle drei Kinder. Das Jugendamt initiierte, dass Moritz der Rechtsmedizin vorgestellt wurde. Dort wurden alte Verletzungen im Analbereich diagnostiziert.

Die Mutter zeigte ihren Ex-Mann an. Sie schaffte es, Moritz von der Bedeutung seiner Aussage zu überzeugen, so dass er bereit war auszusagen. Im Laufe der Verhandlung wurden auch die beiden jüngeren Kinder befragt. Beide Kinder berichteten nicht vom sexuellen Missbrauch durch den Vater. Das Gericht veranlasste eine Begutachtung aller Kinder durch unterschiedliche Gutachter. Die Aussagen aller Kinder wurden als glaubwürdig eingestuft. Der Vater wurde verurteilt. Sein Arbeitgeber beschäftigte ihn als »bewährten Mitarbeiter« nach der Haftstrafe weiter.

Seit der Inhaftierung ihres Ex-Mannes versuchte die Mutter eine Arbeitsstelle zu bekommen. Da sie sich bisher ausschließlich um die Erziehung der Kinder gekümmert hatte, konnte sie in ihren Beruf als Bankkauffrau nicht wieder zurück. Ihr Mann hatte zuvor die Familie versorgt, so dass sie sich um die Kinder kümmern konnte. Sie nahm nun eine andere Stellung an, verkaufte das Haus und wohnte mit den Kindern in einer kleinen Wohnung. Inzwischen wurden die Eltern geschieden. Die anfängliche Erleichterung über den Ausgang des Prozesses änderte sich bald bei allen Beteiligten. Neben den finanziellen Einschränkungen, den beengten Wohnverhältnissen und dem veränderten Umfeld begannen die kleineren Geschwister, Moritz Vorwürfe zu machen. Sie vermissten ihren Vater und gaben Moritz die Schuld. Sie wiederholten häufig »wenn du nichts gesagt hättest, könnten wir Papa noch sehen und hätten jeder unser eigenes Zimmer«.

Moritz litt unter solchen Vorwürfen. Er hatte selbst solche Gedanken und war sich oft gar nicht mehr sicher, ob er richtig gehandelt hatte. Außerdem bekam er mit, wie sehr seine Mutter unter den Schwierigkeiten litt. Obwohl sie sich nie beklagte und ihm immer wieder versicherte, dass er richtig gehandelt hatte, wusste er doch, dass sie ein anderes Leben gewohnt war.

In der Schule kam Moritz gut voran. Seine früheren Auffälligkeiten zeigte er nicht mehr. Er hatte einen Freund, war aber weiter sehr in sich gekehrt. Wenn er allein war, kamen immer wieder die Bilder des Missbrauchs. Er hatte wenige Mechanismen, um sie abzuwehren. Es half ihm, sich intensiv auf die Schule zu konzentrieren. Doch oft fühlte er sich traurig und einsam wie auch wütend. Er stellte sich immer wieder die noch nicht beantwortete Frage, warum sein Vater ihm das angetan hatte. Warum hatte er ihn ausgesucht? Auch quälte ihn die Frage, ob seine Geschwister wirklich nicht betroffen waren. Warum wurde nur er missbraucht? Schlimm war auch der Gedanke, dass sein Vater leugnete, was er ihm angetan hatte, und ihn als Lügner hinstellte. An solchen Tagen ging es ihm schlecht. Mit seiner Mutter konnte er nicht darüber reden. Das war ihm immer noch peinlich. Außerdem beschäftigte ihn die Frage, ob er nach dem analen Missbrauch schwul sei. Er wusste, was Schwulsein bedeutet. Das hatte er in der Schule gelernt. Ob er aber jetzt auch schwul war, war ihm nicht klar. Immer wenn das Wort bei Mitschülern fiel, zuckte er zusammen und fühlte sich angesprochen, obwohl niemand wusste, was ihm passiert war.

In der Pubertät, mit 13 Jahren, wurden seine Auffälligkeiten wieder stärker. Er zog sich wieder sehr zurück, vermied Kontakte mit Gleichaltrigen, gab sein Fußballspiel auf und konzentrierte sich verstärkt auf die Schule. Er war der beste Schüler seines Jahrgangs und schon deshalb isoliert. Obwohl er sportlich war, machte er beim Sportunterricht nicht mit und ließ sich vom Schwimmunterricht befreien. Immer wieder kam es vor, dass er nachts weinte.

Der Mutter fielen die Veränderungen auf. Sie litt darunter, dass er sich ganz anders entwickelte als die Geschwister, und sprach mit ihm über ihre Beobachtungen. Moritz konnte ihr sagen, dass er häufig Zweifel habe, ob es richtig war, gegen den Vater auszusagen. Er wollte die Familie nicht zerstören, sondern nur, dass der Missbrauch aufhörte. Auch müsse er immer wieder daran denken, was ihm passiert war, vor allem, wenn im Fernsehen entsprechende Sendungen liefen. Keine Fernsehsendung könne verdeutlichen, wie er sich gefühlt habe und noch fühle. Seine Freunde würden viel über Sex reden, das könne er nicht ertragen und auch nicht überspielen. Er ginge dann weg und die Freunde würden denken, er sei noch ein Baby, und würden ihn auslachen. Für ihn sei immer noch nicht klar, ob er schwul sei. Er fühle zwar nicht so, sei aber durch den Missbrauch bei allen sexuellen Themen verunsichert. Manchmal habe er auch das Gefühl, dass man ihm ansehen könne, was ihm passiert sei. Er fühle sich ganz allein und könne mit niemandem darüber reden.

Die Mutter empfahl Moritz, noch einmal mit einem Psychologen zu sprechen. Zunächst lehnte er dies ab und die Mutter ließ ihm Zeit zum Nachdenken. Als Moritz sich kurz darauf in eine Mitschülerin verliebte und in Panik geriet, weil er nicht wusste, wie er sich verhalten solle, sprach er seine Mutter darauf an und sie stellte den Kontakt zum Psychologen her. Hier konnte Moritz noch einmal seine Missbrauchsthemen bearbeiten und hatte gleichzeitig die Möglichkeit, mehr über seine Pubertät und den Umgang mit Sexualität zu erfahren. Es erleichterte ihn sehr zu hören, dass analer sexueller Missbrauch nicht automatisch zur Homosexualität führe und dass die geschlechtliche Orientierung in diesem Alter auch noch gar nicht festgelegt sei.

Moritz öffnete sich wieder nach außen. Es gefiel ihm, eine Freundin zu haben, wobei das Thema Sexualität noch keine bedeutende Rolle spielte. Er wurde unbefangener im Umgang mit Gleichaltrigen und begann wieder Fußball zu spielen. Insgesamt verlief seine Entwicklung abgesehen von kleinen Einbrüchen bis zum Abitur sehr positiv. Auch sein Jurastudium durchlief er ohne Probleme mit bestem Erfolg. Nach mehreren Beziehungen heiratete er und bekam eine Tochter.

Mit der Geburt des zweiten Kindes, einem Sohn, begann er sich wieder zu verändern. Er weigerte sich, bei der Versorgung und Pflege des Sohnes zu helfen, was er bei der Tochter immer getan hatte. Der Kontakt zu seinem Sohn war sichtlich angespannt und er berührte ihn nach Möglichkeit nicht. Seine Frau wusste von dem sexuellen Missbrauch durch den Vater und bat ihn, sich mit ihr zusammen nach Hilfe zu erkundigen. In den nun folgenden psychotherapeutischen Sitzungen wurde deutlich, dass ihn immer wieder die Bilder der Missbrauchssituation belasteten. Mit der Geburt des Sohnes seien auch noch neue Ängste hinzugekommen, die er früher nicht gekannt hätte. Er habe Angst, selbst Missbraucher seines Sohnes zu werden, obwohl er noch nie Phantasien dazu gehabt habe. Er sei sich gar nicht sicher, ob er die nicht bekommen könne. Moritz ging mehr als zwei Jahre zur Therapie, an der manchmal auch seine Frau teilnahm. Er war sich über Jahre nicht sicher, ob er nicht doch Missbraucher werden könnte. Erst nachdem sein Sohn 10 Jahre alt war und er ihn nicht missbraucht hatte, konnte er sich von dieser Angst befreien. Moritz war zu diesem Zeitpunkt 45 Jahre alt.

Interpretation

Verhalten und Erleben des Opfers als Folge des sexuellen Missbrauchs

Moritz zeigt in der Schule und zu Hause auffälliges Verhalten: In der Schule ist er unkonzentriert und zeigt einen Leistungsabfall, sein Sozialverhalten ist ebenfalls auffällig, er spuckt in die Klasse, spielt an seinem Penis mit der Hand in der Hose, isoliert sich und ist sehr verschlossen. Zu Hause ist er emotional sehr instabil, er zankt sich viel und hat Wutausbrüche, dann wiederum weint er nachts im Bett. Seine Aggressionen richtet er gegen die Geschwister, aber auch gegen sich selbst, so beschimpft er sich als »Scheiß-Moritz« und verkriecht sich dann unter einer Decke. Er zeigt auch somatische Symptome, so hat er häufig Bauchschmerzen und leidet unter Verstopfung. Bei der Lehrerin und der Mutter entzieht er sich bei Ansprache zunächst. Erst im Gespräch mit einem Fachmann öffnet sich Moritz langsam.

Die spätere rechtmedizinische Untersuchung zeigt alte Verletzungen im Analbereich, wodurch seine Angaben bestätigt werden. Später nach der Aufdeckung des Missbrauchs und der Verurteilung des Vaters hat Moritz Schuldgefühle und Zweifel, ob er richtig gehandelt habe. Er nimmt wahr, dass es als Folge der Familie schlechter geht und die Geschwister ihm dafür die

Schuld geben. Das Leiden von Moritz ist also mit der Aufdeckung nicht beendet. Durch spezifische Konstellationen wird das Trauma in der Pubertät und im Erwachsenenalter wieder belebt.

Prozess der Aufdeckung

Am Prozess der Aufdeckung sind mehrere Personen beteiligt und er dauert lange. Dies zeigt, wie sehr Moritz an den Vater-Täter gebunden ist. Zunächst spricht die Lehrerin Moritz an; ihr war sein verändertes Verhalten aufgefallen. Nach anfänglicher Weigerung weicht Moritz langsam auf und erklärt, dass er an den Wochenenden nicht mehr zu seinem Vater möchte und dass der Vater das Wochenende immer nur mit einem Kind verbringen wolle. Die Lehrerin ist offensichtlich alarmiert und nimmt zunächst Kontakt mit dem Rektor der Schule auf und dann mit der Mutter von Moritz. Die Mutter unterbricht nach dem Gespräch mit der Lehrerin den Besuchskontakt zum Vater. Moritz ist erleichtert darüber, weigert sich aber weiterhin »darüber« zu sprechen. Er sorgt sich offensichtlich um seine jüngeren Geschwister und schlägt vor, sie mögen auch nicht mehr zum Vater gehen. Der Mutter kommen die Verhaltensweisen und Andeutungen von Moritz merkwürdig vor und sie sucht den Kontakt mit einem Psychologen. Erst unter fachkundiger Anleitung und mit Unterstützung durch den Psychologen öffnet Moritz sich langsam und berichtet vom sexuellen Missbrauch durch den Vater an den Besuchswochenenden.

Interaktionelle Dynamik der Missbrauchssituation

Der Missbrauch erfolgt an den Besuchswochenenden, zu denen sich der Vater immer nur ein Kind holt. Dadurch gibt es keine Zeugen und die Bindung in der dyadischen Situation kann gefestigt werden. Der Missbrauch beginnt mit einem Eingangsritual, so kauft der Vater Moritz kleine Geschenke, die er sich selbst aussuchen darf. Danach folgt der Missbrauch. Währenddessen wird das Kind seiner funktionierenden Sinne beraubt und stumm; es fühlt sich ohnmächtig und hilflos und kann diese Gefühle nicht vereinbaren mit denen zum »guten« Vater, der gerade noch Geschenke gekauft hat (vgl.1.4). Nach dem Missbrauch wird eine eher normale Situation hergestellt. Moritz darf fernsehen, der Vater stellt sogar das Gerät an; gleichzeitig verbietet er ihm über das Vorgefallene zu reden.

Reaktionen der Umgebung: Familie

Die Mutter glaubt Moritz und nimmt Kontakt mit dem Jugendamt auf. Dann konfrontiert sie ihren Ex-Mann mit den Aussagen von Moritz. Der Vater streitet dies vehement ab, beschuldigt seine Ex-Frau der Falschaussage und schaltet einen Anwalt ein. Der Vater zeigt das typische Täterverhalten der Verleugnung; er informiert sogar seinen Arbeitgeber mit der Betonung seiner »Unschuld«.

Mit diesem strategischen Schritt der »Flucht nach vorn« zieht er den Arbeitgeber auf seine Seite und schützt sich selbst vor einer Entlassung nach dem Motto: Wer so offen ist, muss unschuldig sein! Die Mutter hingegen macht die notwendigen Schritte, sie glaubt und unterstützt Moritz. Sie zeigt ihren Ex-Mann an, der dann auch verurteilt wird.

Seit der Haftstrafe des Vaters geht es der Familie finanziell wesentlich schlechter, sie muss in beengten Wohnverhältnissen leben und auf vieles verzichten. Schließlich machen die Geschwister Moritz Vorwürfe wegen seines Verhaltens. Nur weil er ausgesagt habe, hätten sie kein eigenes Zimmer und könnten den Vater nicht mehr sehen. Diese Vorwürfe verstärken Moritz' Schuldgefühle.

Folgen des Missbrauchs im Jugend- und Erwachsenenalter

Auch nach Abschluss des Gerichtsverfahrens und der Inhaftierung des Vaters zeigt Moritz eine Reihe von Auffälligkeiten. Immer werden Bilder des Missbrauchs (Flashbacks) in ihm lebendig. Er hat heftige Schuldgefühle, weil er durch seine Aussage der Familie viel angetan habe. Es kann angenommen werden, dass ein Teil seiner Schuldgefühle auch darin wurzelt, den Missbrauch überhaupt zugelassen zu haben. Er ist traurig, fühlt sich einsam und ist in sich gekehrt, aber auch wütend, auf sich selbst und andere. Dies weist auf eine depressive Symptomatik hin. Sehr quälend ist die Frage, warum der Vater ihm das angetan hat. Besonders schlimm ist für ihn, dass der Vater den Missbrauch nicht anerkennt und ihn als Lügner hinstellt. Viele Opfer berichten später, dass die Tatsache, dass ihnen nicht geglaubt wurde, das schlimmere Trauma sei. Viele fragen auch: Warum hat er das gerade mir angetan? Was ist anders an mir? Was fand er so anregend? Moritz trägt sich immer mit dem Gedanken, ob die Geschwister wirklich nicht betroffen sind. Die große Sorge um die Geschwister zeigt seine Parentifizierung. Die Sorge ist nicht kindgerecht, überfordert ihn zusätzlich und trägt zum Verlust von Spontanität, der Entwicklung von Einsamkeit und Verhaltensauffälligkeiten bei.

In der Pubertät, einer generell schwierigen und fordernden Entwicklungsphase des Umbruchs, beschäftigt Moritz die Frage, ob er schwul sei. Die Frage wird geradezu quälend; er fühlt sich bei allen sexuellen Themen, die in dieser Phase eine große Rolle spielen, verunsichert. Er meint, man würde ihm ansehen, was ihm passiert sei. So meidet er die Kontakte mit Gleichaltrigen und zieht sich immer mehr zurück. Die Phase der Pubertät ist häufig Auslöser für das Lebendigwerden früh erlebter Traumen. So kann bei Moritz angenommen werden, dass die Pubertät mit dem Lebendigwerden von sexuellen Impulsen die Gefühle um die früh erlebte Sexualität beim sexuellen Missbrauch wieder belebt. Von daher kommt es wieder zu Ängsten und Verhaltensauffälligkeiten, die professioneller Hilfe bedürfen. Die Mutter vermittelt wieder eine professionelle Behandlung, in der Moritz den Missbrauch und alle Fragen zur Sexualität, die ihn sehr beschäftigten, bearbeiten kann. Danach geht es ihm besser, er schließt die Schule und das Studium erfolgreich ab.

Wiederholung des Missbrauchsmusters: vom Opfer zum potenziellen Täter

Moritz heiratet und bekommt zunächst eine Tochter und danach einen Sohn. Die Geburt und die damit verknüpfte Pflege des Sohnes scheinen ein erneuter Auslöser für die Wiederbelebung der erfahrenen Missbrauchssituation zu sein. Als Auslöser wirkt die Dyade Vater-Sohn in einer Intimsituation. Moritz' verinnerlichte Intimbeziehung mit dem Vater ist mit dem sexuellen Missbrauch gekoppelt und internalisiert (vgl. 1.5.2). Da die Beziehung zwischen dem Vater und dem Sohn-Säugling als Auslöser wirkt, kann die Hypothese aufgestellt werden, dass Moritz schon vor dem berichteten Vorfall, nämlich in der präverbalen Entwicklungsphase sexuell missbraucht worden ist. In der Therapie formuliert er die Angst, er könne selbst zum Missbraucher des Sohnes werden. Dies entspricht der Wiederholung der erlebten und verinnerlichten Beziehungsmuster und führt häufig zum »Zwang«, den selbst erfahrenen Missbrauch mit neuen Opfern zu wiederholen. Moritz ist jedoch so introspektiv, dass er dies bewusst wahrnimmt und deshalb nicht in Handlung umsetzt. Dies zeigt deutlich, dass das bewusste, auch emotionale Erleben gemachter Erfahrungen vor Wiederholung schützt. Sicher ist Moritz auch durch die vorherigen therapeutischen Prozesse sensibilisiert und im Wahrnehmen eigener Gefühle geübt. Dies ist die beste Prävention und schützt Moritz davor, selbst zum Täter zu werden. Die Angabe von Moritz, dass er noch nie phantasiert habe, seinen Sohn zu missbrauchen, muss als Abwehrmechanismus der Verneinung gesehen werden. In der Verneinung wird der Vorstellungsinhalt eines schmerzhaften, unerträglichen Gefühls bewusst, jedoch in verneinter Form. Die Verneinung muss als Ausdruck der Verstärkung seiner Angst, selbst zum Missbraucher zu werden, verstanden werden. Erst als sein Sohn 10 Jahre alt ist, kann er die Angstphantasien aufgeben. Dies ist genau das Alter, in dem Moritz seinen selbst erfahrenen Missbrauch preisgibt, der dann in der Folge beendet wird. 10 Jahre scheint im Unbewussten wie eine Markierung als Beendigung des Traumas eingraviert. Die Tatsache, dass Moritz bis ins mittlere Erwachsenenalter noch Therapie benötigt, zeigt, wie schwerwiegend das sexuelle Trauma ist.

Bewältigungsmechanismen und Verarbeitungsmöglichkeiten

In der Kindheit sorgt sich Moritz sehr um seine Geschwister. Eine solche Parentifizierung ist auch ein Verarbeitungs- bzw. Schutzmechanismus. Als Sorgender ist er nicht in der Rolle des ohnmächtigen Opfers. Ein weiterer spezifischer Bewältigungsmechanismus von Moritz ist die Konzentration auf die Schule; er zeigt hervorragende Leistungen. Die Konzentration auf schulische Leistungen ist häufig als Bewältigungsmechanismus zu beobachten; dies hilft die erfahrenen Selbst-Verletzungen zu kompensieren.

Hervorzuheben sind noch seine Ressourcen: Er hatte immer eine gute und vertrauensvolle Beziehung zu seiner Mutter, die ihm eine grundsätzliche Selbst-Vertrauensbasis gibt. Dies zeigt sich im Erwachsenenalter in seiner grundsätzlichen

Beziehungsfähigkeit und seinen stabilen psychischen Strukturen, so kann er u. a. sich selbst gut wahrnehmen und steuern und wird somit nicht zum Täter. Er ist introspektiv und kann professionelle Hilfe gut annehmen und für sich nutzen. Dies ist auch ein Ausdruck seiner grundsätzlichen Beziehungsfähigkeit. Seine psychische Stabilität zeigt sich auch im Leistungs- und Arbeitsbereich.

Interventionen

Die alarmierte Lehrerin nimmt zunächst Kontakt mit dem Rektor der Schule auf und dann mit der Mutter von Moritz. Die Mutter spricht mit der Lehrerin und unterbricht den Besuchskontakt zum Vater. Dann nimmt sie Kontakt mit dem Jugendamt auf.

Von der Annahme ausgehend, dass die Mutter eine gütliche Besuchsregelung mit dem Vater der Kinder vereinbart, will das Jugendamt den Zeitrahmen nutzen und Moritz davon überzeugen, dass seine Aussage wichtig und notwendig ist. Dadurch, dass die Mutter entgegen der Absprache mit dem Jugendamt ihren Ex-Mann konfrontiert, eskaliert die Situation und das Jugendamt muss aufgrund seines gesetzlichen Auftrags sofort tätig werden. Es beantragt beim Familiengericht die Aussetzung der Besuchskontakte und veranlasst die rechtmedizinische Untersuchung von Moritz. Das Ergebnis der rechtsmedizinischen Untersuchung veranlasst die Mutter zur Anzeige, wodurch der Gerichtsprozess in Gang kommt.

2.3 Sexueller Missbrauch einer Schwester an ihrem Bruder

Fallbeschreibung

Yvonne, 15 Jahre, und Marco, 12 Jahre, lebten mit ihren Eltern und zwei weiteren Geschwistern in einer Stadtwohnung. Yvonne und Marco waren viel zusammen unterwegs, hatten gemeinsame Interessen und isolierten sich gern von den anderen Familienmitgliedern. Die beiden jüngeren Schwestern, 8-jährige Zwillinge, gingen noch zur Grundschule. Für die Eltern war das häufige Zusammensein von Yvonne und Marco ein gewohntes Bild, sie waren froh, dass sich beide so gut verstanden. Die Mutter übertrug manchmal Babysitterdienste auf die beiden älteren Kinder, wenn sie kleine Jobs übernommen hatte oder abends unterwegs war. Der Vater war selten zu Hause und kümmerte sich nur am Wochenende um die Familie.

Yvonne und Marco besuchten zusammen eine Ferienfreizeit und kamen sehr angespannt wieder zurück. Der Mutter fiel auf, dass sich Marco zurückzog, weniger mit Yvonne unternahm und kaum für die Schule arbeitete. Yvonne verhielt sich wie immer, allerdings hielt sie sich auch häufiger zu Hause auf.

Zwischen Yvonne und Marco gab es immer wieder Streit. Auch stritt Marco sich neuerdings mit seinen jüngeren Schwestern und bekam bereits bei kleinsten Anlässen Wutanfälle. Auf sein Verhalten angesprochen wehrte Marco ab und ließ sich auf kein Gespräch ein. Die Mutter sprach mit Yvonne. Auch sie konnte ihr keine Erklärung für Marcos Verhalten geben.

Einige Wochen nach der Ferienfreizeit fand die Mutter bei einer Aufräumaktion in Marcos Zimmer unter seiner Matratze eine Zeichnung mit eindeutigem Inhalt: Ein Bett, in dem zwei Personen waren. Die unten liegende Person hatte einen erigierten Penis und die Person, die auf der unteren Person saß, sagte in einer Sprechblase: »Ich zeige dir jetzt mal, was man damit macht, Marco«.

Frau F. sprach zunächst mit ihrem Mann und beide Eltern führten ein Gespräch mit Marco. Marco sagte immer wieder, er sei das nicht auf dem Bild, es sei eine Namensgleichheit mit einem Schulfreund, der ihm das Bild gegeben habe. Er habe das Bild nicht gemalt. Als der Vater ihn auf die Schrift aufmerksam machte und betonte, dass es seine Schrift sei, gab er zu, das Bild gemalt zu haben und dass er die auf dem Bild liegende Person sei. Er weigerte sich aber, etwas über die andere Person auf dem Bild zu sagen. Die Eltern versuchten in mehreren Gesprächen mit Marco, den Hintergrund für das Bild herauszubekommen. Sie sprachen mit ihm offen darüber, dass sie sich Sorgen machten und dass es vielleicht leichter für ihn sei, mit einem Fremden zu sprechen. Nach anfänglichem Zögern stimmte Marco zu und wurde in einer Beratungsstelle vorgestellt.

Hier wurde sehr schnell deutlich, dass es sich bei dem Bild um sexuellen Missbrauch an Marco handelte. Zunächst sprach er von einem Fremden, der ihn im Ferienlager missbraucht habe. Nach und nach wurde aber deutlich, dass es sich um einen Missbrauch durch seine Schwester Yvonne handelte. Marco betonte, dass er Angst habe, dass seine Schwester angezeigt werden könne und er deshalb nur so schwer sagen konnte, was sie getan hatte. Er fragte auch nach, wie es nun weitergehe. Er wurde darüber informiert, dass es sich bei sexuellem Missbrauch um eine strafbare Handlung handelt und das Jugendamt informiert werden müsste. Marco wurde auch beruhigt, dass es gut war, den Missbrauch aufzudecken, und dass er über die einzuleitenden Interventionsschritte auf dem Laufenden gehalten würde.

Yvonne wurde konfrontiert und gab zu, ihren Bruder einmal sexuell missbraucht zu haben. Erst viel später stellte sich heraus, dass Yvonne schon lange vorher mit den Vorbereitungen zum Missbrauch begonnen hatte. Sie hatte wiederholt durch sogenannte zufällige Berührungen herauszufinden versucht, wie ihr Bruder darauf reagiert. Der Missbrauch hat nach Aussagen von beiden Geschwistern einmal stattgefunden. Aufgrund von Marcos früherem Verhaltensmuster ist davon auszugehen, dass es tatsächlich erst im Ferienlager zum sexuellen Missbrauch kam. Nach Marcos Angaben wurde der Missbrauch über das Spiel »Komm, wir spielen Vater und Mutter« als Ritual von der Schwester eingeleitet. Yvonne hatte sich ganz offiziell mit Marco im Ferienlager abgemeldet, um ihm »einen besonderen Platz zu zeigen«. Obwohl er die Zeichnung mit dem Bett angefertigt hatte, blieb er bei seiner Aussage des einmaligen Missbrauchs im Wald.

Yvonne wurde von den Eltern angezeigt und mit Unterstützung des Jugendamtes aus der Familie entfernt. Sie wurde in einer Mädchenwohngruppe mit älteren Jugendlichen untergebracht. Die Leitung der Einrichtung und die Erzieher und Erzieherinnen wurden über das Vorgefallene informiert.

In der Beratungsstelle fand ein Familiengespräch mit allen Familienmitgliedern außer Yvonne statt mit dem Ziel, alle auf den gleichen Wissensstand bezüglich des sexuellen Missbrauchs an Marco zu bringen. Die Details des Missbrauchs wurden dabei in Gegenwart der Zwillinge nicht benannt.

Marco ging weiter zur Beratungsstelle und wurde über den späteren Prozess hinaus betreut. Er zeigte große Schuldgefühle, Yvonne verraten zu haben und dafür, dass sie nicht mehr zu Hause lebte. Auch die Zwillinge beschuldigten Marco; sie meinten, er hätte sich doch gegen Yvonne wehren können.

Die Eltern litten sehr unter dem Vorgefallenen. Sie holten sich therapeutische Hilfe, weil sie nicht verstehen konnten, warum Yvonne den Missbrauch an Marco begangen hatte. Vor allem Frau F. stellte sich immer wieder die Frage, warum sich ihre Tochter nicht einen Freund gesucht und ausgerechnet Marco ausgesucht habe. Sie war sich auch sehr unsicher, ob Yvonne nicht auch noch andere Kinder, vielleicht auch die Zwillinge, missbraucht haben könnte. Beide Eltern benannten wiederholt die Wut auf ihre Tochter und auf sich selbst. Auch stoppten sie die aggressiven Verhaltensweisen der Zwillinge nicht. Sie erlaubten sich nicht das gegenseitige Eingeständnis, dass sie Trauer um den Sohn *und* die Tochter empfanden. Herr F. versuchte immer wieder, sich hinter beide Kinder zu stellen mit dem Argument, dass doch beide ihre Kinder seien. Er selbst empfand die Situation als nicht aushaltbar. Beide Eltern fragten sich, welche Gründe Yvonne gehabt haben könnte, ihren Bruder zu missbrauchen. Was hatte sie zu dieser Tat gebracht? Hatten sie in der Erziehung etwas falsch gemacht? War ihr als Kind vielleicht auch sexueller Missbrauch widerfahren, den sie jetzt ausagierte?

Herr F. war auch damit beschäftigt, wie das im Ferienlager passieren konnte. Wieso war es im Ferienlager unter Aufsicht möglich gewesen, dass Yvonne ihren Bruder missbrauchen konnte? Wo hatten sich die Betreuer und die anderen Jugendlichen aufgehalten?

Auch der bevorstehende Prozess machte den Eltern Angst. Die Frage, wer jetzt über alles Bescheid wissen würde und wer in der Familie informiert werden musste und wie die Reaktionen sein würden, war für sie verunsichernd und peinlich. Der Vorfall hatte sich sehr schnell herumgesprochen, obwohl die Familie in einer Stadt lebte. Die Familie fühlte sich stigmatisiert und plante umzuziehen. Marco wurde in der Schule auf den Missbrauch angesprochen und wollte nicht mehr zur Schule gehen. Nur die Zwillinge wollten wegen ihrer Freunde unbedingt dort bleiben und zeigten jetzt noch mehr Wut auf Marco. Darüber gab es unter den Ehepartnern heftige Diskussionen, die auch Marco mitbekam. Er merkte, dass sich die Eltern immer mehr zerstritten und entfremdeten und gab sich dafür die Schuld. Für ihn gab es innerhalb der Familie keine Möglichkeit, über seine Gefühle zu sprechen. Er fühlte sich allein und bereute, überhaupt etwas gesagt zu haben. Er hätte am liebsten alles wieder zurückgenommen. Außerdem vermisste er Yvonne, mit der er viel Zeit verbracht hatte und an die es auch schöne Erinnerungen gab. Auch die Eltern bereuten inzwischen, Yvonne angezeigt zu haben. Sie waren nun der Meinung, sie hätten alles auch ohne Anzeige regeln können.

Nach der Verhandlung, in der Yvonne zu einem Jahr auf Bewährung und dem weiteren Verbleib in der Jugendhilfeeinrichtung mit einer Therapieauflage verurteilt wurde, beruhigte sich langsam die Dynamik in der Familie. Die Kontakte zwischen Yvonne und den Geschwistern waren untersagt. Die Eltern hatten regelmäßige Kontakte zu ihr in der Einrichtung.

Die zum Zeitpunkt des sexuellen Missbrauchs anwesenden Betreuer in der Ferienfreizeit zeigten sich erschrocken über die Aufdeckung. Seitens der Leitung und des Veranstalters wurde versucht, den Verlauf zu rekonstruieren. Die Betreuer konnten sich bei der Vielzahl der Kinder und Jugendlichen und Aktionen nicht im Detail an den Tag erinnern und auch nicht daran, ob sich beide Kinder abgemeldet hatten. Sie hielten es aber für wahrscheinlich. Der Veranstalter sprach mit allen Betreuern und bot ihnen Unterstützung und Hilfe an. Für alle zukünftigen Ferienfreizeiten wurden Informationsveranstaltungen zum Thema »Sexueller Missbrauch« festgeschrieben. Es gab auch einen Kontakt zwischen dem Veranstalter und dem Leiter der Ferienfreizeit und den Eltern, in denen sich beide bei den Eltern entschuldigten.

Interpretation

Verhalten und Erleben des Opfers als Folge des sexuellen Missbrauchs

Marco zeigt Verhaltensweisen, die bei sexuell missbrauchten Kindern zu beobachten sind. Er zieht sich sozial zurück und konzentriert sich in ausgeprägtem Maß auf die Schule. Es kommt immer wieder zu Streit mit allen Geschwistern, auch bei kleinsten Anlässen bekommt er Wutanfälle. Die Wutanfälle können auch als Aggression gegen sich selbst gesehen werden dafür, dass er den Missbrauch zugelassen und sich nicht (aggressiv) zur Wehr gesetzt hat. Auf sein verändertes Verhalten angesprochen, wehrt Marco ab und lässt sich zunächst auf nichts ein.

Er leugnet zuerst beharrlich, dass die Zeichnung mit ihm selbst zu tun habe. Nach der Aufdeckung hat Marco große Schuldgefühle. Er habe seine Schwester verraten und sei schuld daran, dass sie nicht mehr zu Hause lebe. Auch für die Streitigkeiten zwischen den Eltern sowie deren Entfremdung voneinander gibt er sich die Schuld. Für ihn gab es innerhalb der Familie keine Möglichkeit, über seine Gefühle zu sprechen. Er fühlt sich allein und bereut, überhaupt gesprochen zu haben. Er nähme am liebsten alles wieder zurück. Schuldgefühle nach der Aufdeckung sind zentral im Erleben der Opfer, selbst wenn sie kognitiv wissen, dass sie nicht schuldig sind. Die Tatsache, dass Marco seine Schwester vermisst, zeigt, dass sie für ihn auch das »gute Objekt« ist, mit der er viel zusammen gemacht hatte. Dies verstärkt noch die Schuldgefühle.

Prozess der Aufdeckung

Frau F. findet eine Zeichnung mit eindeutigem Inhalt, woraufhin sie zunächst ihren Mann informiert. Dann führen beide Eltern Gespräche mit Marco, um den

Hintergrund für das Bild herauszubekommen. Sie drücken ihre Besorgnis aus und schlagen ihm vor, mit einem Fremden zu sprechen. Nach anfänglichem Zögern stimmt Marco zu und wird in einer Beratungsstelle vorgestellt. Hier wurde sehr schnell deutlich, dass es sich bei dem Bild um sexuellen Missbrauch an Marco handelte. Um die Schwester zu schützen, gibt er zunächst an, von einem Fremden missbraucht worden zu sein. Auf weiteres Nachfragen kann er die Schutzbehauptung nicht mehr aufrecht halten.

Obwohl in der Zeichnung ein Missbrauch im Bett dargestellt wird, bleibt Marco bei seiner Aussage des einmaligen Missbrauchs im Wald. Der Missbrauch hat nach Aussagen von beiden nur einmal stattgefunden. Da Marco erst nach dem Ferienlager Auffälligkeiten zeigt, kann dies auch angenommen werden. Gleichwohl könnte es im Vorfeld Versuche seitens der Schwester gegeben haben, ihn im Bett zu missbrauchen, die Marco nicht als Missbrauch erlebt hat.

Interaktionelle Dynamik der Missbrauchssituation

Der konkrete Missbrauch hat im Ferienlager stattgefunden. Die Situation ist von der Missbraucherin »gut« vorbereitet worden. Sie meldet sich offiziell ab, um dem Bruder etwas Besonderes zu zeigen. Da sie immer viel zusammen gemacht haben, erscheint dies ganz normal. Der Missbrauch beginnt mit einem Vater-Mutter-Spiel, welches von der großen Schwester eingeführt wird. Aufgrund des Altersunterschieds gibt es auf jeden Fall das typische Macht-Ohnmachtsgefälle. Marco sieht sich wahrscheinlich ohnmächtig und hilflos der Situation ausgesetzt und kann nicht verstehen, wieso die Schwester, mit der er sonst so viel zusammen macht, ihm das antut. Nach dem Missbrauch gehen sie wieder gemeinsam – als sei nichts passiert – in das Lager zurück.

Strategien der Täterin

In den Gesprächen mit der Täterin Yvonne wird deutlich, dass sie schon lange vorher mit den Vorbereitungen zum Missbrauch begonnen hat. Sie hat die Beziehung zum Bruder intensiviert, indem sie viel gemeinsam unternommen haben. Normalerweise verbringt eine 15-Jährige ihre Freizeit nicht überwiegend mit dem 12-jährigen Bruder. Es ist auch ihre Idee, die Ferienfreizeit gemeinsam mit dem Bruder zu verbringen. Sie hat wiederholt durch sogenannte zufällige Berührungen herauszufinden versucht, wie ihr Bruder darauf reagiert. Dies zeigt eine typische Täterinnen-Strategie.

Bewältigungsmechanismen und Verarbeitungsmöglichkeiten

Im Vordergrund steht die Leugnung der Missbrauchssituation durch Marco. Er leugnet zunächst, das Bild überhaupt gemalt zu haben. Erst bei nachdrücklicher Konfrontation durch den Vater gibt er zu, es gemalt zu haben und dass er die liegende Person auf dem Bild sei. Er weigert sich aber, etwas über die andere

Person auf dem Bild zu sagen. Damit schützt er die Schwester und sich selbst vor den negativen, missbrauchenden Aspekten der Schwester. In der Phase der Konfrontation will er seine Schwester aus Angst vor den Konsequenzen bewusst schützen. Auch steckt er in einer großen Ambivalenz. Er weiß sicher, dass die Handlung nicht richtig und für ihn schrecklich war. Er kann den Missbrauch vor dem Hintergrund der vielen positiven gemeinsamen Erlebnisse nicht verstehen. Bei Marco scheint keine Dissoziation vorzuliegen. Vermutlich liegt es daran, dass der Missbrauch nur einmal stattgefunden hat und nicht so gravierend war, dass der Körper in eine absolute Alarmbereitschaft gegangen ist. Die Schuldgefühle von Yvonne hat er sicher introjiziert. Da der Missbrauch nicht über einen längeren Zeitraum hinweg stattgefunden hat, hat Marco das Missbrauchsmuster nicht internalisiert.

Reaktionen der Umgebung: Familie

Die Folgen sind für die gesamte Familie gravierend. Hervorzuheben ist, dass Marco die Schuld gegeben wird und nicht Yvonne, die doch die Täterin ist. Sogar die Zwillinge sagen, er hätte sich doch gegen Yvonne wehren können. Auch die Eltern sind von Schuldgefühlen geplagt. Sie fragen sich, ob sie in der Erziehung etwas falsch gemacht haben. Ob Yvonne in der Kindheit etwas passiert ist, was sie jetzt mit dem Bruder wiederholt.

Die Eltern leiden sehr und suchen professionelle Hilfe, weil sie den Missbrauch von Marco durch Yvonne nicht verstehen können. Mit dem gewachsenen Misstrauen fragen sich die Eltern, ob Yvonne nicht auch noch andere Kinder, vielleicht auch die Zwillinge, missbraucht haben könnte. Sie suchen die Schuld bei sich, aber auch bei den Betreuern im Ferienlager, wo der Missbrauch manifest geworden sein soll.

Das größte innerpsychische Problem für die Eltern ist, das die Spaltung in Gut und Böse als ein Schutzmechanismus nicht gelingen kann, da doch beide – Opfer und Täterin – ihre Kinder sind. Sie erlaubten sich nicht einzugestehen, dass sie sowohl Wut auf die Tochter und den Sohn als auch Trauer um den Sohn und die Tochter empfinden.

Auch wegen der Öffentlichkeit machte der bevorstehende Prozess den Eltern Angst. Auch sie bereuen, Yvonne angezeigt zu haben. Sie sind später der Meinung, sie hätten alles auch ohne Anzeige regeln können. Die Eltern haben regelmäßige Kontakt zu ihr in der Einrichtung.

Interventionen

Hier handelt es sich um die Institution Familie. Yvonne wird von den Eltern angezeigt und mit Unterstützung des Jugendamtes aus der Familie entfernt. Sie wird in einer Mädchenwohngruppe mit älteren Jugendlichen untergebracht. Die Leitung der Einrichtung und die Erzieherinnen werden über das Vorgefallene informiert.

In der Beratungsstelle erfolgt ein Familiengespräch mit allen Familienmitgliedern außer Yvonne mit dem Ziel, alle auf den gleichen Wissensstand bezüglich des sexuellen Missbrauchs an Marco zu bringen. Die Details des Missbrauchs werden dabei in Gegenwart der Zwillinge nicht benannt.

In der Gerichtsverhandlung wird Yvonne zu einer Strafe auf Bewährung und zum weiteren Verbleib in der Jugendhilfeeinrichtung mit einer Therapieauflage verurteilt. Die Kontakte zwischen Yvonne und den Geschwistern werden untersagt.

2.4 Sexueller Missbrauch eines Mädchens durch eine Erzieherin im Kindergarten

Fallbeschreibung

Katrin war drei Jahre alt und ging gern in den Kindergarten. Sie freute sich jeden Tag auf ihre Lieblingserzieherin. Sie berichtete zu Hause über schöne Spiele im Kindergarten und draußen und dass die Erzieherin ganz lieb zu ihr sei. Sie dürfe immer morgens in der Morgenrunde auf ihrem Schoß sitzen. Wenn die anderen Kinder das für sich einforderten, würde die Erzieherin ihnen erklären, dass Katrin noch so klein sei und das so schön fände. Die Eltern freuten sich, dass sich Katrin wohl fühlte und keine Trennungsängste zeigte. Sie freundete sich mit den anderen Kindern an und verabredete sich auch am Wochenende mit ihnen.

Nach einigen Monaten wollte Katrin plötzlich nicht mehr in den Kindergarten gehen. Sie weinte und wehrte sich dagegen, den Kindergarten zu betreten. Da sie nicht über den Grund ihrer Weigerung sprechen wollte, sprachen die Eltern mit der Erzieherin. Diese betonte, dass sie sich auch Sorgen um Katrin mache, da sie bisher ein so fröhliches Kind gewesen sei. Sie hatte auch keine Erklärung für Katrins Widerstand und schloss aus, dass sie von anderen Kindern geärgert würde.

Die Eltern versuchten weiter, Katrin in den Kindergarten zu bringen. Sie schrie, weinte und weigerte sich. Auch begann sie tagsüber und nachts wieder einzunässen, sie schrie nachts im Schlaf und wollte nicht mehr im Dunkeln schlafen. Sie klagte über Bauchschmerzen und war morgens nicht in der Lage aufzustehen. Die Eltern gingen mit ihr zum Kinderarzt, der ihnen empfahl, vorübergehend nach einer anderen Betreuungsmöglichkeit zu suchen. Die Mutter der Mutter erklärte sich bereit, vorübergehend einzuspringen.

Katrin fragte ihre Oma immer wieder, ob sie nicht immer auf sie aufpassen könne. Als die Oma ihr erklärte, dass das nicht möglich sei, fing Katrin an zu weinen. Nach einigen vergeblichen Versuchen, sie zum Sprechen zu bringen, erzählte ihr Katrin endlich, dass im Kindergarten »was ganz Schlimmes« passiert sei. Mehr wollte sie zunächst nicht sagen. Die Oma erklärte ihr, dass sie das gemeinsam Katrins Eltern erzählen müssten. Katrin weinte wieder und wollte das nicht, weil sie glaubte, ihre Mama und ihr Papa hätten sie dann nicht mehr lieb. Katrin zeigte große Angst und sagte, dass sie der Oma nur »Quatsch« erzählt habe. Als die Oma ihr erklärte, dass sie noch viel zu klein sei, um etwas ganz Schlimmes zu tun, atmete Katrin tief durch und erzählte ihrer Oma, dass ihre Lieblingserzieherin mehrmals mit ihr auf der Toilette gewesen sei und »so komische Sachen« mit ihr gemacht habe. Sie erzählte auf Nachfrage weiter, dass die Erzieherin oft mit ihr zur Toilette gegangen sei, um sie abzuwischen. Dabei habe sie mehrmals ihren Finger bei ihr »vorne reingesteckt«. Katrin fragte ihre Oma: »Warum hat die das gemacht?«. Sie weinte wieder und wollte, dass ihre Oma nichts davon ihren Eltern erzählen solle. Doch sie erklärte Katrin, dass es ganz wichtig sei, dass ihre Eltern das wüssten, und dass Katrin auf keinen Fall etwas Schlimmes gemacht habe, sondern die Erzieherin, und dass es gut war, dass sie ihr alles erzählt habe.

Mit Unterstützung der Oma konnte Katrin ihren Eltern von dem Missbrauch erzählen. Sie glaubten ihr und versicherten ihr, dass sie alles richtig gemacht habe und dass sie sie weiter lieb hätten. Katrin war erleichtert und ging nicht mehr in den Kindergarten.

Für die Eltern war es nicht leicht zu glauben, was sie von ihrer Tochter gehört hatten. Sie fühlten sich hilflos. Dass eine Frau ein Kind missbraucht, war ihnen neu. Sie zweifelten an der Aussage und suchten Hilfe bei einer Beratungsstelle. Sie wurden gut beraten und bei den anstehenden Interventionsschritten begleitet.

Die Leiterin des Kindergartens war sofort bereit, alle anstehenden notwendigen Schritte einzuleiten. Sie informierte den Träger der Einrichtung und das Jugendamt. Der Träger wiederum informierte die Aufsichtsbehörde. Die beschuldigte Erzieherin wurde von der Leiterin konfrontiert und aufgrund einer Tätigkeitsuntersagung der Aufsichtsbehörde aus der Einrichtung entlassen. Die Erzieherin leugnete und beschuldigte Katrin, eifersüchtig zu sein und sich zu rächen, weil sie nicht mehr morgens auf ihrem Schoß sitzen durfte. Dies sei deshalb so, weil ein jüngeres Kind in die Gruppe gekommen sei. Sie war empört und schaltete einen Anwalt ein.

Die anderen Erzieherinnen wurden durch die Leiterin informiert. Sie konnten nicht glauben, dass ihre Kollegin ein Kind sexuell missbraucht haben sollte. Am schwersten war das Unglaubliche zu glauben. Diejenigen, die den Gedanken zulassen konnten, fragten sich, welches Kind sonst noch betroffen sein könnte, wer noch davon gewusst oder sogar auch misshandelt haben könnte. Sie machten sich Vorwürfe, nicht besser aufgepasst zu haben, und begannen, sich gegenseitig zu beobachten. Im Zuge der Offenlegung erinnerte sich eine Kollegin plötzlich wieder an ihre eigene Missbrauchserfahrung und war nicht mehr in der Lage zur Arbeit zu gehen.

Die Eltern der Kinder wurden offiziell nicht informiert. Die Gerüchte, die nach dem plötzlichen Ausscheiden der Erzieherin bei den Eltern entstanden, gingen in alle Richtungen. Die Verunsicherung war groß und der Elternbeirat forderte eine Erklärung. Um die beschuldigte Mitarbeiterin zu schützen, verweigerte die Leiterin eine Auskunft. Dadurch wurden die Gerüchte verstärkt und breiteten sich im Stadtviertel aus. Einige Eltern sprachen mit der beschuldigten Erzieherin, glaubten ihrer Version und empörten sich über die Entlassung. Anschließend setzten sie sich mit den Eltern von Katrin in Verbindung und warfen ihnen vor, den Aussagen ihrer Tochter zu viel Bedeutung gegeben zu haben. Es gab aber auch Eltern, die Katrins Version glaubten und die Erzieherin damit konfrontierten. Manche Kinder wurden abgemeldet, weil sich die Eltern ungenügend informiert fühlten und mit der Vorgehensweise der Kindergartenleitung nicht einverstanden waren. Sie wandten sich mit ihrer Beschwerde nicht an den zuständigen Träger, sondern an die örtliche Zeitung. In einem ausführlichen Artikel wurden die Hintergründe der Entlassung der Erzieherin beschrieben, was zu weiteren Spekulationen führte. Den Höhepunkt bot ein Interview im örtlichen Nachrichtensender, in dem sich die beschuldigte Erzieherin als Opfer einer Kampagne darstellte. Erst danach reagierte die Leitung des Kindergartens und berief eine Elternversammlung ein, jedoch erst zu einem Zeitpunkt, zu dem die Hälfte der Kinder bereits abgemeldet war. Die Leiterin des Kindergartens verließ daraufhin die Einrichtung.

Die Eltern von Katrin erstatteten Strafanzeige. Seitens des Gerichts wurde ein Glaubwürdigkeitsgutachten in Auftrag gegeben. Katrin konnte noch mehr Details des Missbrauchs benennen und wurde als glaubwürdig beurteilt. Die Erzieherin leugnete weiterhin. Sie wurde zu einer Bewährungsstrafe verurteilt und verließ die Stadt.

Katrin hatte von der Aufregung im Kindergarten, bei den Eltern der anderen Kinder und von dem Aufsehen, das durch die Presse ausgelöst worden war, wenig mitbekommen. Sie wurde von ihrer Familie geschützt. Sie nahm an einer Kurzzeit-Traumatherapie über 10 Sitzungen teil, konnte dort gut über ihre Ängste sprechen und berichtete, dass die Erzieherin sie immer wieder dazu gedrängt hatte, zur Toilette zu gehen. Sie war in der Lage, anderen Kindern in der Gruppe, die noch nicht alles erzählen konnten, Mut zu machen. Sie konnte wieder gut schlafen, berichtete frei von Erinnerungsblitzen, die sie mit der Mama und der Oma besprechen konnte. Die Traumatherapie war erfolgreich. Selbst bei einem Nachtreffen mit den Eltern wurden keine Auffälligkeiten mehr berichtet.

Nach der Verurteilung der Erzieherin legte sich langsam die Aufregung bei den Eltern. Selbst denjenigen, die zu der Erzieherin gestanden hatten, war es nach und nach möglich, sich mit dem Thema des sexuellen Missbrauchs durch Frauen auseinanderzusetzen. Der Träger der Einrichtung bot allen Interessierten eine Veranstaltung mit Fachleuten an, an die sie ihre Fragen richten konnten.

Interpretation

Verhalten und Erleben des Opfers als Folge des sexuellen Missbrauchs

Die dreijährige Katrin zeigt eine massive Symptomatik. Sie weigert sich vehement, den Kindergarten zu betreten, und zeigt deutliche psychosomatische Folgen: Sie leidet unter Schlafstörungen und schreit nachts, morgens ist sie nicht in der Lage aufzustehen, sie klagt über Bauchschmerzen und nässt tags und nachts wieder ein. Sie hat offensichtlich Angst, den Eltern von dem Missbrauch zu erzählen.

Der Großmutter sagt sie, dass sie glaube, Mama und Papa hätten sie dann nicht mehr lieb. Da die Eltern immer wieder versuchen, sie in den Kindergarten zu bringen, muss angenommen werden, dass Katrin spürt, dass es den Eltern nicht recht ist, wenn sie sich weigert, in den Kindergarten zu gehen, und sie den Eltern damit Unannehmlichkeiten bereitet. Das möchte sie nicht, um die Liebe der Eltern nicht zu verlieren.

Prozess der Aufdeckung

Auf Anraten des Kinderarztes schicken die Eltern Katrin nicht mehr in den Kindergarten, wodurch der Kontakt mit der Täterin unterbrochen ist. In der vertrauensvollen Atmosphäre mit der Großmutter und als Reaktion auf ihre einfühlenden Bemühungen beginnt Katrin zu sprechen und berichtet von den »komischen Sachen«, die mit ihr gemacht wurden. Die Eltern sind zunächst hilflos und suchen Unterstützung bei einer Beratungsstelle, in der ihnen geraten wird, die Leitung zu informieren. Daraufhin erfolgen die notwendigen Schritte und Interventionen.

Interaktionelle Dynamik der Missbrauchssituation

Die Erzieherin ist zunächst »ganz lieb« zu Katrin; sie machen schöne Spiele und Katrin hat das Privileg, bei ihrer Lieblingserzieherin auf dem Schoß zu sitzen. Die Erzieherin grenzt damit automatisch die anderen Kinder aus und bindet Katrin an sich. Bei dreijährigen Kindern ist es normal, dass die Erzieherin sie auf die Toilette begleitet. Nicht normal ist jedoch, dass sie dabei sexuell übergriffig wird. Die Erzieherin nutzt das kindliche Vertrauen voll aus und fragt sie suchtartig immer wieder, ob sie denn nicht zur Toilette müsse. Nach dem Übergriff spielen sie Katrin Lieblingsspiel.

Strategien der Täterin

Auch die Erzieherin zeigt die typischen Täterstrategien. Sie baut ein Vertrauensverhältnis auf und bevorzugt das von ihr ausgewählte Kind. Im Gespräch mit den besorgten Eltern ist sie sehr kooperativ, zeigt sich ebenfalls um Katrin besorgt und schließt aus, dass sie von anderen Kindern geärgert wird. Mit dem fürsorglichen Verhalten gewinnt sie auch das Vertrauen der Eltern. Nach der Konfrontation verleugnet die Erzieherin ihre Verantwortung und tritt die Flucht nach vorn an: Sie ist empört und schaltet einen Anwalt ein. Diese Strategie der Blendung nach dem Motto »wer so offen bereit ist, sich mit der Justiz auseinanderzusetzen, kann nicht schuldig sein« ist typisch. Dieselbe Strategie greift auch im Umgang mit den Medien, indem sie sich offen als Opfer einer Kampagne darstellt, um die öffentliche Meinung zu manipulieren. Selbst nach der Verurteilung weigert sie sich, ihre Verantwortung zu übernehmen.

Bewältigungsmechanismen und Verarbeitungsmöglichkeiten

Durch das umsichtige, unterstützende und schützende Verhalten der Eltern und der Großmutter wird Katrin nicht zusätzlich traumatisiert. Sie kann die Erfahrungen verarbeiten.

Reaktionen der Umgebung: Teams und Eltern

Durch die Konfrontation mit dem Missbrauch durch die Leiterin entsteht im Kindergarten eine Atmosphäre von Misstrauen. Die Erzieherinnen beginnen, sich gegenseitig zu beobachten und zu fragen, wer sonst noch misshandeln könnte. Bei einer Erzieherin wird durch die Konfrontation sogar ihre eigene Missbrauchserfahrung getriggert. Nicht selten wirkt eine Konfrontation mit dem »Unglaublichen« als Auslöser für die Erinnerung und damit Bewusstwerdung eigener Missbrauchserfahrungen.

In der Elternschaft der Kindergartenkinder entsteht die typische Spaltung, die häufig im Kontext von sexuellem Missbrauch zu beobachten ist. Für einen Teil der Eltern ist die Erzieherin die »Böse«, die es zu konfrontieren gilt, für einen anderen Teil ist sie die »Gute«, die fahrlässig und fälschlicherweise des Missbrauchs beschuldigt wird. Als sich die Erzieherin im Interview als Opfer einer Kampagne darstellt, ist die Spaltung perfekt.

Bemerkenswerterweise verschieben die Eltern ihre Aggression auf die Leiterin, statt sie gegen die Erzieherin zu richten. Sie konzentrieren sich auf den Fehler der Leiterin, um sich nicht mit dem Missbrauch und der Missbraucherin auseinandersetzen zu müssen. Es ist einfacher, sich über einen formalen Fehler zu empören, als über das »Unglaubliche«. Auch dies ist ein typischer Schutzmechanismus.

Interventionen

Die Leiterin benachrichtigt entsprechend ihrer Vorschriften unverzüglich den Träger der Einrichtung und das Jugendamt. Der Träger informiert die Aufsichtsbehörde, die ebenfalls schnell reagiert. Auch die Konfrontation der Beschuldigten erfolgt rasch. Nachdem die Erzieherin die Vorwürfe leugnet, erfolgen die notwendigen Maßnahmen durch die Aufsichtsbehörde. Nachdem die anderen Erzieherinnen im Team von der Leiterin informiert worden sind, versäumt die Leiterin, die Eltern der anderen Kinder im angemessenen Umfang aufzuklären. Durch ihre Weigerung und mangelnde Kompetenz im Umgang mit der Anschuldigung hat sie den Boden für Spekulationen bereitet und zur »hysterischen« Entwicklung beigetragen.

Die Intervention wäre in diesem Fall besser unter Einbeziehung eines Juristen erfolgt, der wahrscheinlich eine Verdachtskündigung empfohlen hätte. Wegen der Unsicherheit im Umgang mit dem Thema hätte es der Einrichtung auch geholfen, sich Unterstützung beim Jugendamt und/oder bei einer fachlich guten Beratungsstelle zu holen, die auch die Spaltung im Team hätte auflösen können.

2.5 Sexueller Missbrauch eines Mädchens durch einen Erzieher im Heim

Fallbeschreibung

Lisa, ein 10-jähriges Mädchen, das sich seit zwei Jahren in einer Jugendhilfeeinrichtung befand, berichtete ihrer Bezugserzieherin vom sexuellen Missbrauch durch einen Erzieher:

»Abends, wenn der Erzieher Nachtdienst hatte, haben wir alle miteinander viel Spaß gehabt. Er war immer bereit, sich auf alle Verrücktheiten einzulassen, und hat uns viele Freiheiten gegeben, die die anderen Erzieher niemals erlaubt hätten. Wir sind durchs Haus getobt, haben Kitzelspaß und Kissenschlachten mit ihm gemacht; wir waren draußen und haben geraucht und auch manchmal Bier getrunken. Geduscht haben wir alle zusammen mit dem Erzieher, bevor wir ins Bett gingen. Einmal ist er abends, als ich schon schlief, zu mir ins Zimmer gekommen und hat mich gestreichelt. Ich bin sofort wach geworden, habe mich aber nicht gerührt, ich war ganz erschrocken. Zuerst hat er mich am Kopf gestreichelt, ist dann aber mit der Hand unter die Bettdecke gekommen und hat mich am ganzen Körper gestreichelt. Dann ist er aus dem Zimmer gegangen. Ich wusste nicht, was ich machen sollte. Ich habe nach einem Zimmerschlüssel gefragt, der mir aber nicht gegeben wurde. Es hat mich keiner gefragt, weshalb ich den Schlüssel haben wollte. Aber ich hätte auch den wahren Grund nicht sagen können. Er kam von da an immer, wenn er Dienst hatte. Aufgefallen ist mir, dass er uns abends nicht mehr so lange spielen ließ. Ich bin sicher, dass er wusste, dass ich nicht schlief, wenn er zu mir kam. Das Streicheln wurde immer schlimmer. Er hat mir die Hose ausgezogen und mich zwischen den Beinen gestreichelt. Ich habe mich nicht gerührt. Als er sich dann nach einiger Zeit zu mir ins Bett legen wollte, bin ich »aufgewacht« und habe ihn weggestoßen. Er hat auf mich eingeredet und mich dann gezwungen, still zu sein. Dann hat er mir seinen Penis in die Scheide gesteckt, das hat mir wehgetan und es ist dann ganz oft passiert. Er hat mir gedroht und gesagt, dass mir sowieso niemand glauben wird, weil ich ja schon von meinem Vater missbraucht worden bin. Außerdem war ich schon einmal in der Psychiatrie, weil mich keiner aushält. Ich möchte aber, dass das aufhört.«

Lisa klagte des Öfteren über Bauch- und Kopfschmerzen.

Zur Vorgeschichte von Lisa: Sie kam mit 8 Jahren infolge sexuellen Missbrauchs durch den Vater in die Jugendhilfeeinrichtung. Aufgefallen war sie in der Schule durch ihr Verhalten. Sie war unkonzentriert, stahl Mitschülern Geld und Stifte, »klebte« an ihrer Lehrerin, lutschte am Daumen, war abwechselnd weinerlich und aggressiv, kam ohne Hausaufgaben, hatte kein Frühstück bei sich und weigerte sich immer wieder, mittags nach Hause zu gehen. Die Lehrerin sprach Lisa an, woraufhin sie ihr anvertraute, dass sie von ihrem Vater sexuell missbraucht wurde. Da ihre Mutter ihr nicht geglaubt hatte und der Vater leugnete, wurde sie untergebracht. Es kam schließlich zu einer Anzeige und zur Verurteilung des Vaters.

Lisas Vorgeschichte war den Mitarbeitern bekannt. Sie erhielt jedoch keine therapeutische Unterstützung, weil alle der Meinung waren, sie müsse erst einmal

2.5 Sexueller Missbrauch eines Mädchens durch einen Erzieher im Heim

zur Ruhe kommen. Lisa zeigte weiterhin auffälliges Verhalten. Sie nässte ein, berichtete von wiederkehrenden Albträumen, hatte Durchschlafstörungen, zeigte Zwangshandlungen wie exzessives Waschen und entwickelte eine Essstörung. Mit den Mitbewohnern und Erziehern kam sie gut zurecht. In der Schule war sie weiterhin unaufmerksam und unkonzentriert. Als sie anfing, sich zu ritzen, wurde sie in die Kinder- und Jugendpsychiatrie aufgenommen. Dort konnte der Missbrauch durch ihren Vater endlich therapeutisch aufgearbeitet werden und sie wurde mit einem guten Ergebnis entlassen.

Nachdem sich Lisa in der aktuellen Situation ihrer Bezugserzieherin gegenüber geöffnet hatte, erklärte diese, dass sie die Informationen an die Leitung, das Jugendamt, ihre Mutter und vielleicht auch an die Polizei weiterleiten müsse. Lisa kannte das schon von dem Prozess gegen ihren Vater und stimmte zu.

Die Erzieherin sagte ihr, dass es richtig war, mit ihr darüber gesprochen zu haben. Die Erzieherin informierte zunächst die Leitung der Einrichtung. Diese verständigte das Jugendamt und konfrontierte den beschuldigten Erzieher im Beisein der Bezugserzieherin. Die Leitung informierte anschließend den Träger der Einrichtung, das Landesjugendamt und die Mutter von Lisa.

Der beschuldigte Erzieher erklärte in der Konfrontation: Alles, was das Mädchen erzählt hat, ist gelogen. Sie war immer neidisch, wenn ich mich ihr nicht genügend gewidmet habe. Die anderen in der Gruppe haben das auch wiederholt bemerkt. Außerdem ist sie ja für ihre Lügen bekannt. Jetzt will sie mir eins auswischen.

Die Leitung informierte alle pädagogischen Mitarbeiter über die Aussagen von Lisa. Die Reaktion der Kollegen war wie folgt:

Kollege 1: »Das Mädchen hat immer schon Geschichten erzählt. Ich kann mir nicht vorstellen, dass der Kollege Kinder sexuell missbraucht. Er ist der beliebteste Erzieher bei den Kindern. Bei uns Kollegen ist er auch sehr beliebt, er ist immer bereit, freiwillig zusätzliche Dienste zu übernehmen, besonders nachts und am Wochenende.«

Kollege 2: »Über die Dienste hinaus sind wir noch persönlich befreundet. Wir sind zusammen im Kegelclub und mit einem von uns will er jetzt ein Doppelhaus bauen. Ich kann mir das nicht vorstellen. Wenn Sie wüssten, was hier von den Kindern so alles erzählt wird – da darf man gar nicht so genau hinhören.«

Kollegin 3: »Mir fällt wieder ein, dass ich mich in der letzten Ferienfreizeit gewundert habe, warum er immer mit diesem Mädchen ins Zelt ging, wenn alle anderen im Meer gebadet haben. Ich habe es für mich registriert, aber nicht weiter darüber nachgedacht. Vielleicht hat sie die Wahrheit gesagt, auch wenn ich es mir nicht vorstellen kann.«

Kollege 4: »Ich bin sein bester Freund. Niemals hat er das gemacht. Er selbst hat mir versichert, dass er zu Unrecht beschuldigt wird, und ich glaube ihm. Wenn er so etwas getan hätte, hätte ich es bestimmt bemerkt. Ich habe auch mit seiner Frau gesprochen. Sie glaubt auch nicht, dass er Kinder sexuell missbraucht. Sie hat mir erzählt, dass alle Kinder aus der Nachbarschaft auf ihn ›fliegen‹.«

Kollegin 5: »Vorstellen kann ich mir alles. Ich weiß nicht, ob er das Mädchen sexuell missbraucht hat. Wir haben oft über ihr auffälliges Verhalten gesprochen. Wir wussten, dass sie von ihrem Vater sexuell missbraucht worden ist. Aber dass ihr hier durch einen Kollegen noch einmal so etwas passieren könnte – daran habe ich nie gedacht. Und schon gar nicht an den beliebtesten bei den Kindern. Manchmal habe ich mich allerdings gewundert, warum er immer so gerne Nachtdienste übernahm, obwohl er wusste, dass das seiner Frau gar nicht gefiel.«

Kollegin 6 – Bezugserzieherin des Mädchens: »Ich glaube dem Mädchen, obwohl ich es mir auch nicht vorstellen kann. Wichtig ist, dass sie jetzt geschützt wird.«

Leitung: »Das Mädchen muss geschützt werden und gleichzeitig sollen Fachleute mit ihr sprechen. Am besten ist sie momentan in der Psychiatrie aufgehoben. Zur Anschuldigung kann ich nur sagen, dass der beschuldigte Kollege die Taten bestreitet. Neben dem benannten sexuellen Missbrauch habe ich aber auch andere missbräuchliche Situationen erfahren und werde mit den Kindern reden. Der Beschuldigte wird zunächst suspendiert. Ich werde eine Fachberatung und einen Anwalt einschalten.«

Die unterschiedlichen Einschätzungen im Team blieben zunächst bestehen. Die Kollegen, die den Beschuldigten unterstützten, hielten weiterhin engen Kontakt zu ihm.

Nach Rücksprache mit den Kindern und Jugendlichen wurde nach anfänglichem Leugnen sehr bald deutlich, dass die beschriebenen abendlichen Rituale stimmten. Drei Kinder bestritten vehement, dass Zigaretten und Alkohol zur Verfügung standen. Zwei Jugendliche erzählten jedoch, dass der Erzieher Zigaretten und Bier mitgebracht und in der Küche abgestellt habe. Er habe auf jeden Fall mitbekommen, dass auch die Kinder schon tranken und rauchten, und habe daraus immer so etwas wie ein »Geheimnis« gemacht. Die Kleinen seien natürlich sehr stolz gewesen und hätten das »cool« gefunden. Weitere Kinder und Jugendliche gaben ihre Verleugnung auf und berichteten von den gemeinsamen Aktionen. Alle Kinder und Jugendlichen sagten übereinstimmend, dass sonst nichts passiert sei. Ein älterer Jugendlicher erwähnte allerdings, dass die abendlichen Aktionen mit der Zeit zum Ärger der Jüngeren immer kürzer verlaufen seien. Er habe den Eindruck gehabt, der Erzieher habe kein Interesse mehr daran. Aufgefallen sei ihm auch, dass er die Nähe von Lisa gesucht habe. Beim abendlichen Duschen habe er es komisch gefunden, das der Erzieher auch geduscht habe. Dessen Erklärung war, dass er beim Toben so geschwitzt habe. Dass er auch in die Mädchendusche gegangen sei, habe ihn schon irritiert. Aber er habe nie mit jemandem darüber gesprochen. Er hätte sich auch nie damit an einen Erzieher wenden können, da ja allen klar war, dass alle miteinander befreundet seien. Die Leitung zu informieren wäre aus seiner Sicht auch nicht sinnvoll gewesen, da es da auch keine wirkliche Distanz zu den Mitarbeitern gab.

Lisa wurde zu ihrem Schutz in der Kinder- und Jugendpsychiatrie untergebracht. Im Verlauf ihres Aufenthaltes berichtete sie über weiteren Missbrauch durch den Beschuldigten in der Heimeinrichtung und während der Ferienfreizeit im Zelt. Aufgrund der detaillierten Beschreibungen und der damit verbundenen Gefühlsqualität wurden die Aussagen in der Kinder- und Jugendpsychiatrie als glaubwürdig eingestuft und es wurde Anzeige erstattet. Lisa konnte, nachdem sie ihre Aussage vor dem Ermittlungsrichter gemacht hatte, aufgrund ihrer Befindlichkeit noch vor der Eröffnung des Verfahrens an einer Therapie teilnehmen. Hier konnte sie sagen, dass sie sich an ihre Erzieherin wenden konnte, weil ihr erster Aufenthalt in der Klinik ihr geholfen hatte, den Missbrauch durch den Vater aufzuarbeiten. Sie hatte in der Klinik »gelernt, mutig zu sein«.

Die Leitung ließ sich juristisch beraten und sprach gegen den beschuldigten Mitarbeiter eine Verdachtskündigung aus. Für die Mitarbeiter organisierte die Leitung eine Supervision.

Die Kinder und alle Mitarbeiter der Einrichtung wurden durch die Leitung über die Beschuldigung und die Verdachtskündigung des Erziehers informiert, ohne Details des sexuellen Missbrauchs zu benennen. Sie reagierten erschrocken, ungläubig, aggressiv und traurig.

Die Eltern aller Kinder wurden verständigt. Die Sorge der Leitung, dass einige Kinder abgemeldet werden könnten, bestätigte sich nicht. Geschätzt wurden von den Eltern vor allem der offene Umgang der Leitung mit dem Thema und die Transparenz über die sofort eingeleiteten Schritte.

Die Polizei verhörte im Rahmen ihrer Ermittlungen alle Kinder der Einrichtung, jedoch ohne Ergebnis.

Der Beschuldigte blieb weiter bei seiner ersten Stellungnahme und beteuerte bei der polizeilichen Vernehmung seine Unschuld. Er gab die anderen übergriffigen Handlungen zu, stellte sie aber als harmlos dar. Der Beschuldigte wurde verurteilt, obwohl er weiter alles bestritt. Seine Frau hielt zu ihm und blieb mit den gemeinsamen Kindern bei ihm.

Interpretation

Verhalten und Erleben des Opfers als Folge des sexuellen Missbrauchs

Der sexuelle Missbrauch durch den Erzieher bedeutet für Lisa eine Retraumatisierung. Nach dem vorherigen sexuellen Missbrauch durch den Vater zeigt Lisa viele Merkmale, die bei Kindern häufig nach sexuellem Missbrauch auftreten: Sie ist unkonzentriert und hat Schulprobleme, kommt ohne Hausaufgaben in die Schule und bestiehlt die Mitschüler. Des Weiteren zeigt sie eine emotionale Instabilität, sie ist einerseits sehr anhänglich und regressiv, so klebt sie an der Lehrerin und lutscht am Daumen, andererseits verhält sie sich aggressiv. Ihre Bemerkung, dass es niemand mit ihr aushalten würde, weist auf ein negatives Selbstbild und ein geringes Selbstwertgefühl hin.

Da sie trotz der Anerkennung des erfahrenen Traumas keine professionelle Hilfe erhält, verstärkt sich ihre Symptomatik. Sie entwickelt Durchschlafstörungen, Zwangshandlungen wie exzessives Waschen und eine Essstörung. Sie nässt ein und berichtet von wiederkehrenden Albträumen. Erst als sie auch noch zu ritzen beginnt, reagiert die Einrichtung und gibt sie in die Kinder- und Jugendpsychiatrie. Dort wird endlich der Missbrauch durch ihren Vater aufgearbeitet und Lisa wird mit einem guten Ergebnis wieder ins Heim entlassen.

Nach dem Missbrauch durch den Erzieher hat Lisa immer wiederkehrende Bauch- und Kopfschmerzen, die von den Erziehern aber nicht als besondere Auffälligkeiten wahrgenommen werden.

Prozess der Aufdeckung

Nachdem sich Lisa nach dem sexuellen Missbrauch durch den Erzieher der Bezugserzieherin gegenüber geöffnet hat, informiert diese die Leitung der Einrichtung. Die Leitung verständigt das Jugendamt und konfrontiert den beschuldigten Erzieher im Beisein der Bezugserzieherin. Des Weiteren informiert die Leitung den Träger der Einrichtung, das Landesjugendamt und die Mutter von Lisa. Lisa berichtet im Folgenden über weiteren Missbrauch durch den Beschuldigten in der Heimeinrichtung und während der Ferienfreizeit im Zelt. Aufgrund der detaillierten Beschreibungen und der damit verbundenen Gefühlsqualität wurden die Aussagen in der Kinder- und Jugendpsychiatrie als glaubwürdig eingestuft und es wurde Anzeige erstattet.

Strategien des Täters

Folgendes Szenario kann auf der Basis der Aussagen der Kinder angenommen werden: Abends, wenn der Erzieher Nachtdienst hat, haben alle viel Spaß miteinander. Er bringt Alkohol und Zigaretten mit und lässt sich auf viele Verrücktheiten ein, was die Jugendlichen »cool« finden. Sie toben durch das Haus, haben »Kitzelspaß« und machen Kissenschlachten. Geduscht wird zusammen mit dem Erzieher. Damit sind der Missbrauch und das Umfeld »gut« vorbereitet. Durch das Mitbringen von Alkohol und Zigaretten sowie die Spielangebote bindet er die Kinder und Jugendlichen und entzieht sich gleichzeitig seiner Verantwortung als Erzieher. Nach dem Missbrauch bedroht er Lisa. Ihr würde ja sowieso niemand glauben, weil sie bereits vom Vater missbraucht worden sei. Damit beschämt er Lisa und bringt sie so zunächst zum Schweigen.

Nachdem Lisa sich geöffnet hat und der Erzieher mit den Anschuldigungen konfrontiert wird, streitet er alles ab und beschuldigt das Mädchen zu lügen. Sie sei immer neidisch gewesen, wenn er sich ihr nicht genügend gewidmet habe. Sie wolle ihm nur eins auswischen.

Auch bei der polizeilichen Vernehmung beteuert der Beschuldigte seine Unschuld. Er gibt die anderen übergriffigen Handlungen zu, stellt sie aber als harmlos dar. Der Täter verleugnet und bagatellisiert seine Handlungen und gibt nur so viel zu, wie ihm nachgewiesen wird. Dieses Verhalten ist typisch für Täter, zuerst wird das Umfeld und das potenzielle Opfer manipuliert. Nach der Tat werden die Übergriffe geleugnet und bagatellisiert und dem Opfer wird die Schuld gegeben.

Interaktionelle Dynamik der Missbrauchssituation

Nachdem der Missbrauch geplant und vorbereitet ist, nähert sich der Erzieher nachts zunächst zärtlich und wird zunehmend aggressiver bis zur Penetration. Er wiederholt den Missbrauch. Lisa erstarrt. »Ich habe mich nicht gerührt.« Dies entspricht dem typischen Totstellreflex bei einem Trauma und führt beim Missbraucher häufig zu der Bagatellisierung, dass das Kind geschlafen und nichts mitbekommen habe und folglich auch nicht traumatisiert sei. Als Lisa ihn dann doch wegstößt, zwingt er sie, still zu sein, und bedroht sie damit, dass ihr doch niemand glauben würde. Der Missbrauch durch den Erzieher bedeutet für Lisa eine Retraumatisierung. Das früher erlebte Trauma – der Missbrauch durch den Vater – wird wiederbelebt und damit auch die Bewältigungsmechanismen.

Bewältigungsmechanismen und Verarbeitungsmöglichkeiten

In der Missbrauchssituation rührt Lisa sich zunächst nicht. Wahrscheinlich war dies ihre Überlebensstrategie beim früher erlebten Missbrauch durch den Vater. Sie rührt sich nicht und ist sprachlos, so merkt sie an: »Ich hätte den wahren Grund nicht sagen können«. Somit ist sie – bezogen auf die Missbrauchssituation – zunächst bewegungs- und handlungsunfähig. Dies ist ein Mechanismus, mit dem Trauma umzugehen. Dadurch dass der Missbrauch durch den Vater in der Kinder- und Jugendpsychiatrie therapeutisch bearbeitet worden ist, bleibt sie beim Missbrauch durch den Erzieher nicht so lange handlungsunfähig und vertraut sich relativ schnell der Bezugserzieherin an. Sie hat in der Klinik »gelernt, mutig zu sein«.

Wiederholung des Missbrauchsmusters: Retraumatisierung

Durch den Missbrauch vom Vater hat Lisa ein Missbrauchsmuster internalisiert, das innerpsychisch repräsentiert ist. Dies führt zum sogenannten Wiederholungszwang und wird durch die Hoffnung genährt, das »schlechte/böse Objekt« möge sich in ein gutes verwandeln. Die traumatogene Situation wird so ständig – unbewusst – wiederholt, d. h., es werden immer wieder Situationen geschaffen, die zur Retraumatisierung oder zur Reviktimisierung führen (vgl. 1.5.2). Das von Gewalterfahrungen und Missbrauch geprägte Beziehungsmuster wird dadurch noch mehr stabilisiert. Die Wiederholung kann auch als eine Externalisierung des erlebten und verinnerlichten Missbrauchsmusters verstanden werden. Auf einer subtilen unbewussten Ebene ziehen missbrauchte Menschen potenzielle Missbraucher an. Dies scheint auch bei Lisa der Fall zu sein. Es hat nichts mit Selbst-Verschulden oder Schuld zu tun, sondern ist Ausdruck der früheren Missbrauchserfahrungen.

Reaktionen der Umgebung: Team, Mutter

Obwohl im Team in der Jugendhilfe die Vorgeschichte von Lisa bekannt ist und sie ganz offensichtliche Symptome zeigt, wird keine therapeutische Hilfe eingeleitet. Vielmehr herrscht die Meinung vor, Lisa müsse erst einmal zur Ruhe kommen. Auch dies ist eine häufige Form der Verleugnung. Mit dem scheinbaren »Zur-Ruhe-kommen« schützen sich auch die Helfer vor den unangenehmen Gefühlen im Umgang mit sexuellem Missbrauch. Auch andere Realitätsaspekte werden ausgeblendet, so fragt z. B. keiner nach, warum Lisa einen Zimmerschlüssel wünscht.

Beim sexuellen Missbrauch durch den Vater glaubt ihr die Mutter nicht, obwohl der Vater verurteilt wurde.

Im Unterschied zur Mutter glaubt ihr die Bezugserzieherin, als sich Lisa ihr anvertraut. Die Erzieherin handelt sehr professionell, indem sie Lisa unterstützt und die Information an die Leitung der Einrichtung weitergibt. Die Leitung handelt ebenfalls professionell.

Der oben beschriebene Mechanismus der Spaltung ist sowohl innerpsychisch bei den Beteiligten als auch innerhalb des Teams aktiv. Bei der Spaltung werden die Bilder von guten und liebenswerten Aspekten des Objekts – hier der Erzieher – getrennt gehalten von negativen Aspekten wie dem missbrauchenden und Gewalt antuenden Erzieher. Spaltungsmechanismen, die sich institutionell zeigen, haben wie die innerpsychischen Mechanismen die Funktion (hier die Einrichtung) zu schützen. Bei diesem Fallbeispiel wird die Spaltung sehr deutlich. Drei Kollegen halten die Anschuldigungen für unmöglich und schützen den Erzieher, sie sind mit ihm befreundet und beschreiben ihn als sehr beliebt. Drei Kollegen halten die Anschuldigungen für möglich und erinnern sich an Situationen, die ihnen merkwürdig vorkamen wie »Ich habe mich in der letzten Ferienfreizeit gewundert, warum er immer mit diesem Mädchen ins Zelt ging, wenn alle anderen im Meer gebadet haben.«

Hier wird auch deutlich, wie der Mechanismus der Verleugnung die Spaltung unterstützt. Die unterstützenden Kollegen verleugnen die Auffälligkeiten völlig und betonen nur die positiven Aspekte wie »Er ist der beliebteste Erzieher bei den Kindern. Bei uns Kollegen ist er auch sehr beliebt, er ist immer bereit, freiwillig zusätzliche Dienste zu übernehmen, besonders nachts und am Wochenende«. Damit wird der Blick auf das Opfer verstellt. Die skeptischen Kollegen verleugnen weniger bis gar nicht und halten den Missbrauch vor dem Hintergrund des auffälligen Verhaltens des Erziehers für möglich.

Der Mechanismus der Spaltung zeigt sich auch unter den Kindern und Jugendlichen. Einige bestreiten, dass Zigaretten und Alkohol zur Verfügung standen, andere erzählen, dass der Erzieher Zigaretten und Bier mitgebracht und in der Küche abgestellt hat.

Die »Kultur der Grenzverletzung« kann in diesem Team ebenfalls angenommen werden unter Berücksichtigung der Äußerung eines Jugendlichen. Dieser Jugendliche sei irritiert gewesen darüber, dass der Erzieher in die Mädchendusche gegangen sei. Er habe aber nie mit jemandem darüber gesprochen. Auch habe er sich damit nie an einen Erzieher wenden können, da ja allen klar sei, dass alle miteinander befreundet sind. Die Leitung zu informieren sei aus seiner Sicht auch nicht sinnvoll gewesen, da es da auch keine wirkliche Distanz zu den Mitarbeitern gibt.

Bemerkenswert im Kontext der reagierenden Umgebung ist auch, dass die Mutter von Lisa zum Vater, dem Täter, hält und die Ehefrau des Erziehers ebenfalls zu ihrem Mann hält. Bei den beiden Ehefrauen ist die Verleugnung der Realität sehr ausgeprägt.

Interventionen

Die Leitung geht offen mit dem Missbrauch um. Der Beschuldigte wird zunächst einmal suspendiert und später entlassen. Die Kinder der Einrichtung werden über die Beschuldigung und die Suspendierung des Erziehers informiert, ohne dass Details des sexuellen Missbrauchs benannt werden. Die Leitung geht auch anderen missbräuchlichen Situationen nach, von denen sie erfahren hat. Die Leitung lässt sich juristisch beraten und spricht gegen den beschuldigten Mitarbeiter eine Verdachtskündigung aus. Eine Bearbeitung der Spaltung unter den Mitarbeitern erfolgt durch Fachleute. Die Eltern aller Kinder werden informiert. Die Sorge der Leitung, dass einige Kinder abgemeldet werden könnten, bestätigte sich nicht. Grund war vor allem der offene Umgang der Leitung mit dem Thema und die Transparenz über die sofort eingeleiteten Schritte.

Um mögliche Schuldgefühle aufzuarbeiten, können die Mitarbeiter Supervision in Anspruch nehmen. Des Weiteren nehmen die Mitarbeiter an einer Fortbildung teil, um auf weitere potenzielle Fälle besser vorbereitet zu sein.

2.6 Sexueller Missbrauch einer Schülerin durch einen Lehrer

Fallbeschreibung

Jessica, 10 Jahre, erhielt Nachhilfeunterricht durch einen Referendar ihrer Schule, Herrn F. Der Referendar wollte etwas Geld dazuverdienen und kam einmal wöchentlich für ein bis zwei Stunden zum Nachhilfeunterricht zu Jessica nach Hause. Bei den ersten Nachhilfestunden blieb die Mutter im Haus und brachte Herrn F. und Jessica Kuchen und Getränke und ließ sie dann allein arbeiten. Nachdem Jessica nach einigen Wochen gute Fortschritte machte, verließ sie regelmäßig das Haus, um die Zeit zu nutzen und Dinge außerhalb zu erledigen.

Nach etwa drei Monaten berichtete Jessica der Mutter, dass der Nachhilfelehrer so komische Sachen mit ihr mache. Auf Drängen der Mutter erzählte sie ihr, dass Herr F. sie streicheln und auch ausziehen würde. Am Anfang habe er nur den Arm um sie gelegt. Später habe er auch ihre Brust gestreichelt und sie zwischen den Beinen angefasst. Herr F. habe seine Hose geöffnet und ihre Hand auf seinen Penis gelegt. Sie habe sich nicht wohl gefühlt und sich auch geschämt. Zweimal habe er sie auch ganz ausgezogen und ihr erklärt, dass es sich nackt besser lernen ließe. Als sie sich geweigert habe, ihn am Penis anzufassen und sich ausziehen zu lassen, habe er ihr gedroht, dass er dann nicht mehr käme und sie dann wieder schlechte Noten haben würde.

Die Mutter wandte sich an den Direktor der Schule und informierte ihn über den sexuellen Missbrauch. Sie habe Herrn F. vertraut, die freie Zeit genutzt und sei immer erst kurz vor Ende der Nachhilfe nach Hause gekommen.

Manchmal habe sie auch gesagt, dass sie erst später wiederkomme. Das habe Herr F. offensichtlich ausgenutzt. Er müsse sich sicher gefühlt haben, um »solche Dinge« mit Jessica zu tun. Sie glaube ihrer Tochter und habe Herrn F. gekündigt, allerdings ohne ihm den wahren Grund zu nennen. Da wolle sie sich erst einmal beraten lassen. Sie habe mit ihrer Tochter Jessica gesprochen. Diese wolle auf gar keinen Fall Anzeige erstatten und sie als Mutter könne da wenig tun und Jessica nicht zwingen. Sie sehe es aber als ihre Pflicht an, die Schule zu informieren.

Der Direktor gab zu bedenken, dass Herr F. ein sehr guter Lehrer und allseits beliebt sei. Bisher habe es noch nie Klagen gegeben. Vielleicht habe Jessica ja etwas verwechselt und sie möge doch bitte dem Ganzen nicht so viel Gewicht geben. Kinder seien eben sehr phantasievoll. Auf die Bedenken der Mutter ging er nicht ein.

Herr F. wurde von seinem Direktor mit der Aussage von Jessica konfrontiert. Er war empört und wollte die Mutter von Jessica wegen Verleumdung anzeigen. Der Direktor bat ihn um Diskretion, um die Schule nicht in Verruf zu bringen. Er bat ihn, von einer Anzeige abzusehen, und bot ihm an, ihn an eine andere Schule außerhalb der Stadt versetzen zu lassen. Herr F. willigte »schweren Herzens« ein und wurde ohne Angabe der eigentlichen Gründe nach zwei Monaten an eine andere Schule versetzt.

Jessica hat an einer Traumatherapie teilgenommen, weil sie die Bilder des Missbrauchs weiter verfolgten. Obwohl sie Unterstützung bei ihrer Mutter fand, fiel es ihr schwer, anderen zu vertrauen und z. B. bei Freundinnen zu schlafen, was für sie vor dem Missbrauch nie ein Problem gewesen war. Auch berichtete sie über Flashbacks und Albträume und ihre Leistungen wurden schwächer, so dass sie die Schule verlassen musste. Darüber war sie aber froh, wie sie in der Therapie berichten konnte. Sie habe immer Angst gehabt, dass Mitschüler ihr den Missbrauch ansehen und sie darauf ansprechen könnten. Auch hatte sie große Angst, dass Herr F. wiederkommen würde. Sie befürchtete außerdem, dass auch die anderen Lehrer der Schule von dem Missbrauch wussten und sie darauf ansprechen könnten. In der neuen Schule ging es ihr gut und ihre Leistungen verbesserten sich. Sie war weiterhin nicht bereit, bei der Polizei oder vor einem Richter auszusagen.

Der Direktor der Schule hat die Information der Mutter nicht beachtet und sich nicht am bestehenden Schulgesetz des Landes, der Allgemeinen Dienstordnung und § 8a SGB VIII orientiert. Es gab ausschließlich die Intervention zum Schutze der Schule und des Referendars.

Trotz der Geheimhaltung wurde der sexuelle Missbrauch an Jessica durch Herrn F. im Kollegium bekannt. Einige Kollegen hielten die Versetzung von Herrn F. für überzogen und zweifelten an dem Wahrheitsgehalt von Jessicas Aussagen, zumal sie bis zuletzt nicht bereit war, bei der Polizei auszusagen. Andere Kollegen wurden sehr nachdenklich, da ihnen bekannt war, dass Herr F. sehr viele Nachhilfeschülerinnen hatte und häufig seinen Unterricht vernachlässigte. Aufgefallen war auch, dass Herr F. sehr junge Schülerinnen für die Nachhilfe bevorzugt hatte. Da Herr F. nicht mehr im Kollegium war, beruhigte sich dieses recht schnell.

Interpretation

Verhalten und Erleben des Opfers als Folge des sexuellen Missbrauchs

Obwohl Jessica unter einem großen Leistungsdruck steht, gute Noten zu bekommen, kann sie die Missbrauchssituation nicht mehr länger ertragen. Sie öffnet sich ihrer Mutter gegenüber und berichtet, dass der Nachhilfelehrer »komische Sachen« mit ihr mache. Sie weigert sich, ihn anzufassen und sich auszuziehen, gibt dann jedoch nach aus Angst vor eventuellen Folgen. Jessica zeigt emotionale und soziale Auffälligkeiten. Bilder des Missbrauchs verfolgen sie, so hat sie Flash-backs und Albträume. In der Schule kommt es zu einem erneuten Leistungsabfall, so dass sie die Schule verlassen muss. Dies kommt ihrem Rückzugsverhalten entgegen. Jessica distanziert sich von ihren Freundinnen und zeigt ein deutliches Misstrauen, was vor dem Missbrauch nicht der Fall war. Sie hat große Angst, die Mitschülerinnen könnten ihr den Missbrauch ansehen und die Lehrer sie darauf ansprechen. Dies lässt ein ausgeprägtes Schamgefühl annehmen.

Prozess der Aufdeckung

Nachdem Jessica der Mutter von dem Missbrauch berichtet hat, geht diese zum Direktor der Schule und informiert ihn über den sexuellen Missbrauch an ihrer Tochter und teilt ihm mit, dass sie ihrer Tochter glaubt. Der Direktor gibt zu bedenken, dass Herr F. ein sehr beliebter Lehrer sei, nach dem Motto, bei solch einem Lehrer kann das gar nicht sein. Der Direktor verleugnet und bagatellisiert den Missbrauch, indem er die Mutter bittet, dem Ganzen nicht so viel Gewicht zu geben. Immerhin konfrontiert der Direktor Herrn F. mit den Aussagen von Jessica. Dieser empört sich und droht mit einer Verleumdungsklage.

Interaktionelle Dynamik der Missbrauchssituation

Die Missbrauchssituation ist gekennzeichnet durch das typische Macht-Abhängigkeitsverhältnis. Der Nachhilfelehrer ist Referendar der Schule und soll helfen, Jessicas Leistungen zu verbessern. Dies geschieht auch zunächst, wodurch er das Vertrauen von Jessica und ihrer Mutter gewinnt. Nachdem die Vertrauensbasis etabliert ist, zeigt er sich von der anderen Seite und missbraucht sie. Er will sie überzeugen, dass sie besser lernen kann, wenn sie nackt neben ihm sitzt. Auch zwingt er sie zur Geheimhaltung, in dem er ihr droht, sie fallen zu lassen.

Strategien des Täters

Der Täter sucht sich das Feld Nachhilfe, in dem die Wahrscheinlichkeit groß ist, dass er mit dem Kind allein sein wird. Er tritt als freundlicher Mensch auf und beobachtet das Verhalten der Mutter mit dem Ziel, ihr Vertrauen zu gewinnen, was ihm auch gelingt. Die Mutter vertraut ihm und lässt Jessica mit ihm allein. Im Kollegium präsentiert er sich als sympathischer und beliebter Lehrer, wodurch er seine Position und Glaubwürdigkeit verstärkt.

Bewältigungsmechanismen und Verarbeitungsmöglichkeiten

Obwohl Jessica unter dem Druck der Mutter steht, bessere Leistungen zu erbringen, hat sie so viel Vertrauen zu ihr, dass sie sich ihr gegenüber öffnet. Sie weigert sich jedoch, bei der Polizei oder vor dem Richter auszusagen aus Angst vor ihren Schamgefühlen. Im geschützten Raum der Traumatherapie kann sie sich öffnen und die Gefühle von Angst und Scham benennen. Sie schämt sich dafür, dass sie mitgemacht und den Penis angefasst hat. Sie schämt sich auch vor Herrn F. im zunächst weiter bestehenden Schulkontakt, weil er sie nackt gesehen hat. Sie schämt sich vor den Mitschülerinnen, weil sie befürchtet, dass ihr der Makel angesehen wird. Sie schämt sich vor der Mutter, weil sie sich beschmutzt fühlt. Scham ist ein Grundgefühl im Kontext von sexuellem Missbrauch.

Reaktionen der Umgebung: Mutter und Schule

Nachdem sich Jessica der Mutter gegenüber geöffnet hat, stellt sich diese auf die Seite ihrer Tochter und glaubt ihr. Die Mutter tut die zunächst angemessenen Schritte: Sie geht zum Direktor der Schule und kündigt dem Nachhilfelehrer, womit sie den Täterkontakt beendet. In der Schule besteht der Kontakt jedoch zunächst noch weiter. Der Direktor hält die Anschuldigungen nicht für möglich, konfrontiert den Referendar jedoch damit. Herr F. bestreitet die Vorwürfe und droht mit einer Verleumdungsklage. Der Direktor hat große Sorge um den Ruf der Schule und bittet Herrn F., davon Abstand zu nehmen und sich versetzen zu lassen nach dem Motto »Schwamm drüber«. Hier greifen alle Mechanismen des Nicht-Wahrhaben-Wollens. Dies ist der beste Schutz für den Täter. Letztlich wird der Fall nicht weiter verfolgt. Es kann angenommen werden, dass Herr F. an der nächsten Schule wieder missbraucht.

(Fehlende) Interventionen

Der Direktor ist so eingenommen von Herrn F., dass er die notwendigen Interventionsschritte nicht macht. Er hätte sich am Schulgesetz, an der Allgemeinen Dienstordnung und am § 8a SGB VIII orientieren müssen. § 42, Absatz 6 des Schulgesetzes des Landes NRW besagt, dass die Sorge für das Wohl der Schülerinnen und Schüler erfordert, dass die Schule jedem Anschein von Vernachlässigung und Misshandlung nachzugehen hat. Ferner hat die Schule rechtzeitig über die Einbeziehung des Jugendamtes oder anderer Stellen zu entscheiden. Auch hätte sie nach der Allgemeinen Dienstordnung (ADO), Anleitung für Schulleiter und Schulleiterinnen, gemäß § 27 sowohl den Schulträger als auch die Schulaufsichtsbehörde benachrichtigen müssen und sich gemäß § 8a SGB

VIII (Schutzauftrag bei Kindeswohlgefährdung) an das zuständige Jugendamt wenden sollen.

Der Direktor meint jedoch, eine Veröffentlichung des Falles würde dem Ruf der Schule schaden. Der Ruf der Schule ist ihm wichtiger als der Schutz des Kindes. Dies ist eine Paradoxie, denn eigentlich sollte der Schutz der Kinder zum guten Ruf der Schule beitragen. Durch die Versetzung des Referendars statt der notwendigen Interventionen trägt die Schule eine Mitverantwortung für mögliche weitere Missbrauchsfälle.

2.7 Sexueller Missbrauch mehrerer Jungen durch einen Priester

Fallbeschreibung

Ein Pater eines Missionsordens war aktiv in der Jugendarbeit einer Kirchengemeinde tätig. Er war beliebt bei allen Kindern und Jugendlichen. Er war spontan, hatte viele Ideen, konnte alle begeistern, war stets ansprechbar, kümmerte sich um die Sorgen der Kinder und Jugendlichen, sprach mit deren Eltern bei Bedarf, machte mit weniger guten Schülern Schulaufgaben, gab kostenlosen Gitarrenunterricht, begleitete Ferienfreizeiten, war »Kumpel« der Kinder und Jugendlichen.

Während einer Ferienfreizeit, die der Pater organisiert und in der er sich als Leiter der Freizeit zur Verfügung gestellt hatte, fiel einer Betreuerin auf, dass er sich häufig mit jüngeren Kindern in seinem Zimmer verabredete. Mal waren es mehrere, mal aber auch nur ein Kind. Sie blieben meistens längere Zeit in seinem Zimmer. Auf Nachfrage der Betreuerin, was sie gemacht hatten, reagierten die Kinder auffällig unsicher und wehrten die Frage ab.

Die Betreuerin sprach mit ihren Kollegen und Kolleginnen über ihre Beobachtungen. Niemand konnte ihre Beobachtungen teilen. Einige Kolleginnen hatten sich in den Pater verliebt und sprachen offen darüber. Keiner war bereit, das Verhalten des Paters kritisch zu sehen, und die Betreuerin wurde als »überspannt« bezeichnet.

Nach der Ferienfreizeit berichtete ein Kind, Paul, seiner Mutter, dass der Pater ihn in sein Zimmer gebeten habe. Einen Grund habe der Pater nicht genannt. Er habe am Schreibtisch mit dem Rücken zu ihm gesessen und geschrieben. Als Paul näher an den Schreibtisch herangetreten sei, habe er ihm mit der linken Hand in die Hose gegriffen und seinen Penis angefasst. Der Pater habe nichts gesagt und einfach weiter geschrieben. Paul habe sich völlig überrumpelt und bewegungsunfähig gefühlt. Der Pater habe dann die Hand aus seiner Hose genommen und er, Paul, sei gegangen. Bei den späteren Begegnungen habe der Pater immer so getan, als sei gar nichts passiert. Paul habe vermieden, mit ihm noch mal allein zu sein. Er habe aber gesehen, dass immer wieder Kinder einzeln oder in kleinen Gruppen zu dem Pater ins Zimmer gegangen seien.

Pauls Eltern nahmen Kontakt mit dem Ordensoberen auf. Es wurde ihnen gesagt, dass der Sache nachgegangen würde. Als der Pater nach mehreren Wochen immer noch in der Jugendarbeit tätig war, nahmen die Eltern noch einmal Kontakt mit dem Ordensoberen auf und betonten, sich an den Diözesanbischof oder die Polizei zu wenden, falls nichts unternommen würde. Daraufhin wurde der Pater umgehend abgelöst und den Eltern wurde versichert, dass er versetzt worden sei. Durch Zufall erfuhren die Eltern nach ungefähr einem Jahr, dass der Pater zwar versetzt, aber am neuen Ort wieder aktiv in der Jugendarbeit tätig war. Daraufhin erstatteten sie Anzeige.

Paul war bereit, seine Aussage vor der Polizei zu wiederholen. Er war wütend auf den Pater, der sein Vertrauen gehabt hatte. Er verhielt sich in der Folge Erwachsenen gegenüber misstrauisch und distanziert. Gut fand er, dass sich seine Eltern mit ihm über das Vorgefallene unterhielten, ihn ernst nahmen und ihn bei dem Gerichtsverfahren begleiteten. Sie hatten ihm auch erklärt, weshalb sie sich zur Anzeige entschlossen hatten, und er verstand ihre Motivation, potenzielle Opfer schützen zu wollen. Paul hatte in einer Beratungsstelle einige therapeutische Gespräche, benötigte aber keine Traumatherapie.

In der Gemeinde, in der der Pater aktiv war, wurde zunächst nichts von den Vorfällen und den Gründen seiner Versetzung bekannt. Innerhalb der Gemeinde gab es eine große Abschiedsfeier und viele Gemeindemitglieder bedauerten seinen Weggang. Als nach der Anzeige der wahre Grund bekannt wurde, konnten ihn die meisten Gemeindemitglieder nicht glauben. Immer wieder hieß es: »So ein netter Pater, er hat sich doch immer um alle und alles gekümmert. Solch einen Priester hatten wir noch nie. Wir können das nicht glauben.« Es gab jedoch auch einige, die sich das vorstellen konnten, aber sich nicht trauten, das öffentlich zu sagen. Sie befürchteten, von der Gemeinschaft ausgeschlossen zu werden.

Im Rahmen der polizeilichen Ermittlungen wurden weitere Fälle von sexuellem Missbrauch, auch in der neuen Gemeinde, bekannt. Dadurch verunsichert, begannen die Gemeindemitglieder doch vermehrt an der Integrität des Paters zu zweifeln. Das führte auch dazu, dass einige das System Kirche in Frage stellten. Darüber kam es zu weiteren Differenzen.

Die Betreuer der Ferienfreizeit fühlten sich schlecht, weil sie die Beobachtungen der Kollegin als »überspannt« abgetan hatten. Sie machten sich Vorwürfe, sich so stark manipuliert haben zu lassen, dass sie gegenüber den Fakten »blind« waren. Das Unvorstellbare nun glauben zu müssen bedeutete für sie Schock und Trauer zugleich. Einige waren auch wütend auf den Pater und auf sich selbst, weil sie auf ihn reingefallen waren und sich sogar in ihn verliebt hatten. Sie fühlten sich auch missbraucht. Der Pfarrer der Kirchengemeinde sorgte dafür, dass die Betreuer der Ferienfreizeit unterstützende Hilfe bekamen.

Der Pater wurde nach seinem Geständnis zu einer Bewährungsstrafe verurteilt und fand eine neue Beschäftigung außerhalb der Seelsorge. Er erklärte sich zu einer Tätertherapie bereit.

Interpretation

Verhalten und Erleben des Opfers als Folge des sexuellen Missbrauchs

Nach dem erfahrenen Missbrauch geht Paul dem Täter aus dem Weg und ist wütend auf ihn, was ein angemessenes Erleben ist. Obwohl seine Eltern ihm glauben, ihn ernst nehmen und unterstützen, ist Paul als Folge des massiven Vertrauensbruchs durch den Pater Erwachsenen gegenüber misstrauisch und distanziert.

Prozess der Aufdeckung

Paul berichtet seinen Eltern von dem sexuellen Übergriff durch den Pater. Diese glauben ihm und wenden sich an den Ordensoberen. Den Eltern wird versichert, dass der Sache nachgegangen wird nach dem Motto der Beruhigung. Faktisch passiert zunächst jedoch nichts. Die Eltern nehmen erneut Kontakt mit dem Ordensoberen auf und erhöhen den Druck, indem sie »androhen«, den Diözesanbischof oder die Polizei einzuschalten. Daraufhin wird der Pater versetzt und missbraucht Kinder an anderer Stelle weiter. Da von Seiten des Ordens keine rechtlichen Konsequenzen gezogen werden, erstatten nun die Eltern von Paul Anzeige. Paul ist auch bereit, seine Aussage bei der Polizei zu wiederholen.

Interaktionelle Dynamik der Missbrauchssituation

Der Pater bestellt Paul in sein Zimmer, er schaut und spricht ihn nicht an. Er bleibt auf der Ebene der Tagesrealität, indem er weiter schreibt und gleichzeitig den Missbrauch vollzieht. Die Art und Weise des Vorgehens lässt offen, ob es sich um Missbrauch zur sexuellen Erregung oder den Abbau von sexueller Erregung handelt. Paul ist überrumpelt und erstarrt, er bewegt sich nicht. Dann gewinnt er jedoch rasch wieder die Fassung und verlässt den Raum.

Strategien des Täters

Die Strategien des Täters sind typisch. Er ist beliebt, kann begeistern, kümmert sich um die Belange der Kinder und Jugendlichen, hält auch mit den Eltern guten Kontakt. Er organisiert Freizeiten, was Kinder und Eltern sehr mögen, und leitet sie sogar. Er holt mal mehrere Kinder in sein Zimmer, mal nur ein Kind, dadurch erhält das »In-das-Zimmer-Holen« Normalität, zumal er doch ein so guter Kumpel ist. Auch den Betreuern der Ferienfreizeit gegenüber bietet er sich als Vertrauter an. Besonders für die Betreuerinnen ist er stets Ansprechpartner und guter Freund. Darüber bindet er die Betreuerinnen und sichert sich ihre Loyalität. Gleichzeitig wird dadurch die Enge der Beziehung zwischen Betreuer und Kind verringert, wodurch auch die Aufmerksamkeit nachlässt.

Bewältigungsmechanismen und Verarbeitungsmöglichkeiten

Paul ist offensichtlich psychisch recht stabil. Nach dem Missbrauch zeigt er eine angemessene Reaktion: Er ist wütend, meidet den Missbraucher und berichtet seinen Eltern von seinen Erfahrungen. Als Folge des massiven Vertrauensbruchs durch den Pater ist Paul Erwachsenen gegenüber misstrauisch und distanziert. Offensichtlich sind einige therapeutische Gespräche für ihn ausreichend zur Bearbeitung des Erlebten. Eine enorme Ressource sind seine Eltern, die ihn ernst nehmen und aktiv werden.

Reaktion der Umgebung: Familie, Teams, Gemeinde, Orden

Einer Betreuerin fällt während einer Ferienfreizeit auf, dass die Kinder einzeln oder zu mehreren in das Zimmer des Paters gehen. Sie spricht zunächst die Kinder an, die wehren jedoch ab bei gleichzeitiger Unsicherheit. Dann teilt die Betreuerin ihre Beobachtungen den Kollegen und Kolleginnen mit. Hier greift jedoch der Mechanismus der Verleugnung. Während die Betreuerin eine Inkorrektheit beim Pater vermutet, wird ihr eine Inkorrektheit für ihre Vermutung angelastet und sie wird abgetan mit der Bemerkung »sie sei überspannt«. Das »Undenkbare« wird im Team nicht nur verleugnet, sondern das »Inkorrekte oder Böse« wird auch noch in jemand Anderen, hier die Erzieherin, projiziert. Sie wird als »überspannt« bezeichnet und somit auch noch isoliert und mundtot gemacht.

Der Orden wird erst auf Druck der Eltern aktiv und versetzt den Täter. Täter nicht anzuzeigen, sondern zu versetzen, ist ein häufiges Vorgehen in Institutionen. Die Eltern sind offensichtlich die einzigen, die zum Schutz der Kinder und Jugendlichen wirklich aktiv werden.

In der Gemeinde wird der eigentliche Grund der Versetzung des Paters zunächst nicht bekannt. Er wird sogar mit einer Abschiedsfeier in der Gemeinde geehrt. Die typische Spaltung setzt nach der Anzeige und dem Bekanntwerden des sexuellen Missbrauchs ein. Spaltung schützt die Mitglieder der Gemeinde und der Kirche vor unangenehmen Gefühlen wie Scham und Aggression. Auch die Angst vor einer Abkehr von der Kirche dürfte eine große Rolle spielen. Die Gemeinde spaltet sich in solche, die den Missbrauch absolut nicht glauben wollen, und solche, die es sich vorstellen können. Diejenigen, die es für möglich halten, trauen sich jedoch nicht, es öffentlich zu sagen. Sie haben große Angst, ausgeschlossen zu werden. Offensichtlich spielt der soziale Druck eine große Rolle. An einer Autoritätsperson wie einem Pater zu »kratzen«, heißt sich zu isolieren. Es besteht die Gefahr, abgelehnt und ausgestoßen zu werden.

Als noch weitere Missbrauchsfälle in der neuen Gemeinde des Paters bekannt werden, weitet sich die Spaltung auf die Institution Kirche aus. So wie Paul das Vertrauen dem Pater gegenüber verloren hat, verlieren viele Gemeindmitglieder das Vertrauen in die Institution Kirche. Viele Gemeindmitglieder sind wütend – so wie Paul – auf die fehlende Konsequenz und die »Parallelgesellschaft Kirche«.

Nach der erfolgten Anzeige geben die Betreuer und Betreuerinnen der Ferienfreizeit angesichts der Realität die Verleugnung auf. Jetzt, wo der

Abwehrmechanismus nicht mehr greift, werden sie eingeholt von einer Fülle unangenehmer Gefühle wie Scham, die Vorfälle nicht gesehen zu haben und selbst manipuliert worden zu sein. Die Erfahrung, selbst manipuliert worden zu sein, löst auch Wut aus. Schmerzlich ist auch der Verlust des Ideals eines guten Paters, der den »guten Hirten« repräsentiert.

Interventionen

Die Institution Kirche, hier speziell der Orden, zeigt den Mechanismus der Verleugnung. Der Ordensobere zieht zunächst keine Konsequenzen. Erst auf Druck der Eltern wird der Beschuldigte in eine andere Gemeinde versetzt, wodurch ihm ein neues Feld bereitgestellt wird. Obwohl Richtlinien der Katholischen Kirche im Umgang mit sexuellem Missbrauch bereits seit 2002 bestehen, kommt es immer wieder vor, dass sie nicht angewendet und Beschuldigte nur versetzt werden.

Gemäß der neuen Richtlinien der Katholischen Kirche im Umgang mit sexuellem Missbrauch von 2010 hätte der Ordensobere den Diözesanbischof informieren sollen. Dies ist nicht geschehen. Der Diözesanbischof hätte eine kirchenrechtliche Voruntersuchung einleiten müssen. Bei Bestätigung des Verdachts des sexuellen Missbrauchs hätte der Diözesanbischof den Apostolischen Stuhl informieren müssen, der über weitere Vorgehensweisen zu entscheiden hat. Die Deutsche Bischofskonferenz empfiehlt allerdings auch bei Verdacht auf sexuellen Missbrauch, eine externe Fachkraft zur Verdachtsabklärung hinzuzuziehen.

2.8 Sexueller Missbrauch eines Jungen durch einen Erzieher in der Behindertenhilfe

Fallbeschreibung

Jonas, 8 Jahre, war seit seiner Geburt körperlich und geistig behindert mit einer spastischen Lähmung der linken Seite. Laut aktueller Testung lag sein Intelligenzquotient bei 60. Die geistige Behinderung habe sich laut Aussage der Eltern im Laufe der letzten 2 Jahre verstärkt. Bis zu diesem Zeitpunkt sei er trotz seiner körperlichen Einschränkungen ein gut gelauntes und kreatives Kind gewesen. Er sei nie der »Hellste« gewesen, habe aber doch mit seinen beiden älteren Geschwistern gut mithalten können. Im Alltag sei kaum aufgefallen, dass er kognitiv nicht so fit war.

Vor zwei Jahren, so berichteten die Eltern, sei ihnen aufgefallen, dass sich Jonas weniger spontan verhielt, sich zurückzog, kein Interesse mehr an Spielen hatte und immer stärker abweisend war. Auf Nachfrage habe er so getan, als verstünde er nichts. Mit diesem Verhalten sei er auch in der Schule und in der betreuenden Einrichtung, in die er nachmittags ging, aufgefallen. Auffällig sei auch seit diesem

Zeitpunkt gewesen, dass Jonas nicht mehr gewachsen sei. Wenn sie Bilder von vor zwei Jahren mit heutigen verglichen, fiele ihnen auch auf, dass er seinen kindlichen Gesichtsausdruck verloren und ein altes Gesicht habe.

Die Eltern sprachen mit den Lehrern der Sonderschule und den Erziehern der Nachmittagsbetreuung. Außer dass von allen die gleichen Beobachtungen gemacht wurden, gab es keine neuen Erkenntnisse. Die Eltern stellten Jonas verschiedenen Ärzten vor, die auch keine Erklärung finden konnten. Als Jonas anfing einzukoten, wurde es für alle Beteiligten schwierig, Jonas im normalen Alltag zu betreuen. Nur ein Erzieher aus der Nachmittagsbetreuung war bereit, sich intensiv um Jonas zu kümmern. Er beschäftigte sich viel mit ihm und übernahm auch selbstverständlich die Körperpflege. Jonas jammerte und weinte, wenn er gereinigt wurde, und dem Erzieher fiel auf, dass Jonas im Analbereich sehr wund war. Er führte das zunächst auf das wiederholte Einkoten zurück. Als er aber feststellte, dass Jonas auch Verletzungen an den Hoden hatte, informierte er die Leitung der Einrichtung.

Da es sich allem Anschein nach um einen Fall nach § 8a SGB VIII handelte, gab die Leitung der Einrichtung die Informationen an das Jugendamt weiter. Das Jugendamt informierte die Eltern, dass die Einrichtungsleitung mit Jonas zur Rechtsmedizin zur Diagnostik fahre und die Eltern dazukommen könnten. Da die Eltern die Untersuchung nicht verweigerten, konnte das Verfahren ohne Einschalten des Familiengerichts durchgeführt werden. Bei der Untersuchung in der Rechtsmedizin wurden massive Quetschungen im Hodenbereich und alte Fissuren im Analbereich diagnostiziert. Für die Rechtsmediziner handelte es sich eindeutig um sexuellen Missbrauch.

Es war offen, wer als Täter in Frage kam. Jonas wurde bis zur Klärung des Verdachts nach Entscheidung des Familiengerichts in einer stationären Behinderteneinrichtung untergebracht. Im Auftrag des Gerichts wurde eine Evaluation durch eine Psychologin angeordnet. Der Elternkontakt wurde für die Dauer der Evaluation ausgesetzt.

In der Behinderteneinrichtung fühlte sich Jonas offensichtlich wohl. Er fragte zwar häufig nach seinen Eltern, konnte sich aber gut auf die Angebote einlassen und veränderte sich positiv. In mehreren Sitzungen mit der Psychologin malte er sehr bedrohliche Bilder, zu denen er aber nichts sagen wollte. Die Psychologin fand nur langsam Zugang zu ihm und versuchte, durch gezielte Fragetechniken Jonas zum Sprechen zu bringen. In einem Zeitrahmen von mehreren Wochen konnte er sagen, dass er Angst habe, über die Bilder zu sprechen, dass ihm jemand »Aua« gemacht habe und »böse« sei. Dabei wurde nach und nach deutlich, dass der sexuelle Missbrauch nur in der Betreuungssituation am Nachmittag passiert sein konnte. Jonas benötigte noch Zeit, bis er den Täter benennen konnte. Es handelte sich um einen Betreuer der Nachmittagsbetreuung, der seit 3 Jahren dort tätig war.

Der Betreuer wurde durch die Leitung konfrontiert und leugnete die ihm vorgeworfenen Taten. Die Mitarbeiter der Einrichtung waren hellhörig geworden. Nach der Konfrontation des Betreuers stellte sich heraus, dass eine neue Mitarbeiterin die Leitung mit der Information überraschte, dass ihr bekannt sei, dass der beschuldigte Betreuer schon einmal wegen des Verdachts des sexuellen

Missbrauchs eine Einrichtung verlassen musste. Es sei nie zur Anzeige oder auch nur zur Information der Aufsichtsbehörde gekommen. Er habe in einem anderen Bundesland gelebt.

Diese Information bewahrheitete sich. Die Leitung nahm Kontakt mit dem zuständigen Jugendamt auf. Das Jugendamt setzte sich mit dem vorherigen Arbeitgeber des Täters in Verbindung und informierte die Aufsichtsbehörde. Der vorherige Arbeitgeber räumte nach anfänglichem Bagatellisieren ein, dass es in der Einrichtung zum sexuellen Missbrauch durch den Erzieher gekommen sei und es keine Intervention mit Rücksicht auf die eigene Einrichtung gegeben habe. Ob es noch weitere Missbrauchsvorfälle gegeben hatte, konnte nicht geklärt werden. Der Leiter der Einrichtung, in der der erste sexuelle Missbrauch passiert war, wurde entlassen. Der Täter wurde für den aktuellen und den alten Fall verurteilt.

Jonas kehrte zu seiner Familie zurück. Ihm ging es wieder gut. Er wuchs wieder und sein Aussehen veränderte sich positiv. Er konnte in der Therapie über weitere Details des Missbrauchs berichten, auch über die Bedrohung, die der Täter eingesetzt hatte. Er hatte ihn damit bedroht, dass er sein Kaninchen töten würde, wenn er etwas sagen würde. Die Angst vor dem Täter verlor sich, als Jonas hörte, dass er verurteilt war und nie mehr in der Einrichtung arbeiten würde.

Interpretation

Verhalten und Erleben des Opfers als Folge des sexuellen Missbrauchs

Jonas, der immer ein gut gelauntes und kreatives Kind war, zieht sich zunehmend auf sich selbst zurück, zeigt kein Interesse mehr am Spielen und wird abweisend. Besonders gravierend ist, dass Jonas aufhört zu wachsen, er kotet ein und sein Gesichtsausdruck wird alt. Auf Nachfragen tut er so, als verstünde er nichts. Nach dem Eindruck der Eltern verstärkt sich seine geistige Behinderung. Jonas jammert und weint, wenn er gereinigt wird. Der ihn betreuende Erzieher stellt fest, dass Jonas Wunden im Analbereich und Verletzungen am Hoden hat.

Prozess der Aufdeckung

Die Verhaltensmerkmale und körperlichen Merkmale bei Jonas sind so auffallend, dass der betreuende Erzieher sich an die Leitung der Einrichtung wendet, die das Jugendamt benachrichtigt, das wiederum eine rechtsmedizinische Untersuchung veranlasst. Die Ärzte der Rechtsmedizin kommen zu dem eindeutigen Ergebnis, dass Jonas' körperliche Anzeichen und Verhaltensweisen Ausdruck und Folge von sexuellem Missbrauch sind. Da unklar ist, wer der Täter ist, wird Jonas nach der Entscheidung des Familiengerichts zu seinem Schutz in einer stationären Behinderteneinrichtung untergebracht und der Elternkontakt wird zunächst ausgesetzt. In der stationären Behinderteneinrichtung fühlt sich Jonas offensichtlich sicher und beginnt das erlittene Trauma zu bearbeiten.

Er malt zunächst sehr bedrohliche Bilder, über die er aber nicht sprechen möchte, immerhin teilt er seine Gefühle mit. Im Weiteren beginnt er zu sprechen und benennt den Täter.

Interaktionelle Dynamik der Missbrauchssituation

Der Missbrauch erfolgt in der Nachmittagsbetreuung. Der Betreuer ist sicher eine Vertrauensperson von Jonas. Das Macht-Ohnmachtsgefälle der Missbrauchssituation ist bei Kindern und Jugendlichen mit Behinderung noch stärker als bei nicht behinderten. Das Kind wird seiner Sinne beraubt und wird stumm. Aufgrund der Sprachlosigkeit von Jonas kann auch angenommen werden, dass der Täter Jonas ein Sprechverbot erteilt hat. Die Situation, dass der Betreuer, zu dem er Vertrauen hat, ihm Gewalt antut und ihm Schmerz zufügt, ist für ihn nicht verstehbar und integrierbar. Später in der Therapie zeigt sich, dass der Täter mit massiven Bedrohungen arbeitet, so droht er Jonas, sein Kaninchen zu töten, wenn er etwas sagen würde.

Strategien des Täters

Behinderte Kinder und Jugendliche sind wegen ihrer Hilfebedürftigkeit und Abhängigkeit besonders gefährdet, Opfer zu werden. Sie werden von Tätern ausgesucht, da sie leichte Opfer sind und die Glaubwürdigkeit stets in Frage gestellt wird, insbesondere bei geistig Behinderten. Dies gibt dem Täter eine gewisse Sicherheit. Der Täter kalkuliert den kollektiven üblichen Mechanismus der Verleugnung der Beziehungspersonen mit ein. Als der Täter mit den ihm vorgeworfenen Taten konfrontiert wird, leugnet er. Dies ist eine typische Täterstrategie. Er hat viele Gründe, die Tat zu verleugnen. Er leugnet aus Angst vor Strafe und aus Angst, seinen Arbeitsplatz und seinen guten Ruf zu verlieren, möglicherweise auch aus Angst, von seiner Familie und seinen Freunden verlassen zu werden. Neben der Verleugnung beschuldigen Täter auch die Opfer und/oder bagatellisieren die Tat oder »teilen sich mit dem Kind die Schuld«. Z. B. »Wir haben Schuld auf uns geladen, aber ich bin auch nur ein Mann« oder »Das Kind hat sich immer auf meinen Schoß gesetzt« oder »Das Kind wollte das« oder »Das Kind wollte das auch«.

In der Einrichtung, in der der erste Missbrauch geschieht, sind die Voraussetzungen für den Täter offensichtlich sehr gut, denn diese scheint sich mehr um ihren guten Ruf als um die Kinder zu sorgen. Solche Bedingungen werden von Tätern im Vorfeld bewusst bevorzugt und ausgesucht. Sie merken im Vorstellungsgespräch sehr schnell, worum es der Leitung geht. Eine Leitung, der es um Machterhalt geht, achtet weniger auf die pädagogischen Inhalte und den Schutz der Kinder und Jugendlichen. Häufig kennen Täter auch Mitarbeiter aus der Einrichtung und erkundigen sich im Vorfeld über die Leitungsstrukturen. Es kommt auch vor, dass Täter sich untereinander kennen und dafür sorgen, dass der Kollege die Stelle bekommt, um mit ihm gemeinsam zu missbrauchen.

Bewältigungsmechanismen und Verarbeitungsmöglichkeiten

Die bedrohliche Missbrauchssituation übersteigt Jonas' Bewältigungsmechanismen. Als zentraler Schutzmechanismus regrediert Jonas auf vielen Ebenen: Seine geistigen Fähigkeiten lassen nach, er wird sprachlos, kotet ein und – ein sehr auffälliges Merkmal – er hört auf zu wachsen. Gleichzeitig zieht er sich immer mehr zurück und verliert seinen kindlichen Gesichtsausdruck. Er sieht aus wie jemand, der schon viel mitgemacht hat. Das Ich von Jonas ist durch das Trauma narzisstischer Besetzungszufuhren beraubt, wodurch die Grundlage seines Funktionierens extrem eingeschränkt ist.

In der intimen Situation der Reinigung durch einen anderen Betreuer werden bei Jonas die mit der ursprünglichen Missbrauchssituation verbundenen schmerzlichen Gefühle und Ängste wieder belebt. Er jammert und weint, wenn er gereinigt wird, vermutlich in der unbewussten Erwartung, dass ihm wieder Schmerz zugefügt wird.

Gleichzeitig verfügt Jonas auch über Ressourcen, denn in dem geschützten Raum der stationären Behinderteneinrichtung nach Unterbrechung des Täterkontaktes erholt sich Jonas recht schnell und lässt sich auf die Angebote ein.

Offensichtlich sind die für Jonas schmerzvollen Erlebnisse des Missbrauchs so tief abgewehrt, dass sie dem sprachlichen Bewusstsein nur schwer zugänglich sind. Zunächst kann er sie nur durch das Malen von bedrohlichen Bildern zum Ausdruck bringen. Es bedarf eines langsamen Aufbaus von Vertrauen und gezielter Fragetechniken, damit Jonas endlich zu sprechen beginnt, ohne wieder von Ängsten überrollt zu werden.

Reaktion der Umgebung: Familie, Team

Die Eltern sind wegen der Veränderungen von Jonas besorgt und wenden sich an die Betreuer und Lehrer. Die körperlichen Verletzungen von Jonas werden jedoch erst festgestellt, als sich ein Erzieher intensiv um ihn kümmert und ihn reinigt. Erst als der engagierte Betreuer die Leitung verständigt, beginnt der Prozess der Aufdeckung und des Schützens von Jonas. Wahrscheinlich sind alle Beziehungspersonen zuvor über etwa zwei Jahre dem Mechanismus der Verleugnung erlegen. Motto: So etwas Schreckliches kann gar nicht sein.

Interventionen

Bemerkenswert ist, dass Interventionsschritte sehr spät erfolgen. Es muss angenommen werden, dass der sexuelle Missbrauch bereits zwei Jahre angedauert hat, bis die institutionell notwendigen Schritte erfolgen. Erst als die Symptome so massiv sind und sich ein Erzieher aus der Nachmittagsbetreuung um Jonas kümmert, werden die massiven körperlichen Verletzungen festgestellt. Es gilt zu fragen, warum sie nicht früher von den Betreuern oder den Eltern festgestellt wurden.

Bemerkenswert ist weiterhin, dass der Täter schon einmal in einer anderen Einrichtung wegen Verdachts des sexuellen Missbrauchs aufgefallen ist und die Einrichtung verlassen hat, ohne dass irgendwelche Interventionen erfolgten. Dort hat die Einrichtung eindeutig versagt. Sie ist das Risiko eingegangen, dass weitere Kinder missbraucht werden. Erst durch den Zufall, dass eine neue Mitarbeiterin von früheren Vorwürfen gegen den Betreuer wusste, konnte schnell und effektiv interveniert werden.

Die Institutionen leiten nun die nötigen Schritte ein. Die Leitung der Nachmittagsbetreuung informiert das Jugendamt; das Jugendamt verständigt die Aufsichtsbehörde und setzt sich mit dem vorherigen Arbeitgeber in Verbindung. Dieser räumt schließlich ein, dass er um den sexuellen Missbrauch in seiner Einrichtung gewusst, aber keine Interventionen gemacht habe, um den Ruf der Einrichtung nicht zu gefährden. Der Leiter der Einrichtung, in der der Täter zuvor missbraucht hat, wird entlassen.

Erfolgreich ist auch die therapeutische Behandlung von Jonas. Dadurch, dass er einer Psychologin zugeführt wird, die kindgemäß mit ihm arbeitet, beginnt er langsam wieder zu sprechen und kann auch vom sexuellen Missbrauch sprechen und den Täter benennen. Im Verlaufe der weiteren Therapie beginnt er wieder zu wachsen und sein Äußeres verändert sich positiv.

2.9 Täterperspektive: Sexueller Missbrauch eines Jugendlichen an seiner Schwester – Interview des Täters

Fallbeschreibung

Die Beschreibung wurde vom Täter gegengelesen. Sie erfolgt in der Ich-Form, um hervorzuheben, dass die Fallbeschreibung – wie in 2.1 – auf einem Interview mit ihm basiert.

»Im Alter von 12 Jahren habe ich meine fünfjährige Schwester zum ersten Mal sexuell missbraucht. Insgesamt habe ich meine Schwester elfmal sexuell missbraucht. Die Idee, sie zu missbrauchen, hatte ich mit 11 Jahren. Ausgeführt habe ich den Missbrauch drei bis vier Monate nach der Idee im Alter von 12 Jahren. Entscheidend war das schlechte Verhältnis zu meinen Eltern, die meine Schwestern bevorzugten. Da habe ich die Wut gekriegt. Als meine Eltern mir dann auch noch die Beaufsichtigung meiner Schwester übertrugen, war dieser Zufall mit entscheidend dafür, dass ich meine Schwester missbraucht habe. Ich habe meinen Eltern auch von mir aus Babysitten angeboten, wenn sie z. B. abends auf eine Feier wollten. Dann habe ich gesagt, dass sie gerne gehen können und ich auf sie aufpasse und sie ins Bett bringe. Sie haben mir zugetraut, dass ich es schaffe, und gesagt, ich solle anrufen, wenn etwas nicht in Ordnung sei. Sie

2.9 Täterperspektive: Sexueller Missbrauch eines Jugendlichen an seiner Schwester

haben mir vertraut, weil ich sowieso mit meiner Schwester ein Zimmer teilte und meine Eltern glaubten, dass wir uns gut verstehen. Meine ältere Schwester war viel unterwegs und wollte nicht aufpassen. Ich habe diese Gelegenheiten genutzt, um meine Schwester zu missbrauchen. Vorher habe ich mir überlegt, wie ich sie missbrauchen könnte, und mir vorgestellt, sie anal, vaginal und oral zu missbrauchen. In meiner Phantasie habe ich den analen Missbrauch favorisiert. Obwohl ich gerade erst 12 Jahre alt war, war ich in einer Jungenclique mit älteren Jungen, in der viel über Sex, vor allem analen Sex, gesprochen wurde. Da habe ich gedacht, das ist die einfachste Lösung. Ich wurde von meinen Freunden beeinflusst, die mit ihren Sexerlebnissen prahlten, und wollte mithalten.

Um meine Phantasien noch zu verstärken, habe ich mit gemeinsamen Spielen Körperkontakt herbeigeführt und meiner Schwester Kuscheln angeboten. Darüber und dass ich ihr häufig kleine Geschenke machte, habe ich ihr Vertrauen aufgebaut. Ich wollte, dass sie dachte: ›Ah, mein Bruder, der macht vieles mit mir, der lässt mich auch mitspielen‹. Ich habe sie Playstation spielen lassen, um ihr das Gefühl zu geben: ›Mein Bruder lässt mich vieles bei sich machen, der unternimmt vieles mit mir, mit dem kann ich Spaß haben‹. Das war meine Strategie, um mein Ziel zu verwirklichen.

Später habe ich mir Gedanken darüber gemacht, wie ich es schaffen kann, sie zu missbrauchen. Z.B. wusste ich nicht genau, unter welchen Voraussetzungen ich es machen konnte. Mit Überlegungen, wo ich sie missbrauchen könnte, ohne dass es jemand mitbekommt, und vor allem mit der Frage, wie kriege ich sie dazu mitzumachen und nichts zu sagen, beschäftigte ich mich. Den Gedanken, dass es meine Schwester ist, die ich missbrauche, habe ich weggeschoben durch den Gedanken, an meinen Eltern Rache zu nehmen. Das war der Gedanke, der mich die Hemmschwelle überschreiten ließ – und dann habe ich meine Schwester missbraucht.

Beim ersten Missbrauch habe ich sie damit gelockt, mit mir Fangen zu spielen, und habe mich nach einiger Zeit erschöpft fallen lassen, um Pause zu machen. Sie kam zu mir und ich habe sie mir auf den Schoß gesetzt, habe angefangen, sie zu küssen und zu streicheln. Dann habe ich sie ausgezogen und bin anal bei ihr eingedrungen. In dem Moment habe ich sie gar nicht mehr als meine Schwester, sondern als eine Gummipuppe gesehen. Sie hätte keine Chance gehabt, mich zu stoppen. Sie hat nicht geweint oder sich nicht wirklich gefreut. Danach machte sie eher ein neutrales, ein normales Gesicht, als wollte sie sagen: »Ich habe es über mich ergehen lassen«. Es war für mich so, als wäre es für sie kein Problem gewesen.

In einer anderen Missbrauchssituation habe ich ihr auch Geschichten vorgelesen, wie meine Mutter es tat, und ich habe sie dabei in den Arm genommen und mit ihr gekuschelt. Dann fing es auch an, dass ich eine Erektion gekriegt und gedacht habe: Jetzt ziehst du es durch. Dann habe ich angefangen, sie zu streicheln, und habe sie missbraucht.

Für mich war der Missbrauch eine Erleichterung. Ich hatte das Gefühl, dass mein Druck weg war. Im Nachhinein ist mir schon irgendwie bewusst geworden, dass ich irgendwas falsch gemacht habe, und dann habe ich ihr gesagt: ›Sag Mama und Papa gar nichts davon‹. Und das hat sie dann auch nicht getan. Später, als sie schon älter war, habe ich ihr auch mit Schlägen gedroht. Ich habe nie die Sorge gehabt, dass sie anderen in der Familie etwas sagen könnte. Ich habe schon ein bisschen die Panik gekriegt und Angst gehabt, dass meine Mutter früher nach Hause kommen könnte, und hatte im Kopf, dass ich ganz schnell mit dem Missbrauch fertig werden muss. Dass ich dachte, ich habe etwas falsch gemacht, hatte nichts damit zu tun, dass ich meine Schwester geschädigt habe. Es hatte vielmehr damit zu tun, dass ich Angst hatte, erwischt zu werden.

Ich habe meine Schwester über einen Zeitraum von sieben Jahren sexuell missbraucht. Die Missbrauchssituationen waren sehr unterschiedlich, mal im Freien und mal zu Hause. Am Anfang habe ich keine sexuellen Handlungen von ihr verlangt. Um mehr Lust bei mir zu entwickeln, habe ich sie später aufgefordert, sie könne auch mal einiges machen, z. B. stöhnen. Ich wollte ja auch ein bisschen Anerkennung. Später habe ich sie auch darum gebeten, mich oral zu befriedigen. Ich wollte Erfahrungen machen und wissen, wie sich oraler Sex anfühlt. Zu Anfang wollte sie mich nicht oral befriedigen, aber ich habe es dann durch weiteres Draufeinreden erreicht. Ich habe ihr gesagt, dass sie keine Geschenke mehr bekommt, und ihr mit Liebesentzug gedroht, so dass sie es doch irgendwann gemacht hat. Als sie etwa 12 Jahre alt war, habe ich sie auch vaginal missbraucht. Ich bin aber nicht ganz in sie eingedrungen, weil ich dazu nicht genug Lust verspürte, und es kam das Gefühl in mir hoch, doch noch erwischt zu werden. Obwohl ich auch daran gedacht habe, sie verletzen zu können, habe ich es gemacht.

Nach jedem Missbrauch habe ich mich ganz normal verhalten, damit ja niemandem in meinem Umfeld auffiel, was ich gemacht hatte. Ich habe viel Zeit mit Fußballspielen verbracht, so dass ich auch viel unterwegs war. Später habe ich mir auch eine Freundin angeschafft, mit der ich auch Sex hatte. Meine Eltern sollten auf keinen Fall misstrauisch werden. Meine Schwester hat sich auch völlig normal mir gegenüber verhalten, so als wäre nichts gewesen. Sie hat mich weiter gefragt, ob ich ihr bei den Hausaufgaben helfen kann, oder sprang mir an den Hals, als ich mal zwei oder drei Tage nicht zu Hause war, und sagte dann, dass sie mich so lange nicht gesehen und mich vermisst habe. Ich habe gedacht, dass für meine Schwester der Missbrauch nicht weiter schlimm ist. In der Schule hatte sie schon mal Schwierigkeiten mit dem Stoff, aber ich weiß nicht, ob das auf den Missbrauch zurückzuführen ist. Mit meinen Eltern hatte sie manchmal ganz normale Streitthemen.

Nach den Taten wurden meine Phantasien über das Geschehene noch mal mehr zum Anreiz für weitere Taten. Die Erinnerung steigerte die Spannung und die Lust. Die vorangegangenen Taten waren für mich weitere Phantasieverstärker.

Dass der Missbrauch an meiner Schwester verboten ist, war mir bekannt. Angst nach dem Missbrauch habe ich schon ein paar Mal empfunden. Zum Ende hin habe ich mir auch Gedanken gemacht, was passieren könnte, wenn das alles rauskommt. Immer wenn ich die Polizei hörte oder sah, habe ich im Kopf gehabt: Kommt bloß nicht hierhin und holt mich hier raus, wenn ich z. B. zu Hause oder bei meinen Freunden war. Meine Freunde haben mich häufig darauf angesprochen, warum ich so abwesend bin. Ich habe abgewehrt, indem ich über Stress mit meinen Eltern oder in der Schule gesprochen habe.

Ich hatte nie Schuldgefühle meiner Schwester gegenüber und habe auch nie Scham empfunden für das, was ich ihr getan habe. Die Angst, erwischt zu werden, die ich noch am Anfang empfunden hatte, war später verschwunden, ich habe mir keinen Kopf mehr darüber gemacht. Mein Gedanke war: Wird schon gut gehen. Ist bis jetzt nicht aufgefallen, dann kann es auch weiter gehen. Ich habe mir mehr überlegt, wie ich ungestört und sicherer das nächste Mal mit ihr Sex haben könnte, so dass es keiner entdeckt. Davon, dass meine Schwester etwas sagen könnte, bin ich nie ausgegangen.

Meine Schwester habe ich später nicht nur aus Rache gegenüber meinen Eltern missbraucht, sondern als Druckabgleich. Das ist immer wieder durch meine Phantasien gekommen, dass ich dachte: Ich muss jetzt Druck ablassen. Dann habe ich meinen Druck, den ich in meinem Umfeld und in der Schule hatte, an ihr ausgelassen. Im Schnitt geschah das in Abständen von vier bis sechs Monaten, dann kamen die Wünsche und damit auch die Taten. Hemmschwellen gab es bei den sich wiederholenden Missbrauchssituationen für mich nicht mehr. Mit ausschlaggebend für den Missbrauch an meiner Schwester war auch meine Angst vor einem möglichen analen Missbrauch durch meinen Vater. Ich wollte diese Angst loswerden. Meine Überlegungen gingen nur in die eine Richtung, wie ich es wieder hinkriegen werde, sie zu missbrauchen. Nur bei den ersten drei oder vier Malen habe ich überlegt, ob ich es mache oder nicht. Und nachdem ich sie missbraucht habe, waren die Hemmschwellen dann aber auch weg, weil der Druck und das Verlangen nach Sex mit meiner Schwester dann dazu geführt haben, dass ich dachte: ›Jetzt mache ich es‹. Ich wusste nicht, wo ich mit meinem Druck hin sollte, und habe meine Schwester als Druckabgleich benutzt. Auf jeden Fall ist mein eigenes Leid dadurch kleiner geworden, weil ich mich nach der Tat erleichtert gefühlt habe und diese Angst, diese Wut und dieses Leid nicht mehr wirklich gespürt habe. Es war wie eine Seelenbefreiung, ich war erstmal wieder ruhig, es war alles wieder weg. Ich habe weiter missbraucht, weil es auch immer wieder neues Leid für mich gab. Nach der Tat gab es mehrmals so etwas wie einen Schub: ›Ah, jetzt kann ich wieder, ja, jetzt kann ich wieder irgendwie durchstarten‹ oder: ›Jetzt bin ich wieder voll befreit‹. Natürlich hatte das alles auch einen starken sexuellen Aspekt. Zu 70 % habe ich meine Schwester wegen des Frusts mit meinen Eltern und zu 30 % aus sexuellen Aspekten missbraucht.

Herausgekommen ist alles, weil meine Schwester im Alter von 12 Jahren dann doch gesprochen hatte. Es erfolgte eine Anzeige und ich wurde nur für fünf Taten verurteilt, die ich zu dem Zeitpunkt zugegeben habe.

Auf richterlichen Beschluss wurde ich stationär untergebracht und musste mich einer Tätertherapie unterziehen. Meine Familie durfte ich lange Zeit nicht sehen, meine Schwester darf ich bis zu ihrem 18. Geburtstag nicht sehen. Es ist schwer für mich, meine Schwester fünf bis sechs Jahre nicht zu treffen. Aber das sind die Konsequenzen und ich werde damit leben und kann es mittlerweile auch. Es wird die Zeit kommen, dass wir uns wiedersehen, und es wird dauern, bis ein einigermaßen gutes Verhältnis aufgebaut werden kann.

Ich hätte meine Schwester nicht missbraucht, wenn sie nicht der Schatz meiner Eltern gewesen wäre. Sie war das Ziel, um mich an meinen Eltern zu rächen und auch mal denen Schmerz zuzufügen, die mir immer Schmerz zugefügt hatten. Ich war in meiner Familie der Sündenbock, wurde hin und her geschubst, bekam nie die schönen neuen Sachen wie meine Schwester. Hätte ich ein deutlich besseres Erscheinungsbild von mir vor Augen gehabt, dann hätte ich den ganzen Frust, den ich wegen meiner Eltern hatte, ansprechen oder woanders rauslassen können. Wenn sie mich auch nur ein bisschen besser behandelt hätten, dann wäre der Missbrauch auch nicht passiert. Indem sie mich zum Sündenbock gemacht haben und ich meine Schwester missbraucht habe, entspreche ich ja auch dem Bild, das sie sowieso von mir hatten. Dadurch dass ich mich zu Hause stark durch meine Eltern dominiert gefühlt habe, habe ich sicherlich auch öfter den Wunsch, selber andere zu dominieren.

Mein eigenes Erscheinungsbild hat sich in den drei Jahren, in denen ich nicht mehr zu Hause lebe, verändert. Ich habe mehr an Charakter bzw. Stärke erworben. Ich reagiere auch nicht mehr auf Beleidigungen, weil ich ein Anti-Aggressivitäts-Training gemacht habe, sondern denke: ›Mein Gott, beleidige mich ruhig weiter und dann gehe ich weg‹. Ich bin selbstsicherer geworden und gehe selbstbewusster durchs Leben.

In meiner Familie konnte ich mich nicht selbstbewusst entwickeln. Meine älteste Schwester und meine jüngere Schwester wurden bevorzugt. Wenn irgendetwas schief lief, war ich der Sündenbock. Ich fühlte mich gar nicht als Familienmitglied, ich war nur das Aschenputtel. Das lief fast immer so bis auf wenige Ausnahmen, wo es nicht so war, aber von diesen Tagen gab es viel zu wenige. Überwiegend habe ich dieses Empfinden bei meinem Vater gehabt. Er trank viel Alkohol und kam, wenn er nachts nach Hause kam, häufig in mein Zimmer, holte mich aus dem Bett und schickte mich ins Wohnzimmer, um mich dort fertigzumachen. Er hat mich dann wirklich zur Sau gemacht, obwohl ich gar nichts getan hatte. Er beschimpfte mich mit ›Du taugst zu nichts, du bist einfach Scheiße‹. Das waren schlimme Zeiten und ich hatte immer Angst, dass er abends in mein Zimmer kam und es zum Krach kam. Ich war der Sündenbock für alles und hatte keine Chance gegen ihn. Es gab zwar Zimmerschlüssel, aber keiner wusste, wo die waren. Auch meine Mutter hat mir keinen Tipp gegeben, wie ich mich vor meinem Vater hätte schützen können. Sie hatte selber Angst vor meinem Vater.

Meine Mutter schlief oft schon, wenn mein Vater nachts in mein Zimmer kam. Manchmal wurde sie von dem Krach wach und stellte sich vor ihn und sagte: ›Ja, du kannst nicht auf den Jungen eindreschen‹ und dann wurde es laut zwischen den beiden. Ja, und ich stand dann da und wusste nicht: ›Kann ich jetzt gehen? Wenn ich gehe, kriege ich dann eins über die Rübe? Bleibe ich stehen und kriege ich trotzdem einen auf den Deckel?‹ Unsicherheit und Angst waren bei uns verbreitet.

Später, da war ich 13 oder 14 Jahre alt, kam mein Vater abends alkoholisiert in mein Zimmer. Die Tür ging auf, er kam rein und ich dachte: ›Ach, ne, nicht schon wieder, jetzt musst du wieder raus, musst es wieder über dich ergehen lassen‹. Ich habe dann so getan, als würde ich schlafen, und er hat sich dann vor mein Bett gekniet und hat gesagt: ›Das tut mir alles leid‹. Darauf war ich gar nicht vorbereitet. Dann ist er in mein Bett gekrochen und hat mich umarmt und ich habe weiter so getan, als würde ich schlafen, damit er möglichst bald wieder rausgeht. Er lag hinter mir und ich hatte echt ein bisschen die Panik: ›Eh, lass mich los, ich kriege die Krise‹. Es hatte so eine Art von sexuellem Wesen. Ja, ja er hat seine Arme um mich geschlungen und sich dann an mich gedrückt und es hatte auch so einen sexuellen Stand, also, wie er hinter mir lag, und ich hatte echt ein bisschen die Panik. Dann – ich wäre fast aufgewacht und wäre fast rausgelaufen vor Angst. Das hat sich so komisch angefühlt, ich hatte Angst, dass er erst wieder so tut, als würde er lieb sein, und dann, dass er mich anal missbrauchen könnte. Diese Angst vor analem Missbrauch durch meinen Vater hatte ich zwei bis drei Mal, immer wenn er mich nachts weckte und ins Wohnzimmer holte. Ich hatte die Phantasie, er will mit mir Analsex, weil er von meiner Mutter nicht die Anerkennung bekommt, die er will. Aber es ist nichts passiert. Ich habe auch nicht mehr die ganzen Bilder. Ich erinnere mich, dass er zweimal in mein Bett gekommen ist.

In meiner Familie war der offene Umgang mit Sexualität alltäglich. Mein Vater war ziemlich sexualisiert in puncto Sex. Er hat auch viel öfter über dieses Thema gesprochen als meine Mutter oder sonst wer. Schon als kleines Kind habe ich meine Eltern beim Geschlechtsverkehr beobachtet. Es gab keine Abgrenzung, die Türen waren nicht verschlossen nach dem Motto, die wissen das alle und dann ist es auch gut. Mein Vater kannte überhaupt keine Schamgrenzen und meine Mutter hat alles über sich ergehen lassen, nur damit mein Vater ruhig blieb oder wurde. Meine Mutter hatte Angst vor ihm und mein Vater wäre in der Lage gewesen, meine Mutter totzuschlagen.

Später, als sich meine Eltern trennten und mein Vater meine Mutter deswegen tyrannisierte, habe ich oft die Phantasie gehabt, meinen Vater mit dem Baseballschläger totzuschlagen. Auch gegenüber meiner Mutter hatte ich aggressive Phantasien, die in die Richtung zielten, dass sie mal innerlich Schmerz empfinden sollte. Ich wollte ihr gern auch ein paar Wunden zufügen. Ich hatte keine körperlich aggressiven Phantasien ihr gegenüber, sondern habe mir überlegt, sie innerlich zu treffen und sie tief zu verletzen. Neben dem Missbrauch an meiner Schwester hätte ich sie tief verletzt, wenn ich ausgezogen wäre und wenn ich gesagt hätte, dass ich mit ihr keinen Kontakt mehr haben wollte. Dadurch, dass ich meine Schwester missbraucht habe, habe ich ihr großes Leid zugefügt, mehr als ich es mir je gedacht hatte. Sie weiß über den Missbrauch meiner älteren Schwester an mir Bescheid. Meinen ersten sexuellen Missbrauch habe ich durch meine ältere Schwester im Alter von 8/9 Jahren bei uns zu Hause erlebt. Ich habe es meiner Mutter gesagt. Sie weiß, alle ihre Kinder haben Mist gemacht oder erlitten. Die beiden Ältesten haben was gemacht, die Erste bei dem Zweiten, der Zweite bei der Dritten und das war für meine Mutter schwer zu ertragen und damit fertigzuwerden. Ich glaube, dass sie damals so gedacht hat, heute vielleicht nicht mehr. Ich empfinde keine Genugtuung, denn sie hat sich auch weiterhin mehr um meine Schwester gekümmert. In letzter Zeit habe ich nicht mehr so oft aggressive Phantasien meiner Mutter gegenüber.

Nach der Trennung meiner Eltern zog meine Mutter mit uns Kindern in eine andere Wohnung und ich war der Vertraute meiner Mutter. Ich war 17 Jahre alt. Meine Mutter hat den Schutz gesucht und ich habe ihr den Schutz angeboten und gegeben. Jeder, der meiner Mutter zu dumm kam, hat sofort Paroli von mir gekriegt. Ich fühlte mich in der Rolle des Ehemannes. Das ging so weit, dass ich Gedanken hatte, meinem Vater jetzt Dinge um die Ohren zu hauen, bis er auf dem Boden lag. Es gab auch Situationen, in denen ich in die Vaterrolle gegangen bin und meine Mutter gebremst habe, z. B. wenn sie meiner Schwester eine gepfeffert hatte, weil die ihre Hausaufgaben nicht machte. Ich wollte auf keinen Fall, dass bei mir zu Hause, einer den anderen schlägt. Deshalb habe ich mich vor meine kleine Schwester gestellt und meiner Mutter gesagt: ›Fang nicht an wie Vater‹. In dem Moment habe ich gedacht, dass jetzt mein Vater kommen müsste, und jetzt müsste Mama was von Papa kriegen. Ich hatte nie den Impuls, sie selber zu schlagen.

Im Alter von 15 Jahren hat mich mein bester Freund, damals 17 Jahre, anal missbraucht. Wir haben zusammen bei ihm zu Hause Filme gesehen, als er mit mir Doktorspiele machen wollte. Zu diesem Zeitpunkt missbrauchte ich meine Schwester schon. Ich weiß noch, dass ich mich nach dem Missbrauch durch meinen Freund benutzt und total komisch gefühlt habe. Ich hatte keinen klaren Gedanken mehr. Ich hätte ihm am liebsten einen älteren Freund auf den Hals gehetzt, um ihn halb totzuschlagen. Ich habe aber niemandem davon erzählt und habe den radikalen Cut gemacht. Ich habe mich ihm entzogen und alle möglichen Vorwände genannt, um mich nicht mehr mit ihm zu treffen. Anzeigen möchte ich ihn vor allen Dingen deshalb nicht, weil dann öffentlich werden könnte, dass ich selbst ein Missbraucher bin.

Seit 3 Jahren lebe ich nicht mehr zu Hause, sondern in einer Einrichtung der Jugendhilfe, in der alle über meine Taten Bescheid wissen. Ich gehe zur Therapie, wozu ich eine richterliche Auflage habe. In dieser Zeit habe ich gelernt, mich mit meinen Taten auseinanderzusetzen und weitere Taten zuzugeben, die ich bei der Gerichtsverhandlung noch verleugnet habe. Gut war für mich, dass es für ein Jahr ein Kontaktverbot zu meiner Familie gab. Hätte es das nicht gegeben, wäre ich bestimmt abgehauen. Auch die Therapie hätte ich nicht durchgehalten, wenn sie nicht verpflichtend gewesen wäre. Ich weiß, dass sie mir geholfen hat.

In meinem Alltag treffe ich immer wieder auf das Thema des sexuellen Missbrauchs, z. B. über die Medien. Einerseits bin ich dann immer froh, dass ich das nicht bin, andererseits weiß ich nicht, wie ich mich verhalten soll. Mein Kopf ist dann voller Angst und ich habe keine Idee, was ich dazu sagen kann, um nicht aufzufallen. Ich habe Sorge, dass mich jemand von den Jugendlichen der Einrichtung darauf anspricht, dass ich selbst Missbraucher bin. Das wäre mir sehr peinlich. Ich fühle mich ganz unwohl, wenn so etwas im Fernsehen läuft. Dann verhalte ich mich ganz still, bis das Thema vorbei ist. Hauptsache man bringt das nicht mit mir in Verbindung. Wenn es dann noch um Kindermord geht, fühle ich mich gut und denke: ›Gut, dass du das nicht getan hast‹.

Sexuelle Kontakte konnte ich während der Zeit in der Einrichtung nicht aufbauen, weil ich lange Zeit auch keine Kontakte nach draußen haben durfte.

Später habe ich aber Kontakt mit Freundinnen von früher und Kolleginnen aus meinem beruflichen Umfeld aufnehmen können. In Zukunft möchte ich gerne eine Beziehung eingehen, möchte später eine Familie gründen und auch Kinder haben. Dass ich meiner Frau von meinen Taten erzählen werde, ist für mich nicht leicht, aber selbstverständlich. Entscheidend wird sein, wie sie darauf reagiert. Ich muss erst sicher sein, wie sie zu mir steht, bevor ich ihr alles erzählen kann. Meinen Kindern darüber zu berichten, wird sicher schwierig. Ich glaube nicht, dass ich es ihnen vor dem 18. Lebensjahr erzählen werde, weil sie es vorher noch gar nicht verstehen können. Dann können sie noch einmal anders entscheiden, wie sie damit umgehen wollen. Ich wünsche mir für meine Kinder, dass ich im Positiven für sie als Vater präsent bin, um sie davor zu schützen, weder Opfer noch Täter zu werden.

Die Verantwortung für den sexuellen Missbrauch an meiner Schwester habe ich. Ich habe alles in die Wege geleitet und durchgeführt. Wenn ich darüber nachdenke, glaube ich, dass meine Schwester ganz zwiespältig über mich denkt. Z. B. ›Mein Bruder, was für ein Arsch‹ und ›Ich vermisse ihn voll, ich möchte ihn wiedersehen‹. Leider fällt es mir immer noch schwer, mich empathisch in meine Schwester hineinzuversetzen. Ich erinnere mich, wie ich mich nach dem Missbrauch durch meinen Freund gefühlt habe, und kann das manchmal heute noch fühlen. Dann weiß ich, dass sich meine Schwester auch so fühlen muss. Ich sehe mich in keiner Weise gefährdet, jemals wieder einen anderen Menschen zu missbrauchen.«

Interpretation Täter

Motivationen

Es gibt verschiedene Motivationen für den sexuellen Missbrauch der Schwester. Der Täter hat eindeutige Phantasien darüber, wie er die Schwester missbrauchen wird. Als eine Motivation formuliert er Rache, weil die kleine Schwester bevorzugt wird. Er gibt an, er wolle sich an den Eltern rächen, indem er ihnen Schmerz zufügt. Es kann angenommen werden, dass er den Eltern das, was sie ihm angetan haben, heimzahlen möchte, und das ist nicht nur die Bevorzugung der Schwester. Nachdem er den Missbrauch schon einige Male vollzogen hat, geht es ihm auch um ein Ablassen von Druck; er spricht vom Druckabgleich. Psychischen Druck aus unterschiedlichen Situationen lässt er beim sexuellen Missbrauch der Schwester ab. Auch sexuelle Lust gehört zum Motivationsbündel des Missbrauchers; der Täter variiert den Missbrauch zur Steigerung der sexuellen Lust.

Missbrauchszyklus

Der sexuelle Missbrauch beginnt immer mit sehr konkreten illegalen sexuellen Phantasien. Zur Verstärkung der eigenen Phantasien stellt der Täter Körperkontakt mit der Schwester her und kuschelt mit ihr. Die Phantasien werden später genährt durch Freunde, die mit sexuellen Erlebnissen prahlen und sich über konkrete sexuelle Praktiken austauschen. Innere Hemmschwellen werden am Anfang durch die Steigerung der Phantasien überwunden. Beim wiederholten Missbrauch gibt es für ihn keine Hemmschwellen mehr, die es zu überwinden gilt. Das sexuelle Verlangen und der Druck sind dann dominant.

Er verwendet viel Zeit und Energie, um die Schwester zu umgarnen und Vertrauen aufzubauen. Er spielt mit ihr, lässt sie Playstation spielen und macht ihr kleine Geschenke, um sie an sich zu binden. Außer dem potenziellen Opfer werden auch die schützenden Personen manipuliert. Die Eltern werden manipuliert, indem er ihnen anbietet, auf die kleine Schwester aufzupassen, wenn sie feiern gehen wollen. Er vermittelt den Eindruck, dass die Geschwister sich gut verstehen, und gewinnt so das Vertrauen der Eltern. Nach jedem Missbrauch verhält er sich ganz normal, so dass niemand auf die Idee kommt, dass etwas Verbotenes geschehen ist. So ist er viel unterwegs und verbringt viel Zeit mit Fußballspielen. Später schafft er sich auch noch eine Freundin an, mit der er auch Sex hat. Damit lenkt er noch mehr von dem Missbrauch an der Schwester ab.

Nachdem die Situation »gut« vorbereitet ist und er sich sicher fühlt, dass er mit der Schwester allein ist, geht er den sexuellen Missbrauch an. Die interaktionelle Dynamik der Missbrauchssituation beginnt, indem er mit der Schwester Fangen spielt und sich erschöpft fallen lässt. Als sie mit vollem Vertrauen zu ihm kommt, beginnt er sie zu küssen, zu streicheln und anal in sie einzudringen. Die Schwester wird in der Situation des Missbrauchs depersonalisiert, er sieht sie nicht als Schwester, sondern als Gummipuppe. Sie wird zum Zwecke der Befriedigung funktionalisiert. Das Opfer erstarrt offensichtlich, denn es zeigt keine Reaktionen. In dem Macht-Abhängigkeitsgefälle ist die Schwester ohnmächtig, ihrer Sinne beraubt und sprachlos. Er erlebt den Missbrauch zunächst wie eine Erleichterung. Danach spürt er jedoch auch, dass er etwas falsch gemacht hat, und erteilt der Schwester ein Sprechverbot, was typisch für Täter ist. Als die Schwester etwas älter ist, droht er ihr auch mit Schlägen.

Da der Missbrauch über sieben Jahre geht, steigern sich die Strategien des Täters für den eigenen Lustgewinn, er missbraucht die Schwester auf unterschiedliche Weise und fordert sie auf, auch aktiv zu werden, z. B. indem sie ihn oral befriedigt. Wenn sie sich weigert, droht er mit dem Entzug von Liebe und weiteren Geschenken. Eine wesentliche Frage ist die, wieso der Missbrauch so lange fortgesetzt wird und das Opfer erst im Alter von 12 Jahren zu sprechen beginnt. Dies lässt sich so verstehen, dass der Bruder für die Schwester bei der allgemeinen Vernachlässigung in der Familie eine große emotionale Bedeutung gehabt hat.

Nach dem erfolgten sexuellen Missbrauch sichert er das Geheimnis durch ein Schweigegebot, durch die Androhung von Liebesentzug, den Entzug von Geschenken sowie der Unterstützung bei Schularbeiten. Die erfolgten Missbrauchshandlungen dienen als Phantasieverstärker für weitere Handlungen. Die Erinnerungen an das Vergangene steigern seine Lust und Spannung und reduzieren die Hemmschellen.

Psychodynamik des Täters

Er wird von den Eltern, insbesondere vom Vater, gedemütigt und misshandelt und erlebt sich als Sündenbock oder Aschenputtel. Er ist der Gewalt des Vaters ausgesetzt und wird dadurch selbst zum Opfer. In den geschilderten Situationen fühlt er sich abgewertet, ohnmächtig und der Situation ausgeliefert. Es kann angenommen werden, dass er infolge der Demütigungen eine enorme Wut auf den Vater hat. So äußert er auch, dass er ihn mit dem Baseballschläger totschlagen könnte oder er will dem Vater Dinge um die Ohren hauen, bis er auf dem Boden liegt.

Die Entscheidung, den Missbrauch zu begehen, beschreibt er als ein Gefühlsgemisch zwischen Lust und Angst, wobei die Lust nach Sexualität überwiegt. Dies ist der zentrale intrapsychische Konflikt zwischen Lust oder Begehren und Angst, wobei sich die Angst auf Entdeckung und/oder Strafe beziehen kann. Die Strafe kann sich auf äußere Faktoren beziehen wie rechtliche Konsequenzen wie auch auf innere in Form eines strafenden Gewissens. Angst aktiviert grundsätzlich unbewusst innerpsychische Steuerungs- oder Kontrollmechanismen. In der Missbrauchssituation versagen sie jedoch. So berichten die meisten Täter, dass sie in der Missbrauchssituation keine Steuerungsmöglichkeit mehr haben, sondern »nur noch Lust auf den sexuellen Missbrauch«. Während des Missbrauchs spürt der Täter nicht nur Lust, sondern auch Angst. Er hat Angst davor, dass er erwischt werden könnte und ist bemüht, die Missbrauchshandlung möglichst schnell zu beenden. Seine Angst bezieht sich also nicht direkt auf die Tat oder die Schädigung der Schwester, sondern darauf, entdeckt zu werden. Von daher hat er auch keine bewussten Schuldgefühle.

Nach dem Missbrauch ist ihm bewusst, dass er etwas falsch gemacht hat. Offensichtlich meldet sich die Steuerungsinstanz wieder, wobei es ausschließlich um das Wissen der Strafbarkeit der Handlung geht. Der Konflikt zwischen Lust und Angst bleibt weiter in ihm virulent. Wenn er die Seite des Begehrens weiter nährt, z. B. durch weitere Phantasien, verringern sich wieder die Steuerungsmechanismen und die Lust wird dominant. Überwiegt die Lust, kommt es zu weiterem Missbrauch. Er missbraucht die Schwester, obwohl er daran denkt, sie verletzten zu können. Obwohl er weiß, dass er etwas falsch gemacht hat und sie verletzen könnte, möchte er »auch ein bisschen Anerkennung« von ihr. Dies weist auf eine innerpsychische Spaltung hin, indem nicht zu vereinbarende Gefühle getrennt gehalten werden.

Die Angst, die er verspürt, hat unterschiedliche Quellen. Sie bezieht sich auf eventuelle Folgen der Handlung, nicht auf die Tat selbst. Er hat Angst, bei der Tat ertappt zu werden. Auf den Gedanken, dass seine Schwester etwas sagen könnte, ist er nie gekommen. Entweder ist er sich der Manipulation der Schwester so sicher oder er wehrt die Angst ab. Später, nachdem es einige Male für ihn »gut« gegangen ist, verschwindet die Angst vor den Folgen der Tat ganz aus seinem Kopf nach dem Motto: wird schon gut gehen. Er ist dann mehr von Gedanken besetzt, wie er beim nächsten Mal sicherer ungestörten Sex mit der Schwester haben kann. Des Weiteren formuliert er eine Angst vor einem analen Missbrauch durch den Vater. Von dieser Angst befreit er sich unbewusst, indem er sich mit dem Aggressor identifiziert, d. h., er identifiziert sich mit machtvollen aggressiven Täteraspekten. Dadurch verwandelt sich die Position der Angst und Ohnmacht in eine machtvolle Position, wodurch die Angst abgewehrt wird.

Auch der Mutter gegenüber hat er aggressive Phantasien, so möchte er ihr gerne Wunden zufügen und sie innerlich tief verletzten. Seine Aggressionen sind sicher durch den fehlenden Schutz der Mutter vor der Gewalt des Vaters begründet. Gleichwohl lässt er nichts auf seine Mutter kommen. Er ist sehr an sie gebunden und wird nach der Trennung der Eltern im Alter von nur 17 Jahren ihr Vertrauter. Er fühlt sich in der Rolle des Ehemannes und nimmt auch die Vaterrolle ein. Er schützt die jüngere Schwester, die er selbst missbraucht, vor den Schlägen der Mutter. Solche Rolleneinnahmen sind für einen Adoleszenten nicht angemessen.

Ein zentraler Abwehrmechanismus ist der der Bagatellisierung als eine Form der Verleugnung (vgl. 1.5.1 und 1.7.4). Der Täter nimmt an, dass der Missbrauch für die Schwester nicht so schlimm ist. Als Beleg beschreibt er, dass sie ihm um den Hals fällt, wenn er mal für zwei, drei Tage nicht zu Hause ist und sie ihn vermisst hat. Dieser »Beleg« kann als nachträgliche Rechtfertigung betrachtet werden oder auch als Ausdruck einer tatsächlichen engen Bindung der Schwester an ihn. Sie scheint ihn emotional zu brauchen wie auch zur Unterstützung bei den Schularbeiten. Er schützt sie auch vor Angriffen der Mutter.

Wiederholung des Missbrauchsmusters: vom Opfer zum Täter

Die Entwicklungsgeschichte des Täters zeigt, dass er von den Eltern misshandelt wurde. Er wurde durch die gewalttätigen Handlungen und Grenzverletzungen des Vaters misshandelt. Von der Erlebensseite beschreibt er all die Merkmale, die Opfer im Kontext von sexuellem Missbrauch beschreiben. Er fühlt sich ausgeliefert, bedroht und chancenlos. Er formuliert u. a., er habe Angst, dass der Vater lieb sei und ihn dann anal missbrauchen würde. Aus seiner Schilderung der nächtlichen Szenen, wenn der Vater zu ihm ins Bett kommt, kann angenommen werden, dass er selbst auch missbraucht worden ist, auch wenn er dies nicht bewusst erinnern kann. Er spricht von der Angst vor einem möglichen analen Missbrauch durch den Vater. Er erinnert die Angst davor, aber nicht die Tat. Das ist möglich, weil in einer bedrohlichen Situation das Ich eines Menschen auf ein Niveau regredieren kann, auf dem die Wahrnehmungs- und Verarbeitungsfunktionen gestört sind. Neurobiologisch formuliert werden in Stresssituationen die Verbindungen zwischen Amygdala und Hippocampus unterbrochen. Die Folge ist, dass viele Informationen erst gar nicht an das explizite Gedächtnis weitergeleitet werden; die Leitung zum expliziten Gedächtnis ist blockiert. Erlebnisse werden dann nur im impliziten und nicht im expliziten, d. h. bewusstseinsfähigen Gedächtnis gespeichert (vgl. 1.5.3). Dies könnte erklären, warum sich der Täter nicht bewusst an einen sexuellen Missbrauch durch den Vater erinnert.

Psychodynamisch formuliert kann auch eine sogenannte Abspaltung angenommen werden, wobei unbewusst Gefühl und Vorstellung voneinander getrennt gehalten werden. Er erinnert das Gefühl der Angst, aber nicht die konkrete Vorstellung, weil diese abgespalten, d. h. ins Unbewusste verdrängt ist. Er spricht davon, dass durch den Missbrauch an der Schwester das eigene Leid kleiner geworden ist und er die Angst und die Wut nicht mehr gespürt hat. Unter diesem Aspekt hat der Missbrauch an der Schwester auch die Funktion der eigenen Traumabewältigung. Er will die Angst vor einem möglichen analen Missbrauch durch den Vater loswerden. Dies belegt auch die Erfahrung, dass viele Täter früher selbst Misshandlung und Missbrauch erfahren haben. Das erfahrene Missbrauchsmuster führt zum Wiederholungszwang (vgl. 1.5.2). Zunächst gibt es bei dem Täter weitere Reviktimisierungen. So gibt er an, von seiner älteren Schwester missbraucht worden zu sein als er 8/9 Jahre alt ist; von einem Freund wird er missbraucht als er 15 Jahre alt ist. Im Missbrauch der jüngeren Schwester erfolgt eine Opfer-Täter-Umkehr, d. h., das Missbrauchsmuster wird fortgesetzt, indem die Täteraspekte gelebt und die Opferaspekte auf die Schwester externalisiert werden. Dadurch wird der Missbrauch an der Schwester für ihn eine Seelenbefreiung. Er wird kurzzeitig beruhigt, bis er das Leid wieder erneut spürt, denn mit dem Missbrauch an der Schwester befreit er sich nicht wirklich von seinem eigenen Leid.

Schamgefühle entwickelt er, nachdem er drei Jahre nicht mehr zu Hause lebt. Es wäre ihm sehr peinlich, wenn er in der Einrichtung von anderen Jugendlichen auf sein Missbrauchsverhalten angesprochen würde.

Dynamik in der Institution Familie

Nach außen ist die Familie völlig unauffällig. Die häusliche Atmosphäre ist jedoch gekennzeichnet von Gewalt und Angst. Die Kommunikationsformen sind aggressiv und ambivalent. So berichtet er u. a.: »Wenn ich gehe, kriege ich eins über die Rübe, wenn ich bleibe auch«. Oder: Der Vater misshandelt ihn und erklärt ihm kniend vor seinem Bett, dass ihm alles leidtue. Solche Ambivalenzen tragen zur psychischen Labilisierung bei. Die gesamte häusliche Atmosphäre ist auch stark sexualisiert und zeigt die Macht des Feldes. Mit Sexualität wird offen umgegangen; es gibt keine Schamgrenzen und keine Abgrenzungen. Schon die kleinen Kinder beobachten die Eltern beim Geschlechtsverkehr. Sexualität ohne Tabus ist für den Täter somit normal. In solch einem Umfeld ist der Missbrauch »normal« und wird in der Geschwisterreihe weiter fortgesetzt. Der Täter wird von der älteren Schwester missbraucht und er missbraucht die jüngere Schwester. Bemerkenswert ist, dass Freunden und Bekannten der Familie trotz der sexualisierten Sprache des Vaters nichts aufgefallen ist. Der Prozess der Aufdeckung beginnt, nachdem die Schwester zu sprechen anfängt, was der Täter zuvor als unmöglich angenommen hat. Um sprechen zu können, benötigen Opfer den Schutz von Vertrauenspersonen.

Interventionen

Der Kontakt mit seinem Zuhause wird ihm untersagt, die missbrauchte Schwester darf er bis zu ihrem 18. Lebensjahr nicht treffen. Er wird nach der Verurteilung stationär in einer Jugendhilfeeinrichtung untergebracht und muss sich in einer Therapie mit seinen Taten auseinandersetzen. Durch den ganzheitlichen Behandlungsansatz übernimmt er Verantwortung für seine Taten und hat begonnen, sie in sein Leben zu integrieren.

3 Präventionen

3.1 Auswahl und Einstellung von Mitarbeitern und Mitarbeiterinnen

Einrichtungen der Jugendhilfe oder ähnliche, denen Kinder und Jugendliche zur Obhut anvertraut werden, implizieren eine Nähe der Mitarbeiter zu Kindern und Jugendlichen und können von Menschen mit pädosexuellen Neigungen gezielt als Arbeitsfeld ausgewählt werden. Um die ihnen anvertrauten Kinder und Jugendlichen zu schützen, sollten sich die Institutionen bereits im Vorfeld der Einstellung vor solchen Mitarbeitern zu schützen versuchen. In der Stellenausschreibung sowie im Vor- und Einstellungsgespräch bzw. im Dienstvertrag kann die Einrichtung ihren offenen Umgang mit dem Thema »Sexueller Missbrauch« ansprechen. Ein Hinweis auf verpflichtende Fort- und Weiterbildungen mit dem Ziel, Mitarbeiter bezüglich des Themas zu sensibilisieren, kann noch einmal mehr die Haltung der Institution unterstreichen. Zeichnet der Dienstvertrag auch noch konkrete Vorgehensweisen bei einem vagen oder begründeten Verdacht von sexuellem Missbrauch auf, kann dadurch bereits im Vorfeld eine Annahme des Vertrages durch den Bewerber und die Bewerberin verhindert werden. Je klarer die Formulierung der Sanktionierung eines solchen Verhaltens ist, desto größer ist der präventive Effekt (Gründer 2006, S. 65 ff.).

Die Methoden sexueller Missbraucher sind häufig so subtil, dass es eine sichere Personalauswahl gar nicht geben kann. Besonders die fürsorglichen, einfühlsamen Bewerber, die zudem noch Fähigkeiten mitbringen, die in der Institution vermisst werden, kommen eher in die engere Auswahl. Missbraucher kennen die Wünsche der Institutionen und versuchen, diesen zu entsprechen und darüber, oft mit Erfolg, den Arbeitsplatz zu erhalten.

Bewerbungen sollten daher sehr genau geprüft werden. Das setzt auch voraus, dass sich die Einrichtung Zeit zur Überprüfung nimmt, bevor es zu einer Entscheidung und einem Vorstellungsgespräch kommt. Grundsätzlich ist mit Unterstützung der Mitarbeitervertretung im Vorstellungsgespräch und in jedem Dienstvertrag die Sanktionierung von sexueller Gewalt zu formulieren. Der präventive Charakter und die abschreckende Wirkung können sehr wirksam sein.

Folgende Punkte sollten bei einer Bewerbung Berücksichtigung finden:

- Der Bewerber muss ein erweitertes polizeiliches Führungszeugnis vorlegen, das alle fünf Jahre erneuert werden muss. Hierbei ist allen Beteiligten klar,

dass ein solches Führungszeugnis unzureichend ist, weil nur Täter, die bereits aufgefallen sind, darunter fallen. Missbrauch kann dadurch nicht verhindert werden, aber diese Maßnahme kann bereits Verurteilten den Weg in die Einrichtung verwehren.
- Der Bewerber wird darüber informiert, dass in der Einrichtung mit dem Thema »Sexueller Missbrauch« offen umgegangen wird.
- Es wird ihm mitgeteilt, dass in der Einrichtung ständige Fortbildungen zum Thema Standard sind.
- Er wird informiert, dass er als Mitarbeiter verpflichtet ist, bereits einen Verdacht von sexuellem Missbrauch an die Leitung weiterzugeben. Dabei wird dem entsprechenden Mitarbeiter auch die Unterstützung durch die Leitung zugesichert, dass er bei einer möglichen Verleumdungsklage eines Beschuldigten juristischen Beistand erhält.
- Es wird seitens der Leitung darauf verwiesen, dass bereits bei einem Verdacht von sexuellem Missbrauch eine Verdachtskündigung erfolgen kann.
- Der Bewerber wird aufgefordert, Informationen über wichtige Ereignisse in seinem Leben, wie z. B. Drogenkonsum, Abbruch einer Ausbildung oder Ähnliches bekannt zu geben.
- Dem Bewerber werden Verfahrensrichtlinien der Institution bei Verdacht von sexuellem Missbrauch zur Kenntnis gegeben, die er unterschreiben soll.
- Der Bewerber unterschreibt eine Erklärung, die ihn verpflichtet, §§ 174–184 StGB zur Kenntnis zu nehmen und zu unterschreiben, dass er im Sinne der genannten Paragraphen weder verurteilt noch ein gerichtliches Verfahren gegen ihn eingeleitet bzw. anhängig ist oder er an anderer Stelle wegen eines Verdachts seine Arbeitsstelle verlassen musste. Weiter unterschreibt er eine Selbstverpflichtungserklärung, den Arbeitgeber davon in Kenntnis zu setzen, wenn diesbezüglich ein Ermittlungsverfahren gegen ihn eingeleitet wird.
- Der Bewerber wird gefragt, ob er im privaten Bereich unerlaubte sexuelle Kontakte zu Kindern oder Jugendlichen hatte. Eine Verneinung sollte von ihm schriftlich bestätigt werden. Viele Leitungen scheuen diese Frage mit dem Argument der Grenzüberschreitung. Potenzielle Täter ziehen ihre Bewerbung bei so viel Aufmerksamkeit u. U. zurück.
- Dem Bewerber werden zum Thema »Sexueller Missbrauch« konkrete Fragen bezüglich seiner Einstellung dazu gestellt.
- Der Bewerber wird um seine Einwilligung zur Kontaktierung des früheren Arbeitgebers gebeten.
- Der Bewerber soll bei Aushändigung des Arbeitsvertrags die ethischen Grundlagen der Institution lesen und unterschreiben.

Eine Einrichtung, die sich dem Kinderschutz gegenüber verantwortlich fühlt und die das Thema des sexuellen Missbrauchs ernst nimmt, zeigt das nicht nur im Bewerbungsgespräch, sondern auch im Arbeitsalltag. Dazu gehört u. a., dass der neue Mitarbeiter über einen längeren Zeitraum begleitet und beraten wird. Hier kann seine Einstellung noch einmal überprüft werden. Außerdem können Regeln wiederholt benannt und ihre Anwendung überprüft werden.

3.2 Leitlinienkatalog der Institutionen

Institutionen, die präventiv im Umgang mit sexuellem Missbrauch arbeiten, können vorab einen Katalog erarbeiten, der als Leitlinie allen Mitarbeitern vorgestellt wird und bei Inkrafttreten verbindlich sein muss. Ferner ist es sinnvoll, einen Interventionssauschuss zu gründen, der im Vorfeld besonders zum Thema »Sexueller Missbrauch« geschult werden sollte, um in der Krise auch handlungsfähig zu sein.

Leitlinien können nach Wolff und Fegert (2006, S. 305 ff.) u. a. wie folgt aussehen:

- Körperkontakt ohne eindeutige Indikation ist nicht zulässig und individuelle Schamgrenzen müssen beachtet werden. Damit kann z. B. gemeint sein, dass Mitarbeiter in unangemessener Weise auch älteren Kindern immer wieder zeigen wollen, wie sie sich im Genitalbereich zu reinigen haben.
- Angebote der Mitarbeiter müssen für die Kinder und Jugendlichen berechenbar und transparent sein. Bemerkungen z. B. über andere Mitarbeiter oder Mitbewohner oder auch Bevorzugung dadurch, dass das Kind mit nach Hause genommen wird, sind sehr genau zu überprüfen.
- Geschäftliche oder finanzielle Interaktionen zwischen Mitarbeitern und Kindern und Jugendlichen sind nicht zulässig. Z. B. hat ein Mitarbeiter einem 13-jährigen Jungen regelmäßig sein Auto zum Waschen gegen Entgelt überlassen und ihm damit ein unangemessenes neues Beziehungsangebot gemacht.
- Kinder oder Jugendliche dürfen weder direkt noch indirekt über private Angelegenheiten des Mitarbeiters informiert werden. Hier wird häufig die Grenze zwischen Distanz und Nähe überschritten, wie z. B. bei Mitteilungen über eigenen aktuellen Liebeskummer oder frühkindliche Gewalterfahrungen. Es empfiehlt sich, einen Verhaltenskodex für den Umgang mit Kindern und Jugendlichen zu entwickeln. Mitarbeiter müssen immer eine gute Distanz wahren und die Trennung von Privatem und Professionellem kennen. Auch auf die Vermischung von Beruf und Privatem unter Kolleginnen und Kollegen sowie zwischen Erziehenden und Eltern sollte sehr kritisch geachtet und Zuwiderhandlungen gegebenenfalls durch die Leitung unterbunden werden. Eine Leitung, die ihre Leitungsfunktion aufmerksam ausübt, sorgt dafür, dass potenzielle Missbraucher die Einrichtung meiden.
- Sexualisierte Kommunikation der Kinder und Jugendlichen untereinander wie auch mit den Mitarbeitern wird nicht geduldet. Das betrifft auch eine sexualisierte Atmosphäre und/oder entsprechende Kleidung. Es kann vorkommen, dass innerhalb einer Gruppe die Sexualisierung so stark zunimmt, dass sie sowohl für Mitarbeiter als auch Gruppenmitglieder unerträglich wird. Ein Gruppengespräch mit allen Kindern/Jugendlichen und allen Mitarbeitern über das Thema Sexualität, sexualisierte Sprache und den Umgang miteinander kann helfen, eine neue Umgangsform zu finden. Sinnvoll wäre seitens der Leitung, Mitarbeiter an entsprechenden Seminaren teilnehmen zu lassen oder das Thema in der Supervision zu bearbeiten.

- Kinder und Jugendliche werden wiederholt darüber aufgeklärt, dass sexuelle Übergriffe nicht geduldet werden und sie sich schon bei einem Versuch an die Leitung oder eine andere Vertrauensperson wenden sollen. Das offene Ansprechen des Themas kann die Kinder und Jugendlichen stärken. Es ist sicherzustellen, dass für Kinder und Jugendliche Informationszugänge, Beteiligungsformen und Beschwerdeinstanzen eingerichtet und bekannt gemacht werden. Sie sind darüber zu informieren, dass sie sich selbständig bei Bedarf an das zuständige Jugendamt und das Landesjugendamt wenden können. Dies ist im § 78 a–g SGB VIII geregelt. Oft ist bei sexuellem Missbrauch durch Mitarbeiter das Misstrauen gegenüber der Einrichtung zu groß, als dass sich die Opfer vertrauensvoll an einzelne Personen wenden können. Daher sind inzwischen stationäre Einrichtungen der Jugendhilfe dazu übergegangen, Kindern und Jugendlichen schon bei der Aufnahme die entsprechenden Adressen von Jugendämtern und Landesjugendämtern mit Telefonnummern zu überreichen. Auch Adressen von Fachstellen, Ombudsfrauen und -männern, die der Institution zur Verfügung stehen, sollten den Kindern und Jugendlichen mitgeteilt werden.
- Sexuelle Kontakte der Kinder und Jugendlichen untereinander werden nicht erlaubt und mit Sanktionen belegt, die klar umrissen sein müssen. Für Jugendliche gilt bereits in vielen Einrichtungen, dass Liebesverhältnisse zu Gleichaltrigen innerhalb der Wohngruppe nicht erlaubt sind, um das Familienmodell, in dem sie leben, zu unterstreichen und Komplikationen bei einem Scheitern der Beziehung zu vermeiden. Passiert so etwas doch, werden die Jugendlichen in den meisten Fällen getrennt. Andere sexuelle Kontakte, die nicht als Liebesverhältnis wahrgenommen werden, müssen sofort gestoppt, überprüft und die entsprechenden Interventionen eingeleitet werden.
- Aggressivität, auch verbale oder sexuelle Entwertungen werden nicht akzeptiert. Z. B. könnte ein Kind oder ein Jugendlicher schon allein wegen seines Aussehens beschimpft und mit sexuellen Ausdrücken belegt werden.

Dieser Katalog reicht inhaltlich bei weitem nicht aus. Selbst bei konsequenter Durchführung finden Missbraucher immer Gelegenheiten zu missbrauchen. Aufmerksamkeit und Wachsamkeit seitens der Einrichtung können nur stabil gehalten werden, wenn Mitarbeiter kontinuierlich an Fortbildungen teilnehmen und alle über die Strategien der Täter aufgeklärt werden. Die fehlende Präsenz des schwierigen Themas in den jeweiligen Ausbildungen zeigt sich im Berufsalltag. Mitarbeiter berichten darüber, dass es für sie schwierig ist, Leitlinien zu befolgen, weil sie entweder nicht konkret genug sind oder oft die notwendigen Interventionsschritte bei Verdacht nicht beinhalten. Hinzu kommt noch, dass sie sich nicht sicher sein können, wie der Beschuldigte reagieren wird und ob es zu einer Verleumdungsklage kommen kann oder dass die Kollegen sie nicht unterstützen. Dadurch entsteht bei den Mitarbeitern eine große Unsicherheit im Umgang mit dem Thema. Auch fühlen sie sich häufig nicht in der Lage, mit Kindern und Jugendlichen über das Thema »Sexueller Missbrauch« zu sprechen. Sie haben Ängste, etwas Falsches zu sagen oder die Kinder zu ängstigen. Um aber präventiv zu arbeiten, müssen auch Kinder und Jugendliche über sexuellen

Missbrauch aufgeklärt werden und ihre Rechte und Ansprechpartner kennen. Die Aufklärung der Kinder und Jugendlichen kann sowohl durch Fachkräfte von außen in Anwesenheit der Mitarbeiter erfolgen oder durch die Mitarbeiter selbst, die in entsprechenden Fortbildungen gelernt haben, die Kinder aufzuklären. Durch die Aufklärungsveranstaltungen wird das Thema enttabuisiert und die Kinder und Jugendlichen bekommen ein Signal, sich bei sexuellem Missbrauch die Mitarbeiter wenden zu können.

Der Leitlinienkatalog und die Auflage für eine Fortbildung sollten auch für Ehrenamtliche gelten. Aufgrund der unterschiedlichsten Missbrauchsfälle im In-und Ausland durch ehrenamtliche Mitarbeiter und Mitarbeiterinnen ist davor zu warnen, andere Kriterien zugrunde zu legen als bei fest angestellten Mitarbeitern.

3.3 Strukturen der Institution

Wichtig ist auch, den Blick auf die Strukturen der Institution zu lenken. Sie werden von Tätern genau eingeschätzt. Täter vermeiden den Kontakt zu Einrichtungen, die nachweislich *klare Leitungsstrukturen* haben. Je größer die Fachlichkeit der Einrichtung, die auch die Arbeitsabläufe kontrolliert, umso gefährlicher ist es für Missbraucher, dort zu agieren.

Hat die Einrichtung aber eine *unklare Struktur* mit z. B. heimlichen Leitungen und großen nicht offen ausgetragenen Konflikten, ist die Gefahr für den potenziellen Missbraucher, genau beobachtet zu werden, sehr viel geringer. Einrichtungen mit unklaren Strukturen werden von sexuellen Missbrauchern bevorzugt, weil sie wissen, dass diese sich auch allgemein nicht an die jeweiligen Leitlinien halten und oft die Leitungen ihre Rolle nicht wahrnehmen.

Leitungen mit *rigiden Strukturen* zeigen häufig wenig Unterstützung für Mitarbeiter und fühlen sich mehr der Verwaltung der Institution verpflichtet als den Mitarbeitern und Kindern/Jugendlichen. Mitarbeiter erfahren häufig wenig bis gar keine Anerkennung und fühlen sich oft allein gelassen. Mitentscheidungsspielräume bestehen nur selten und es gibt wenig Transparenz. Die Gefahr von Machtkonzentrationen und deren Ausnutzung begünstigen sexuellen Missbrauch. Bei *Seilschaften und Loyalitäten* innerhalb einer Institution kann es zu Verstrickungen kommen, die sich durch hohe Loyalitäten manifestieren.

Anders als bei Vernetzungen, die Öffnung und Transparenz repräsentieren, basieren Seilschaften auf Geheimhaltung. Damit wird die Aufdeckung von sexuellem Missbrauch erschwert (vgl. DJI 2011, S. 167 ff.).

Nicht nur bezogen auf sexuellen Missbrauch ist zu empfehlen, dass Leitungen sich in erster Linie des Wohls der Kinder und Jugendlichen verpflichtet fühlen sollten. Besonders aber zum Thema »Sexueller Missbrauch« sollten Leitungen in ihrer Funktion zusammen mit den Mitarbeitern an Fortbildungen teilnehmen, in denen die Interaktionsdynamik des sexuellen Missbrauchs und die unterschiedlichen Täterstrategien vermittelt werden. Nach § 78 Abs. 3 JWG gibt es die Verpflichtung des jeweiligen Trägers, Mitarbeiter zu Fortbildungen zu schicken. Das soll dazu dienen, das Thema zu enttabuisieren und bei sexuellem Missbrauch zusammen mit dem Träger, der Leitung und den Mitarbeitern notwendige Interventionen einzuleiten. Das bedeutet, dass Professionelle Wissen zum Thema sowie Mut und Unerschrockenheit haben müssen. Auch Professionen, die nach der Aufdeckung des Missbrauchs eingeschaltet werden, haben oft nicht die nötigen Kenntnisse. Daher sind nicht nur Fortbildungen wichtig, sondern das Fachwissen sollte bereits in den Ausbildungen z. B. der Pädagogen, Sozialarbeiter, Psychologen, Juristen und Mediziner vermittelt werden.

Die Bereitschaft, Mitarbeitern eine entsprechende Fortbildung zu ermöglichen, ist im Allgemeinen groß. Sorgt die Einrichtungsleitung dafür, dass alle Mitarbeiter fortgebildet werden, hat aber selbst kein Wissen, erschwert dies den Mitarbeitern und der Leitung den Umgang mit konkreten Fällen in der Praxis. Bei Verdacht auf sexuellen Missbrauch stoßen diese Mitarbeiter häufig auf große Widerstände seitens der Leitung, aktiv zu werden. Daher steht die Forderung an erster Stelle, dass Leitungen und Träger von Einrichtungen als erste zum Thema »Sexueller Missbrauch« Fortbildungen besuchen.

Ist eine Einrichtung auch noch gut vernetzt, macht sie nach außen deutlich, dass sie den Kinderschutz ernst nimmt. Bei anstehenden Interventionsschritten nach sexuellem Missbrauch haben bereits viele Einrichtungen die Erfahrung gemacht, dass es wegen mangelhafter Vernetzung zu Schwierigkeiten kam. Daher empfiehlt es sich, gut vernetzt zu arbeiten.

3.4 Vernetzung von Institutionen am Beispiel der Clearingstelle Münster

Sexueller Missbrauch ist so komplex, dass die Intervention durch unterschiedliche Professionen erfolgen muss. Zur Einschätzung des Falles durch die verschiedenen Professionen mit ihren unterschiedlichen Ansätzen ist zu empfehlen, sich im Vorfeld zusammenzuschließen und Fragen im Ansatz zu besprechen, um im Falle von sexuellem Missbrauch gut kooperieren zu können.

Als Beispiel für eine gelungene Vernetzung wird im Folgenden die Clearingstelle der Ärztlichen Kinderschutzambulanz in Münster vorgestellt, die bereits seit 1998 in Fällen von Verdacht auf Vernachlässigung, Misshandlung und/oder sexuellem Missbrauch tätig ist.

Der § 8a SGB VIII präzisiert Verfahrensanforderungen, die nur in dem Punkt neu geregelt sind, als öffentliche Träger verpflichtet werden, mit freien Trägern zur Abwendung von Kindeswohlgefährdung zusammenzuarbeiten. Da die Kindeswohl gefährdende Lebenssituation Interpretationsspielräume zulässt, ist es umso wichtiger, dass unterschiedliche Fachlichkeiten die Gefährdungslage prüfen (vgl. Gründer & Kersting 2008, S. 98 ff.).

3.4 Vernetzung von Institutionen am Beispiel der Clearingstelle Münster

Um eine möglichst gute Kooperation aller verantwortlichen Fachlichkeiten zu gewährleisten, bietet sich das Münsteraner Modell an. Die Clearingstelle mit Sitz in der Ärztlichen Kinderschutzambulanz in Münster besteht aus Mitarbeiterinnen und Mitarbeitern verschiedener Professionen, wie Justiz, Jugendhilfe, Kriminalpolizei, Gesundheitsamt und Psychiatrie.

Mitglieder der Clearingstelle
Vertreter

- der Ärztlichen Kinderschutzambulanz,
- des Jugendamtes,
- der Kriminalpolizei,
- des Gesundheitsamtes und
- einer Familienrichterin im Ruhestand.

Ziel dieser Zusammensetzung ist das Einbringen von Wissen und Erfahrung zur Unterstützung und Hilfe in Fällen von Verdacht auf Kindeswohlgefährdung:

Verdacht auf

- körperliche Misshandlung,
- Vernachlässigung,
- emotionale Misshandlung,
- sexuellen Missbrauch.

In erster Linie soll all denen Hilfestellung gegeben werden, die mit Situationen von Verdacht auf Kindeswohlgefährdung konfrontiert sind und sich entweder hilflos fühlen und nicht handeln oder vorschnell handeln. Beide Formen von Verhaltensmustern können eine gute Intervention verhindern.

Verfahrensschritte

- Anonyme Fallvorstellung,
- Bewertung der Fakten,
- Bewertung der psychosozialen Situation,
- Einschätzung der Gefährdungslage,
- Planung der Interventionsschritte,
- Empfehlung,
- Verlaufskontrolle.

Wird ein Verdacht auf Kindeswohlgefährdung anonym an die Clearingstelle herangetragen, treffen sich alle Vertreter der genannten Institution zusammen mit dem Falleinbringer zur Prüfung, Einschätzung und Interventionsplanung. Wesentliche Fragen der einzelnen Professionen können sein:

Für die *Polizei*

- Handelt es sich bei dem Verdacht um einen Straftatbestand?
- Wie ist die Qualität der erhobenen Fakten?

- Gibt es Tatverdächtige?
- Wer könnte möglicherweise eine Anzeige erstatten?

Für das *Gesundheitsamt*

- Gibt es einen akuten Behandlungsbedarf?
- Wie ist der vorliegende medizinische Befund zu bewerten?
- Ist eine weitergehende Untersuchung durch die Rechtsmedizin ratsam und erforderlich?
- Gibt es Hinweise auf eine psychiatrische Erkrankung des Kindes und/oder der Sorgeberechtigten?
- Welche Auswirkungen hat eine bekannte oder vermutete Erkrankung auf die Situation des Kindes?

Für die *Psychotherapie*

- Wie ist die psychosoziale Gesamtsituation des Kindes?
- Wie ist die Bindung des Kindes an seine Eltern/Sorgeberechtigten?
- Wie wirkt sich die Bindung des Kindes auf sein Aussageverhalten aus?
- Zeigt das Kind eine psychologische Symptomatik?
- Wie ist unter aussagepsychologischen Gesichtspunkten die Aussageentstehung und -qualität zu bewerten?

Für das *Jugendamt*

- Ist eine Inobhutnahme des Kindes aufgrund einer akuten Gefährdungslage erforderlich?
- Welche Hilfsangebote können dem Kind beziehungsweise den Sorgeberechtigten gemacht werden?
- Wie kann ein Zugang, notfalls auch zwangsweise, für die Jugendhilfe geschaffen werden?

Für die *Justiz*

- Ist eine Mitteilung an das Familiengericht über die Gefährdung des Kindes erforderlich und wenn ja, durch wen?
- Ist der Entzug der elterlichen Sorge oder eine Überprüfung der Erziehungsfähigkeit der Sorgeberechtigten erforderlich?

Die inhaltliche Unterschiedlichkeit der Fragen zeigt, dass ein Mitarbeiter einer einzigen Profession diese Fragen nicht allein lösen kann. Um darauf jeweils in Einzelkontakten eine Antwort einzuholen, würde in Fällen von Kindeswohlgefährdung zu viel Zeit verstreichen und dies hätte möglicherweise negative Folgen für ein weiteres Verfahren. Daher ist der Zusammenschluss der genannten Professionen ein gutes Mittel, um bei Kindeswohlgefährdung schnell eingreifen zu können.

3.4 Vernetzung von Institutionen am Beispiel der Clearingstelle Münster

Die ständige Besetzung der Clearingstelle trifft sich regelmäßig einmal pro Woche für zwei Stunden in den Räumen der Ärztlichen Kinderschutzambulanz Münster. Hier werden im Vorfeld auch die zu behandelnden Fälle angemeldet und koordiniert. In dem angesetzten Zeitraum von ein bis zwei Stunden soll ein neuer Verdachtsfall eingebracht und beraten werden oder es kommt zur erneuten Beratung eines alten Falles. Die Falleinbringer haben die Möglichkeit, sich über das Jugendamt an die Clearingstelle zu wenden. Wenn es sich nicht um Privatpersonen handelt, können sie bei der Beratung anwesend sein. Alle eingehenden Fälle werden aus Gründen des Datenschutzes anonym vorgestellt.

Da zum Kernteam der Clearingstelle Mitarbeiter der Polizei gehören, stellte sich bei der Gründung die Frage der Vertraulichkeit, da die Polizei bereits bei einem Verdacht von Kindeswohlgefährdung tätig werden muss. Die Anonymisierung eines Falles hat den Vorteil, Interventionen ohne Druck zum Wohle des Kindes einzuleiten.

Da in Fällen, in denen Mitglieder des Beratungsteams durch Urlaub, Krankheit oder Ähnliches verhindert sind, Ersatz für die jeweiligen Beratungstermine gestellt werden soll, bedarf es einer guten Kooperation mit den jeweiligen Dienststellen.

Um diesen reibungslosen Ablauf zu gewährleisten, wurde bei Gründung der Clearingstelle 1998 zwischen den Leitungen der vertretenden Dienststellen ein Rahmenvertrag vereinbart, der die personelle Besetzung und zeitlichen Ressourcen festschrieb. Nur vor diesem vertraglichen Hintergrund war die Durchführung in der erwähnten Regelmäßigkeit möglich.

Den Vertragsparteien kam es in erster Linie auf die Regelmäßigkeit der Treffen an, die sich von Arbeitsgruppentreffen unterscheiden sollten und auch einen anderen Auftrag erhielten:

Ziel war und ist die einzelfallbezogene Beratung mit möglichst klaren und präzisen Handlungsanweisungen für die Falleinbringer. Die Sitzungen werden nicht dokumentiert, der weitere Verlauf der Fälle wird dennoch regelmäßig beobachtet und manchmal in Form von weiterer Beratung/Supervision begleitet.

Die Inanspruchnahme der Clearingstelle ist im Verlauf der vergangenen Jahre erheblich angestiegen. Es gab Rückmeldungen, dass der Beratungstermin in der Clearingstelle die Handlungssicherheit ganz erheblich vergrößert hat und dass im Interesse des Kindes Schutz- und Hilfsmaßnahmen umgesetzt werden konnten. (Z. B. wurde berichtet, dass eine Erzieherin, die ungewöhnliche sexuelle Verhaltensauffälligkeiten bei einem vierjährigen Kind beobachtete, unsicher im Umgang damit war. Sie hätte gern die Eltern über den Verdacht des sexuellen Missbrauchs informiert. Nachdem sie den Fall in die Clearingstelle eingebracht hatte und hier die Einschätzung eines Verdachts einstimmig war, wurde ihr empfohlen, keine Information über den Verdacht des sexuellen Missbrauchs an die Eltern weiterzugeben mit der Begründung, dass in diesem Fall nicht sicher war, wer möglicherweise als Täter in Betracht kam. Wenn ein Elternteil das Kind missbraucht und die Erzieherin die Eltern mit dem Verdacht konfrontiert hätte, wäre die Gefahr, dass die Eltern gewarnt und das Kind abgemeldet hätten, sehr groß gewesen. Die Möglichkeit, den Missbrauch zu evaluieren, wäre damit ausgeschlossen worden. Die Erzieherin fühlte sich sicherer und konnte die Empfehlungen annehmen und auch die empfohlenen Interventionsschritte).

Es ist abzusehen, dass durch den § 8a SGB VIII ein erhöhter Bedarf für die Fachkräfte der Jugendhilfe entsteht. Nach dem neuen Kinderschutzgesetz, das am 1.1.2012 in Kraft getreten ist, wird von der Clearingstelle das Bemühen unterstützt, noch frühzeitiger als bisher Ärztinnen und Ärzte, Entbindungskliniken und Hebammen anzusprechen und die potenziellen Gefährdungslagen von Kindern im Frühstadium wahrzunehmen (vgl. Gründer & Kersting, 2008, S. 98 ff.).

Dieses Modell hat sich bewährt und ist anderen Städten zu empfehlen, so wie es in einer Stadt in Franken aktuell in Vorbereitung ist. Es ist eine Clearingstelle geplant, die mit dem federführenden Jugendamt, der Polizei, dem Familiengericht, der Rechtsmedizin, einer Beratungsstelle und der Psychiatrie die Arbeit aufnehmen will. Alle haben gemeinsam an einer Fortbildung zum sexuellen Missbrauch teilgenommen und nehmen dies als Grundlage für die Clearingstellenarbeit unter Berücksichtigung der einzelnen Professionen. In der Vorbereitung zeigte sich der hohe Bedarf auf multiprofessionelle Zusammenarbeit und in der Simulation die Notwendigkeit dazu.

In veränderter Form, z. B. in stationären Einrichtungen der Jugendhilfe, lässt sich dieses Modell auch installieren. Z. B. hat es eine Jugendhilfeeinrichtung so geregelt, dass der Leiter, die Erziehungsleitung, der Psychologe, ein Lehrer der heiminternen Schule und eine Gruppenleitung das Beratungsteam bilden. Alle Mitarbeiter wurden verpflichtet, jeden Fall von Verdacht von sexuellem Missbrauch in der internen Clearingstelle vorzustellen. Das gesamte Beratungsteam plus Stellvertreter wurde intensiv zum Thema geschult. Obwohl die Teilnehmer in der Schulung über die juristischen Verfahrensweisen informiert wurden, wurde vereinbart, bei Erhärtung eines Verdachts jeweils einen Juristen hinzuzuziehen. Auch hier hat sich das Prinzip bewährt, die Clearingstelle regelmäßig zu festen Terminen einzuberufen.

Entscheidend für ein Clearingstellen-Modell in Institutionen ist die Verbindlichkeit. Seitens der Leitung muss gewährleistet sein, dass die Clearingstellen-Mitarbeiter alle an einer entsprechenden Schulung teilnehmen, dass regelmäßige Termine eingehalten werden müssen und dass die Mitarbeiter verpflichtet werden, jeden Verdacht von sexuellem Missbrauch in die Clearingstelle einzubringen. U. U. kann es auch hilfreich sein, eine Fachkraft von außen zur Unterstützung hinzuzuziehen. In der Anfangszeit sollte als Unterstützung eine Supervision nach jeder Clearingstellen-Sitzung vereinbart werden, um dem Team mehr Sicherheit zu geben.

3.5 Fortbildungen

Die Unkenntnis der Fachwelt, Signale und Symptome der Opfer zu deuten, ist vor allem auf mangelndes Wissen zurückzuführen. Um eine gute Prävention zu sichern, bedarf es guter Kenntnisse zum Thema »Sexueller Missbrauch« für Träger, Leitungen, Erziehungsleitungen, Mitarbeiter von Einrichtungen, Justiz,

Mitarbeiter von Beratungsstellen, Jugendämter, Vormünder, Kinderkliniken etc. und alle Übrigen, die mit Kindern und Jugendlichen in Kontakt sind. »Sie brauchen Aufklärung über die Strategien der Täter und wie diese die Opfer weiter missbrauchen und jeden Widerstand der Opfer unwirksam machen und das Eingreifen von außen verhindern« (Heiliger 2001, S. 3). Um zu verstehen, weshalb Opfer sich nach einem sexuellen Missbrauch auffällig oder auffällig unauffällig verhalten können, müssen den Mitarbeitern die Vorgehensweisen von Tätern bekannt sein. Dabei geht es nicht nur um die Strategien der Täter bezüglich der Opfer, sondern auch um die Manipulationen des schützenden Umfelds. Es geht darum, ein Tabu zu brechen und das Unmögliche für möglich zu halten. In solchen speziellen Fortbildungen müssen Teilnehmer mit mindestens folgenden Themenschwerpunkten vertraut gemacht werden:

- Dynamik der Missbrauchsbeziehung und -situation,
- Dynamik des Opfers,
- Folgen von sexuellem Missbrauch,
- Dynamik des Täters,
- Dynamik in der Institution,
- Verleugnungsprozesse bei Opfern, Tätern und dem Umfeld,
- Richtlinien und gesetzliche Grundlagen zum sexuellen Missbrauch in Institutionen,
- Interventionen,
- Konfrontation des Täters,
- Präventionen.

Die Dauer einer Fortbildung im oben beschriebenen Umfang beträgt in der Regel mehrere Tage und sollte nach Möglichkeit den Teilnehmern auch die Gelegenheit bieten, eigene Fälle anonym vorzustellen und bearbeiten zu lassen. Sie kann sowohl intern als auch extern angeboten werden. Eine interne Fortbildung, die immer zusammen mit der Leitung erfolgen sollte, ist zu empfehlen, wenn gleichzeitig mehrere Mitarbeiter auf einen Wissensstand gebracht werden sollen. Der Nachteil einer internen Fortbildung ist häufig, dass die Teilnehmer vor oder nach der Veranstaltung Dienste übernehmen müssen. Die externe Fortbildung, die ebenfalls von Leitern besucht werden sollte, bietet den Vorteil des kollegialen Austausches, vor allem wenn die Teilnehmer auch in einem Tagungshaus gemeinsam untergebracht sind.

3.6 Stärkung der Kinder und Jugendlichen

In erster Linie ist es wichtig und richtig, Kinder und Jugendliche in Familie und Institution neben der allgemeinen sexuellen Aufklärung auch über den sexuellen Missbrauch aufzuklären. Die Mahnung früherer Generationen

»Geh nie mit einem Fremden« hatte keine Aussagekraft und wurde in vielen Fällen nicht weiter erklärt. Es reicht nicht, wenn Erwachsene die Hintergründe von Missbrauch kennen. Kinder und Jugendliche, die in Fällen von sexuellem Missbrauch Opfer sind, müssen ein Wissen über Täterstrategien erhalten, damit sie sich besser schützen können. Sie müssen wissen, dass die oft vertraute Beziehung zwischen Opfer und Täter es den Betroffenen schwer macht, aus der scheinbaren Ausweglosigkeit auszubrechen. Es soll ihnen Mut gemacht werden, sich selbst nach mehrmaligem Missbrauch zu entziehen und sich Hilfe zu holen. Ihnen muss erklärt werden, dass nicht sie, sondern die Täter sich schämen müssen und dass die Macht der Täter nur dadurch gebrochen werden kann, indem die Opfer reden. Doch das (Sprach- und Kommunikations-) Tabu (vgl. 1.2) des sexuellen Missbrauchs macht es den Erziehenden noch immer schwer, mit Kindern darüber zu sprechen. Kinder und Jugendliche müssen die Erfahrung machen, dass Erziehende in der Lage sind, über ein solches Thema mit ihnen zu sprechen. Dazu gehört auch, ihnen ihre Rechte zu erklären. Kinder und Jugendliche, die in ihrem Umfeld häufig keine Rechte kennen gelernt haben, müssen wissen, dass Erwachsene nicht nur über sexuellen Missbauch informiert sind, sondern auch Hilfe anbieten. Ihnen sollte z. B. bereits bei der Aufnahme in einer Einrichtung erklärt werden, dass jeder darauf achtet, dass es ihnen gut geht und dass Übergriffe in jeder Form geahndet werden. Wenn die Einrichtung offen mit dem Thema »Sexueller Missbrauch« umgeht, die Schuld daran dem Täter zugewiesen wird und Kinder und Jugendliche ermutigt werden, sich Erwachsenen anzuvertrauen, werden die Kinder gestärkt, missbräuchliche Handlungen frühzeitig einzuschätzen, mit jemandem darüber zu sprechen oder sich nach sexuellem Missbrauch jemandem anzuvertrauen.

Zur Stärkung des Selbstbewusstseins können sexualpädagogische Programme vor allem für Jugendliche sehr hilfreich sein. Darin erfahren die Jugendlichen, dass sie mit ihren sexuellen Unsicherheiten nicht allein sind, sie lernen, vor anderen darüber zu reden, und können Programme nutzen, um sicherer im Kontakt mit Gleichaltrigen zu werden. Die Inhalte dieser Programme sind sehr unterschiedlich und versuchen sich den Anforderungen der Jugendlichen zu stellen. Es wird zu Themen wie Aufklärung, Verhütung und Körperwahrnehmung gearbeitet. Dabei wird immer wieder deutlich, wie schlecht die vermeintlich gut aufgeklärten Jugendlichen über Sexualität informiert sind. Spezielle Literatur kann dabei helfen, diese Defizite zu beseitigen. Zum Programm gehören auch Nähe-Distanz-Übungen sowie eine Flirtschule. Viele Jugendliche sind unsicher und können dabei lernen, in angemessener Form Kontakte aufzunehmen. Sie lernen, das Ansteigen ihrer sexuellen Erregungskurve zu reflektieren und damit umzugehen. Bei einer individuellen Typberatung entdecken sie sich neu. Gelingt ein solches Programm, kann dies den Jugendlichen zu einer altersangemessenen Sexualität führen und verhindern helfen, sexuellen Missbrauch an Kindern zu begehen.

Speziell für behinderte Kinder und Jugendliche, die besonders gefährdet sind, Opfer zu werden, hat Ortland (2008) sexualpädagogische Prinzipien zum Schutz vor sexueller Gewalt formuliert.

3.7 Präventionsprogramme in Kindergärten und Schulen

Präventionsprogramme für Kinder beginnen schon im Kindergarten. Es werden Geschichten und Theaterstücke benutzt, um Kinder auf sexuellen Missbrauch aufmerksam zu machen. Mit Hilfe der Geschichten sollen sie lernen, »Nein« zu sagen. Dabei wird häufig nicht genügend darauf geachtet, dass sich in der Kinderrunde Opfer befinden können. Diese Kinder haben vielleicht »nein« gesagt und wurden trotzdem missbraucht. Sie haben also eine ganz andere Erfahrung gemacht oder sie konnten nicht »nein« sagen und fühlen sich schuldig. Da sich Kinder nach sexuellem Missbrauch immer schuldig fühlen und selbstverständlich die Täterstrategien nicht durchschauen konnten, besteht die Gefahr, sie mit diesen Programmen zu verunsichern und sie mit dem Gefühl »Hätte ich doch nein gesagt, dann wäre nichts passiert« oder »Bei mir war das anders, mein ›Nein‹ hat nichts gebracht« allein zu lassen. Die Aufklärung von kleinen Kindern ist sehr schwierig, bietet aber eine Möglichkeit, diese zu ermutigen, über missbräuchliche Situationen zu sprechen, vor allem, wenn sie außerhalb der Familie passieren. Kinder zu ermutigen, bei erlebtem sexuellen Missbrauch darüber zu sprechen, kann zur Stärkung der Kinder beitragen, weil Täter davor die größte Angst haben. Es ist zu überlegen, Kinder einzeln oder in möglichst kleinen Gruppen aufzuklären und auch entsprechendes Buch- und Bildmaterial zu benutzen (vgl. Garbe 2004, Gründer 2009).

Generell scheint die Öffnung bei Kindern und Jugendlichen, die nicht durch ihr unmittelbares Umfeld missbraucht wurden, durch die Präventionsprogramme gewachsen zu sein. Kinder und Jugendliche, die in Familien oder familienähnlichen Systemen missbraucht wurden, öffnen sich auch weiterhin nur schwer.

Es ist sinnvoll, geschlechtsspezifische Präventionsprogramme zu entwickeln. Jungen werden als Opfer sexueller Gewalt seltener gesehen als Mädchen und haben größere Schwierigkeiten sich zu öffnen als Mädchen. Zum einen wollen sie als Jungen keine Opfer sein, zum anderen erkennen sie ihren Missbrauch häufig nicht als solchen. Sie denken, wenn sie z.B. von Frauen missbraucht wurden, selbst aktiv gewesen zu sein, und sind eher davon überzeugt, sie seien die Missbraucher.

Empfehlenswert wäre ein Programm, das auch Kindern erklärt, dass das »Nein« manchmal nicht hilft und Missbraucher auch in manchen Familien und familienähnlichen Systemen zu finden und vor dem Missbrauch meistens nette Menschen sind, aber auch, dass nicht alle netten Menschen missbrauchen. Kindern muss gesagt werden, dass sie an einem Missbrauch nie die Schuld tragen und sich danach an einen vertrauenswürdigen Erwachsenen oder direkt an das Jugendamt, Landesjugendamt oder eine Fachstelle wenden sollen. Kindern muss auch vermittelt werden, dass es bei Aufdeckung von sexuellem Missbrauch nicht in jedem Fall zur Anzeige kommen muss. Das kann dazu beitragen, sie zu ermutigen, über ihren Missbrauch zu sprechen.

3.8 Aufklärung als Prävention für Eltern

Eltern minderjähriger Kinder, die häufig aufgrund ihrer Berufstätigkeit ihre Kinder Fremden zur täglichen Betreuung in Krippen, Kindergärten und Horten etc. anvertrauen, müssen besser über sexuellen Missbrauch informiert werden. Es sollte ihnen angeboten werden, an fortlaufenden Veranstaltungen zum Thema sexueller Missbrauch teilzunehmen, um die Schutzbedürftigkeit ihrer Kinder in den unterschiedlichen Entwicklungsphasen zu kennen. Eine Möglichkeit wäre auch, sie bei den Präventionsprogrammen für die Kinder und Jugendlichen mit einzubeziehen. Auch die Eltern müssen sensibilisiert, aber nicht verängstigt werden, sowohl im häuslichen Umfeld als auch in den Tagesbetreuungen aufmerksam zu beobachten, um sich gegebenenfalls Hilfe von außen zu holen. Diese Hilfe kann in einzelnen Fällen auch unterstützend sein, wenn sie selbst mit ihrem Kind sprechen möchten.

3.9 Therapie als Prävention für jugendliche Täter

Prävention sollte in erster Linie beim Verursacher ansetzen, um weitere Taten nach Möglichkeit zu verhindern. Aus der therapeutischen Arbeit mit erwachsenen Tätern ist bekannt, dass viele berichten, schon sehr früh während der Pubertät damit begonnen zu haben, Kinder sexuell zu missbrauchen. Ausgehend von diesem Wissen wurden bereits in den 1990er Jahren spezielle therapeutische Programme für Jugendliche in Amerika, England und den Niederlanden entwickelt. Diese Programme waren als Präventionsprogramme für jugendliche Missbraucher konzipiert. Sie basierten auf dem Gedanken, dass das frühe Therapieprogramm bei sehr jungen Sexualstraftätern noch die Chance bietet, keine weiteren Sexualstraftaten zu begehen. Diese Programme haben sich bis heute bewährt. Die Arbeit mit jugendlichen Missbrauchern hat gezeigt, dass sie aufgrund ihres Alters emotional besser ansprechbar sind und auch noch eher etwas verändern wollen als Missbraucher, die den Missbrauchszyklus bereits häufig durchlaufen haben. Das Missbrauchsmuster hat sich bei jugendlichen Tätern noch nicht so verfestigt (vgl. 1.5.2) und ist von daher eher zu verändern. Inzwischen gibt es in Deutschland einige Einrichtungen der Jugendhilfe, die spezielle Gruppen für jugendliche Sexualstraftäter und Sexualstraftäterinnen eingerichtet haben: z. B. Don Bosco Helenenberg, Welschbillig: Stationäre Einrichtung für Sexualstraftäter im Alter zwischen 14 und 21 Jahren; Grünau-Heidequell, Bad Salzuflen: Sozialtherapeutische Intensivgruppen für sexuell grenzverletzende Jungen und Mädchen unter 14 Jahren. In den Einrichtungen leben die Jugendlichen mit strengen Regeln zusammen, werden von geschulten Betreuern pädagogisch unterstützt und nehmen regelmäßig an Einzel- und/oder Gruppentherapien teil. Dabei wird darauf geachtet, dass Therapie und Pädagogik eng vernetzt miteinander arbeiten, um den Austausch zwischen den beiden Bereichen zu gewährleisten und um Spaltungen möglichst zu vermeiden. Ein solcher Aufenthalt kann zwischen zwei und fünf Jahren dauern und wird im Allgemeinen von den Jugendämtern finanziert. Die Jugendlichen sollen lernen, sich mit ihrem Delikt auseinanderzusetzen und die Verantwortung für ihre Tat zu übernehmen. Das bedeutet auch, dass sie, falls es im Vorfeld noch nicht zu einer Verurteilung kam, angehalten werden, sich selbst anzuzeigen. Zudem sollen sie mehr über die Hintergründe für ihre Tat kennen lernen und Modelle erarbeiten, die sie vor Rückfällen schützen sollen.

Neben der stationären Tätertherapie gibt es auch ambulante Therapieangebote für jugendliche Täter. Die Täter leben entweder zu Hause oder in regulären/speziellen Jugendhilfeeinrichtungen. Wenn sie nicht verurteilt werden und/oder es keine gerichtlichen Auflagen gibt, neigen sie dazu, die Therapie vorzeitig abzubrechen. Ohne eine Kontrolle und die Verpflichtung zur Therapie durch das zuständige Jugendamt ist es meistens schwierig, die Jugendlichen zu motivieren. Häufig wird der Unwille zur Therapie noch durch die Eltern unterstützt, die entweder glauben, dass ihr Kind »so etwas« nie wieder tun wird, oder denen die langfristige Auseinandersetzung mit dem Thema unangenehm ist. Gibt es dagegen eine Verurteilung und eine Auflage durch die Justiz, halten sich Jugendliche erfahrungsgemäß daran, auch wenn sie zu Hause leben. Sie selbst akzeptieren eher den juristischen Rahmen, der auch bei den Eltern selten auf Widerstand stößt.

In der ambulanten Therapie ist der Kontakt zwischen Therapeuten und Begleitpersonen ebenso eng wie in der stationären Therapie. Die Transparenz fördert den Therapieverlauf und das Vertrauen. Viele Themen, die im Alltag des Jugendlichen und im Therapieverlauf von Bedeutung sind, werden im Beisein des Jugendlichen, der Begleitperson und des Therapeuten angesprochen. Damit werden unklare Informationen vermieden und gleichzeitig wird dem Jugendlichen das Signal gegeben, dass die Verantwortlichen miteinander arbeiten.

Auch die ambulante Therapie hat einen Zeitrahmen von 2 bis 5 Jahren und wird von Jugendämtern finanziert. Als Anlaufstellen können z. B. genannt werden: Ambulante Therapie für jugendliche Sexualstraftäter in der Ärztlichen Kinderschutzambulanz Münster, im Kinderschutzbund Rheine und in der Brücke Dortmund.

3.10 Angebote für Pädophile

Da es nur wenige therapeutische Einrichtungen für Pädophile gibt, ist es Therapieeinrichtungen, die bereits mit Tätern arbeiten, zu empfehlen, Programme für Pädophile mit aufzunehmen. Pädophile können in den Programmen lernen, mit ihren Wünschen nach Sexualität mit einem Kind umzugehen, ohne diese Wünsche auszuleben. Es gibt Pädophile, die vor der Macht ihrer Wünsche nach Sexualität mit Kindern Angst haben. Sie wünschen sich ein Angebot zur Stabilisierung und werden meistens an Psychiatrien verwiesen. Eine sich über einen längeren Zeitraum hinziehende Beratung könnte diesen Menschen helfen, ihre Wünsche zu kontrollieren und sich in Krisensituationen an die beratende Institution zu wenden, um einen sexuellen Missbrauch zu verhindern.

3.11 Medien

Medien haben eine große Chance und Verantwortung, wesentlich zur Aufklärung der Öffentlichkeit beizutragen, indem sie stärker über Täterverhalten und -strategien berichten. Erst wenn die Vorgehensweisen der Täter der Öffentlichkeit bekannt gemacht und verstanden werden, besteht die Chance einer größeren Sensibilisierung der Bevölkerung. Die Medien könnten das Thema z. B. in speziellen Fernsehsendungen oder Zeitschriften für Kinder und Jugendliche aufgreifen.

Es mehren sich Berichte in unterschiedlichen Medien, die um eine ernsthafte und sachliche Auseinandersetzung mit dem Thema »Sexueller Missbrauch« bemüht sind. Durch die Seriosität in der Berichterstattung wird vermittelt, dass es sich beim sexuellen Missbrauch um ein alltägliches Delikt in unserer Gesellschaft und nicht um ein Ausnahmedelikt handelt. Dies wird unterstützt durch konkrete Zahlen zur Häufigkeit von sexuellem Missbrauch (vgl. Amann & Wipplinger 2002).

Die Unabhängige Beauftragte zur Aufarbeitung des sexuellen Kindesmissbrauchs, Christine Bergmann, hat 2011 in den Medien eine Kampagne gegen sexuellen Missbrauch gestartet. Mit dem Slogan »Wer das Schweigen bricht, bricht die Macht der Täter« entstand unter der Regie von Wim Wenders ein Spot, der häufig im Fernsehen zu sehen war mit dem Ziel, Eltern und Professionelle zu sensibilisieren. Ähnlich wie in den Anfängen der Aidskampagnen in den 1980er Jahren könnte dies auch helfen, die Aufmerksamkeit der Öffentlichkeit verstärkt auf das Thema »Sexueller Missbrauch« zu lenken.

Auch durch die Berichterstattung in den Medien hat die Enttabuisierung begonnen. Selbst wenn das Verhalten der Opfer nach sexuellem Missbrauch erklärt wird, ist es für die nicht fachliche Öffentlichkeit oft schwer zu verstehen und löst Abwehr aus. Die Abwehr kann durch die Medien verstärkt werden, wenn sie kritiklos Programme zum »Neinsagen« (vgl. 3.7) übernehmen. Damit wird nach außen transportiert, dass die Opfer die Verantwortung haben und nicht der Täter.

Kritisch anzumerken ist, dass in Talkrunden oder Interviews Aussagen wie »Das gab es schon in der Antike« oder »Man weiß ja nie, was Kinder selbst dazu beigetragen haben« häufig kommentarlos stehen gelassen werden und somit manchem Zuschauer vermitteln, dass doch alles gar nicht so schlimm sei. Werden solche Argumente nicht kritisch hinterfragt, wird der Missbrauch mit seinen gravierenden Folgen jedoch bagatellisiert. Dies trägt nicht zur Aufklärung bei.

Schlussbemerkung

Unser Hauptanliegen ist die Vergrößerung des Schutzes von Kindern und Jugendlichen. Unsere Ausführungen sollen helfen, die Wahrnehmung von Professionellen zu schärfen und damit insbesondere Verleugnungs- und Tabuisierungstendenzen bezogen auf den Umgang mit sexuellem Missbrauch entgegenzuwirken. Wir möchten vermitteln, wie sexueller Missbrauch funktioniert. Die Täter-Opfer-Dynamik stellt eine Einheit dar, die nicht isoliert betrachtet werden kann. Bei einer solchen Sichtweise können sich Professionelle Opfern mit mehr Verständnis zuwenden und die Glaubwürdigkeit von Opfern wird dann nicht so häufig in Frage gestellt. Das Verständnis der Missbrauchsdynamik soll verstärkt werden durch die Fallbeispiele vor dem Hintergrund der theoretischen Ausführungen.

Sexueller Missbrauch in der Kindheit und Jugend ist traumatisierend und damit sind die Folgen meistens gravierend. Auf die Behandlung von Menschen, die durch sexuellen Missbrauch traumatisiert wurden, sind wir nicht eingegangen, da wir uns auf das Erkennen von sexuellem Missbrauch und institutionellen Interventionen konzentriert haben. Die Behandlung erfordert spezielle therapeutische Methoden, die entwickelt sind, und eine entsprechende Ausbildung der Professionellen. Die Behandlung von Tätern und Täterinnen haben wir ebenfalls nicht aufgegriffen (vgl. Bullens & Mähne 1999); sie ist auch als Rückfallprävention zu sehen. Mit der Realisierung von Präventionsaspekten kann die Macht von potenziellen Tätern und Täterinnen reduziert und der Schutz von Kindern und Jugendlichen vergrößert werden.

Die Betrachtung der Gesamtdynamik schließt das Umfeld, die Institution, in der der Missbrauch erfolgt, mit ein. Die Institutionsdynamik steht in Interaktion mit der Täter-Opfer-Dynamik. Da Professionelle immer Teil der Dynamik in Institutionen sind, unterliegen sie unbewusst und damit zwangsläufig den typischen Abwehrmechanismen. Von daher haben wir immer wieder auf die Notwendigkeit von externer Supervision und Fortbildung hingewiesen. Zur Professionalisierung in diesem Bereich gehört der Erwerb von spezifischem Wissen über die Missbrauchsdynamik, eine veränderte Wahrnehmung und veränderte Haltung, die auch Zivilcourage erfordert.

Literatur

Allgemeine Dienstordnung (ADO) www.schulministerium.nrw.de/BP/Schulrecht/Dienstrecht/ADO.pdf, Zugriff am 10.9.2012
Amman, G., Wipplinger, R. (Hrsg.) (1988). *Sexueller Missbrauch. Überblick zu Forschung, Beratung und Therapie. Ein Handbuch.* Tübingen: DGVT
Amman, G., Wipplinger, R. (2002). Medien. In: Bange, D., Körner, W., (Hrsg.), *Handwörterbuch sexueller Missbrauch* (S. 337–346). Göttingen: Hogrefe
Bange, D., Deegener, G. (1996). *Sexueller Missbrauch an Kindern – Ausmaß, Hintergründe, Folgen.* Weinheim: Psychologie Verlags Union
Bange, D., Körner, W. (Hrsg.) (2002). *Handwörterbuch Sexueller Missbrauch.* Göttingen: Hogrefe
Bürgerliches Gesetzbuch (BGB) (2012). 70. Auflage. München: DTV
Bullens, R., Mähne, U. (1999). Täterbehandlung – Neue Wege. Ambulante Behandlung von Sexualstraftätern in den Niederlanden. In: Wotke-Werner, V., Mähne, U. (Hrsg.), *»Nicht wegschauen!« Vom Umgang mit Sexual(straf)tätern* (S. 183–200). Baden-Baden: Nomos Verlagsgesellschaft
Bundeskinderschutzgesetz (BKiSchG), Bundesgesetzblatt 2011, Teil Nr. 70, ausgegeben zu Bonn am 28. Dezember 2011. www.Bundeskinderschutzgesetz, Zugriff am 3.10.2012
Burgsmüller, C. (2006). Arbeitsrechtliche Reaktionsweisen. In: Fegert, J. M., Wolff, M. (Hrsg.), *Sexueller Missbrauch durch Professionelle in Institutionen. Prävention und Intervention – ein Werkbuch* (S. 128–135). Weinheim und München: Juventa
Burkett, E., Bruni F. (1995). *Das Buch der Schande. Kinder und sexueller Missbrauch in der Katholischen Kirche.* Wien – München: Europa
Busch, M. (2006). Umgang mit massivem Fehlverhalten – eine Einleitung. In: Fegert, J. M., Wolff, M. (Hrsg.), *Sexueller Missbrauch durch Professionelle in Institutionen. Prävention und Intervention – ein Werkbuch* (S. 92–100). Weinheim und München: Juventa
Das Gesetz für Jugendwohlfahrt (JWG) Fundstellennachweis 2162–1 a. F. http://de.wikipedia.org; Zugriff am 14.10.2012
Deegener, G. (1995). *Sexueller Missbrauch: Die Täter.* Weinheim: Beltz
Deutsches Jugendinstitut e. V. (Hrsg.) (2011). *Sexuelle Gewalt gegen Mädchen und Jungen in Institutionen. Abschlussbericht.* München: DJI e. V.
Dilling, H., Mombour, W., Schmidt, M.H. (2005). *Weltgesundheitsorganisation. Internationale Klassifikation psychischer Störungen. ICD-10 Kapitel V(F).* Bern: Huber
Dulz, B., Jensen, M. (2011). Aspekte einer Traumaätiologie der Borderline-Persönlichkeitsstörung – psychonanalytisch-psychodynamische Überlegungen und empirische Daten. In: Dulz, B., Herpertz, S., Kernberg, O., Sachsse, U. (Hrsg.), *Handbuch der Borderline-Störungen.* (S. 203–224). Stuttgart: Schattauer
Eglau, U., Leitner, E., Scharf, M. (2011). *Sexueller Missbrauch in Organisationen. Erkennen, Verstehen, Handeln.* Wien: Dom Verlag
Egle, U., Hoffman, S., Joraschky, P. (Hrsg) (2005). *Sexueller Missbrauch, Misshandlung, Vernachlässigung.* Stuttgart: Schattauer
Egle, T., Nickel, R. (2005). Anhaltende somatoforme Schmerzstörung. In: Egle, U., Hoffman, S., Joraschky, P. (Hrsg), *Sexueller Missbrauch, Misshandlung, Vernachlässigung* (S. 326–355). Stuttgart: Schattauer

Ehlert, M., Lorke, B. (1988). Zur Psychodynamik der traumatischen Reaktion. *Psyche*, 6, 502–532
Ekkehardt-Henn, A. (2005). Offene und heimliche Selbstbeschädigung. In: Egle, U., Hoffman, S., Joraschky, P. (Hrsg), *Sexueller Missbrauch, Misshandlung, Vernachlässigung* (S. 431–444). Stuttgart: Schattauer
Ekkehardt-Henn, A., Hoffmann, S. (2005). Dissoziative Störungen. In: Egle, U., Hoffman, S., Joraschky, P. (Hrsg), *Sexueller Missbrauch, Misshandlung, Vernachlässigung* (S. 393–408). Stuttgart: Schattauer
Eldrige, H. (1998). In: Eglau,U., Leitner, E., Scharf, M. (2011) (Hrsg.), *Sexueller Missbrauch in Organisationen. Erkennen, Verstehen, Handeln* (S. 32)
Enders, U. (Hrsg.) (2012). *Grenzen achten. Schutz vor sexuellem Missbrauch in Institutionen. Ein Handbuch für die Praxis.* Köln: Kiepenheuer & Witsch
Engfer, A. (2005). Formen der Misshandlung von Kindern – Definitionen, Häufigkeiten, Erklärungsansätze. In: Egle, U., Hoffman, S., Joraschky, P. (Hrsg), *Sexueller Missbrauch, Misshandlung, Vernachlässigung* (S. 3–20). Stuttgart: Schattauer
Fegert, J. M., Wolff, M. (Hrsg.) (2006). *Sexueller Missbrauch durch Professionelle in Institutionen. Prävention und Intervention – ein Werkbuch* (2. Auflage). Weinheim und München: Juventa
Ferenci, S. (1984). *Bausteine zur Psychoanalyse. III. Band.* Bern: Verlag Hans Huber
Flatten, G. (2005). Posttraumatische Belastungsstörungen. In: Egle, U., Hoffman, S., Joraschky, P. (Hrsg), *Sexueller Missbrauch, Misshandlung, Vernachlässigung* (S. 297–315). Stuttgart: Schattauer
Janet, P. (1889). *L'automatisme psychologique.* Paris: Ballèrie
Freud, S. (1982). *Studienausgabe Band I. Vorlesungen zur Einführung in die Psychoanalyse und neue Folge.* Frankfurt: Fischer
Gahleitner, S. (2008). Sexuelle Gewalterfahrung und ihre Bewältigung von Frauen: Salutogenetische Perspektiven. In: Gahleitner S., Gunderson, C. (Hrsg.), *Frauen, Trauma, Sucht.* Kröning: Asanger Verlag
Garbe, E., Suarez, K. (2004). *Anna in der Höhle.* Weinheim: Juventa
Gast, U. (2004). Die Dissoziative Identitätsstörung. In: U. Sachsse (Hrsg.), *Traumazentrierte Psychotherapie* (S. 59–79). Stuttgart: Schattauer
Gründer, M., Kleiner, R., Nagel, H. (2010). *Wie man mit Kindern darüber reden kann. Ein Leitfaden zur Aufdeckung sexueller Misshandlung* (5. Auflage). Weinheim und München: Juventa Verlag
Gründer, M. (2009). Äpfel schmecken besser als Angst. Münster: Lit Verlag
Gründer, M., Kersting S. (2008). Multiprofessionelle Zusammenarbeit bei Verdacht auf Kindeswohlgefährdung am Beispiel der Clearingstelle in Münster. In: EREV Schriftenreihe *Der Schutzauftrag nach Paragraph 8a SGB VIII und Konzept früher Hilfen* (S. 98–103). Hannover: Schöneworth
Gründer, M. (2006). Interventionsschritte bei sexuellem Missbrauch durch Mitarbeiter in Institutionen der Jugendhilfe. In: Fegert, J. M., Wolff, M. (Hrsg.), *Sexueller Missbrauch durch Professionelle in Institutionen. Prävention und Intervention – ein Werkbuch* (S. 65–72). Weinheim und München: Juventa
Grundgesetz (GG) (2011). 43. Auflage. München: DTV
Heiliger, A. (2001). Täterstrategien bei sexuellem Missbrauch und Ansätze der Prävention. *beiträge zur feministischen theorie und praxis*, 56/57, 71–82
Hessel, A., Geyer, M. (2005). Somatisierung und Somatisierungsstörung. In: Egle, U., Hoffman, S., Joraschky, P. (Hrsg), *Sexueller Missbrauch, Misshandlung, Vernachlässigung* (S. 367–381). Stuttgart: Schattauer
Heyden, S., Jarosch, K. (2010). *Missbrauchstäter. Phänomenologie – Psychosomatik – Therapie.* Stuttgart: Schattauer
Hinweise für den Umgang mit Fällen von Pädophilie, sexuellem Missbrauch Minderjähriger und Kinderpornographie bei Mitarbeitern/Mitarbeiterinnen der evangelischen Kirche. www.ekd.de/download/100318_hinweise_missbrauch.pdf, Hannover 12.8.2002 – erweitert 10. März 2010; Zugriff am 11.9.2012
Hirsch, M. (2004). *Psychoanalytische Traumatologie – Das Trauma in der Familie.* Stuttgart: Schattauer

Hoffman, S., Joraschky, P. (Hrsg). *Sexueller Missbrauch, Misshandlung, Vernachlässigung* (S. 367–380). Stuttgart: Schattauer

Johnson, J., McGeoch, P., Caskey, V., Abhary, S., Sneed, J. (2005). Persönlichkeitsstörungen und frühe Stresserfahrungen. In: Egle, U., Hoffman, S., Joraschky, P. (Hrsg). *Sexueller Missbrauch, Misshandlung, Vernachlässigung* (S. 445–470). Stuttgart: Schattauer

Jones, D. (1996). Royal College of Physicians. In: Bange, D., Deegener, G., *Sexueller Missbrauch an Kindern – Ausmaß, Hintergründe, Folgen* (S. 81). Weinheim: Psychologie Verlags Union

Joraschky, P., Arnold, S., Petrowski, K. (2005). Angsterkrankungen. In: Egle, U., Hoffman, S., Joraschky, P. (Hrsg), *Sexueller Missbrauch, Misshandlung, Vernachlässigung* (S. 282–296). Stuttgart: Schattauer

Joraschky, P., Pöhlmann, K. (2005). Die Auswirkungen von Vernachlässigung, Missbrauch auf Selbstwert und Körperbild. In: Egle, U., Hoffman, S., Joraschky, P. (Hrsg), *Sexueller Missbrauch, Misshandlung, Vernachlässigung* (S. 194–210). Stuttgart: Schattauer

Kernberg, O. (1981). *Objektbeziehungen und die Praxis der Psychoanalyse*. Stuttgart: Klett-Cotta

Klees, E. (2008). *Geschwisterinzest im Kindes- und Jugendalter. Eine empirische Täterstudie im Kontext internationaler Forschungsergebnisse*. Lengerich: Pabst

Krüll, M. (1979). *Freud und sein Vater – Die Entstehung der Psychoanalyse und Freuds ungelöste Vaterbindung*. München: Beck

Krutzenbichler, S. (2005). Sexueller Missbrauch als Thema der Psychoanalyse von Freud bis zur Gegenwart. In: Egle, U., Hoffman, S., Joraschky, P. (Hrsg), *Sexueller Missbrauch, Misshandlung, Vernachlässigung* (S. 170–180). Stuttgart: Schattauer

Kutter, P. (1989). *Moderne Psychoanalyse*. München: Internationale Psychoanalyse

Leitlinien der Deutschen Bischofskonferenz, www.dbk.de/fileadmin/redaktion/diverse.../¬2010-132a-Leitlinien.pdf, Zugriff am 10.9.2012

Lohmer, M. (2001). Abwehrmechanismen und Objektbeziehungsgestaltung bei Borderline-Patienten – eine psychoanalytische Perspektive. In: Kernberg, O. et al. (Hrsg.), *Handbuch der Borderline-Störungen* (S. 75–86). Stuttgart: Schattauer

Masson, J. (1986). *Was hat man dir, du armes Kind, getan?* Reinbek: Rowohlt

Mertens, W. (2007). Allgemeine psychoanalytische Krankheitslehre. In: Strauß, B., Hohagen, F., Caspar, F., *Lehrbuch Psychotherapie. Teilband 1* (S. 185–216). Göttingen: Hogrefe

Moggi, F. (2002). Folgen. In: Bange, D., Körner, W. (Hrsg.), *Handwörterbuch sexueller Missbrauch* (S. 116–121). Göttingen: Hogrefe

Müller, W. (2010). *Verschwiegene Wunden. Sexuellen Missbrauch in der katholischen Kirche erkennen und verhindern*. München: Random House

Ogden, Th. (1988). Die projektive Identifikation. *Forum der Psychoanalyse*, 1, 1–21

Ortland, B. (2009). *Behinderung und Sexualität. Grundlagen einer behinderungsspezifischen Sexualpädagogik*. Stuttgart: Kohlhammer

Paris, J. (2001). Kindheitstrauma und Borderline-Persönlichkeitsstörung. In: Kernberg, O. et al. (Hrsg.), *Handbuch der Borderline-Störungen* (S. 159–166). Stuttgart: Schattauer

Peichl, J. (2007). *Die inneren Trauma-Landschaften*. Stuttgart: Schattauer

Richter-Appelt, H. (2003). Körpererfahrung und Sexualität bei sexuell traumatisierten Frauen. *Persönlichkeitsstörungen, Theorie und Therapie (PTT)*, 7, 56–67

Rhode-Dachser, C. (2004). *Das Borderline-Syndrom* (7. Aufl.). Bern: Huber

Sachsse, U. (2004). *Traumazentrierte Psychotherapie*. Stuttgart: Schattauer

Schechter, M.D., Roberge, L. (1976). Sexual exploitation. In: Helfer, R., Kempe, C.H. (Hrsg.), *Child abuse and neglect. The family and the community*. Cambridge Mass.

Schlösser, A., Höhfeld, K. (Hrsg.) (1998). *Trauma und Konflikt*. Gießen: Psychosozialverlag

Schröder, H. (2012) Tabu. In: *Kulturwissenschaftliche Fakultät*. (http://www.kuwi.europa-¬uni.de, Zugriff 24.10.2012)

Schüßler, G. (2005). Das Unbewusste in der Säuglingsforschung. In: Buchholz, M., Gödde, G. (Hrsg.), *Macht und Dynamik des Unbewussten. Bd. II*. Gießen: Psychosozialverlag

Schulgesetz NRW (2007). 2. Auflage. Essen: Wingen

Shengold, L. (1995). *Soul Murder. Seelenmord – die Auswirkungen von Missbrauch und Vernachlässigung in der Kindheit*. Frankfurt: Brandes und Apsel
Sozialgesetzbuch (SGB) (2012). 41. Auflage. München: DTV
Steinhage, R. (2002). Psychodynamik sexuell missbrauchter Mädchen und Frauen. In: Bange, D., Körner, W. (Hrsg.), *Handwörterbuch sexueller Missbrauch* (S. 470–474). Göttingen: Hogrefe
Stemmer-Lück, M. (1991). Sexueller Mißbrauch – ein Thema in der Supervision. *Supervision 20*
Stemmer-Lück, M. (2009). *Verstehen und Behandeln von psychischen Störungen. Psychodynamische Konzepte in der psychosozialen Praxis*. Stuttgart: Kohlhammer
Stern, D. (1992). *Die Lebenserfahrung des Säuglings*. Stuttgart: Klett-Cotta
Stoltenborgh, M., van IJzendoorn, M. H., Euser, E. M., Bakermans-Kranenburg, J. J. (2011). A global perspective on child sexual abuse: Meta-Analysis of prevalence around the world. *Child Maltreatment, 16(2)*, 79–101
Stone, M. H. (2001). Entwickelt sich die Borderline-Persönlichkeitsstörung zu einem Massenphänomen? Überblick über epidemiologische Daten und Hypothesen. In: Kernberg, O. (Hrsg.), *Handbuch der Borderline-Störungen* (S. 3–10). Stuttgart: Schattauer
Strafgesetzbuch (StGB) (2011). 49. Auflage. München: DTV
Strafprozessordnung (StPO) (2012). 48. Auflage. München: DTV
Strauß, B., Heim, D., Mette-Zillessen, M. (2005). Sexuelle Störungen und Verhaltensauffälligkeiten. In: Egle, U., Hoffman, S., Joraschky, P. (Hrsg), *Sexueller Missbrauch, Misshandlung, Vernachlässigung* (S. 381–392). Stuttgart: Schattauer
Streeck-Fischer, A. (2006). *Trauma und Entwicklung. Frühe Traumatisierungen und ihre Folgen in der Adoleszenz*. Stuttgart: Schattauer
Symposium »Sexuelle Kindesmisshandlung« (1994). Vortrag von Hilary Eldrige. Münster
The International Society for Traumatic Stress Studies (ISTSS) (2004). Kindheitstraumata – erinnert: ein Report zum derzeitigen wissenschaftlichen Kenntnisstand und zu seinen Anwendungen. In: Sachsse, U. (Hrsg.), *Traumazentrierte Psychotherapie* (S. 413–437). Stuttgart: Schattauer
Tschan, W. (2005). *Missbrauchtes Vertrauen. Sexuelle Grenzverletzungen in professionellen Beziehungen. Ursachen und Folgen*. Basel: Karger
Watkins, J. G., Watkins, H. (2003). *Ego-States-Theorie und -Therapie*. Heidelberg: Carl-Auer-Verlag
Werner, E. (2011). Risiko und Resilienz im Leben von Kindern aus multiethnischen Familien. In: Zander, M. (Hrsg), *Handbuch Resilienzförderung* (S. 32–46). Wiesbaden: VS-Verlag
Wiljens, M. (2010). Bischöfe und Ordensobere und ihre Aufgabe hinsichtlich Sexuellen Missbrauchs in der Kirche. In: Goertz, S., Ulonska, H. (Hrsg.), *Sexuelle Gewalt. Fragen an Kirche und Theologie*. (S. 147–175). Berlin: Lit Verlag
Wöller, W. (2006). *Trauma und Persönlichkeitsstörung*. Stuttgart: Schattauer
Wolff, M., Fegert, J. M. (2006). Schutzauftrag von Institutionen schließt den Schutz vor Missbrauch in Institutionen ein – ein Beitrag zur Debatte um die Umsetzung von §§ 8a und 72a KJHG nach dem KICK 2005. In: Fegert, J. M., Wolff, M. (Hrsg.), *Sexueller Missbrauch durch Professionelle in Institutionen. Prävention und Intervention – ein Werkbuch* (S. 316). Weinheim und München: Juventa Verlag
Wurmser, L. (1987). *Flucht vor dem Gewissen*. Berlin: Springer
Wyre, R. (1996). Unveröffentlichte Konferenz-Handouts
Zander, M. (2011). *Handbuch Resilienzförderung*. Wiesbaden: VS-Verlag

Magdalena Stemmer-Lück

Beziehungsräume in der Sozialen Arbeit

Psychoanalytische Theorien und ihre Anwendung in der Praxis

2., aktual. Auflage 2011
240 Seiten mit 8 Abb.
und 1 Tab. Kart.
€ 32,–
ISBN 978-3-17-021966-3
E-Book-Version (PDF): € 31,99
ISBN 978-3-17-022713-2

Wesentlich für die Theorie und Praxis der Sozialen Arbeit sind unterschiedliche Beziehungsräume, die das Verstehen und Handeln bestimmen. Zu diesen gehören die Dyade oder Zweierbeziehung – etwa zwischen Berater und Klient –, die Gruppe, die Familie, das Team, die Organisation und auch der innerpsychische Raum des Individuums. Für die in der Sozialen Arbeit Tätigen bedürfen solche Beziehungsräume einer differenzierten Betrachtung auf der bewussten und unbewussten Ebene, um in der jeweiligen komplexen Situation angemessen handeln zu können. Dafür ist ein profundes psychoanalytisches Denken äußerst hilfreich. Anhand eines Beziehungsmodells werden psychoanalytische Theorien der Gegenwart – Konflikttheorie, Ich-Psychologie, Objektbeziehungstheorie, Bindungstheorie und Selbstpsychologie – in ihren wesentlichen, für das Feld Sozialer Arbeit bedeutsamen Aspekten beschrieben und auf Fallbeispiele angewendet. Damit schließt das Buch eine wichtige Lücke in der Theorie und Praxis der Sozialen Arbeit.

Leseproben und weitere Informationen unter www.kohlhammer.de

W. Kohlhammer GmbH · 70549 Stuttgart
vertrieb@kohlhammer.de